조선적
이란
무엇인가?

朝鮮籍

엮고 지은이

이리카 李里花, Lee Rika

일본 주오(中央)대학 종합정책학부 교수. 사회학 박사. 전공은 역사사회학, 이민연구, 환태평양지역연구. 재일코리안 어머니와 코리안 아메리칸 아버지 사이에서 일본과 미국을 오가며 성장했다. 최근에는 '자국민 / 외국인'의 틀을 넘어서는 연구와 활동을 펼치고 있다.

옮긴고 지은이

김웅기 金雄基, Kim Woongki

한림대학교 일본학연구소 HK교수. 정치학 박사. 대한민국의 재외동포로서의 재일코리안 연구를 펼치고 있다. 한국에 정착한 후, 40대가 돼서야 재일코리안을 비로소 만나기 시작했을 정도로 민족이나 동포 사회와 인연이 없었다. '일제 후'에 탄생한 동아시아 국민국가들의 틈새에서 신음하는 재일코리안의 일상과 강고한 국민국가 논리 간의 관계성을 탐구하고 있다.

조선적이란 무엇인가 트랜스내셔널의 관점에서

초판인쇄 2023년 12월 20일 **초판발행** 2023년 12월 31일

엮고 지은이 이리카 **옮기고 지은이** 김웅기

기획 한림대학교 일본학연구소

펴낸이 박성모 **펴낸곳** 소명출판 **출판등록** 제1998-000017호

주소 서울시 서초구 사임당로 14길 15 서광빌딩 2층

전화 02-585-7840 **팩스** 02-585-7848

전자우편 somyungbooks@daum.net **홈페이지** www.somyong.co.kr

값 21,000원

ISBN 979-11-5905-871-4 93910

ⓒ 한림대학교 일본학연구소, 2023

이 책은 2017년도 정부교육부의 재원으로 한국연구재단의 지원을 받아 한림대학교 일본학연구소가 수행하는 인문한국플러스지원사업의 일환으로 이루어진 연구임. 2017S1A6A3A01079517

한림대학교 일본학연구소 기획

조선적

이란

무엇인가?

朝鮮籍

트랜스내셔널의 관점에서

이리카 엮고 지음
김웅기 옮기고 지음

역자 일러두기

1. 조선적자가 포함되는 해방 전에 한반도에서 일본으로 이주하여 정착한 조선인 및 그 자손을 가리키는 용어는 일본어의 경우와 마찬가지로 한국어로도 '재일코리안', '재일조선인', '재일한국인', '재일한국·조선인', '재일한인' 등 매우 다양하다. 학술적 또는 정치적 견해나 입장 등 다양한 요소에 따라 사용자가 각기 선택하는 데 비롯된다. 학계에서도 오랫동안 어느 용어가 정당하고 정확한 것인지 확정짓지 못하고 있는 것이 현실이다. 하여, 이 책에서는 각 장 및 칼럼의 집필자가 사용한 용어(원문은 일본어)를 그대로 직역하여 제시하기로 한다.

2. 지명과 사건에 대해서는 한국 독자의 가독성을 담보하기 위해 한국에서 일반적으로 사용되는 표기(예 : '한반도', '한국전쟁')를 사용하기로 한다.

3. 필자에 의한 주석은 미주로, 역자에 의한 주석은 각주로 처리했다.

이 책이 일본에서 출간된 것은 2021년 1월의 일입니다. COVID-19 팬데믹으로 온 세계가 봉쇄되다가 조금씩 해제되기 시작하는 무렵이었지만, 일본에서는 아직 대학에서 온라인 수업이 계속되고 있어 앞날이 불투명했습니다. 원래 이 책은 대학 수업이나 시민강좌를 위한 교재로 쓰일 것을 염두에 두고 있었기 때문에 출판을 해도 실제로 손에 쥐게 될 독자가 그리 많지 않을 거라고 기대와 우려가 섞인 채 책을 세상에 내놓았습니다.

하지만 예상과 달리 초판이 순식간에 팔려나갔고, 한달 후에는 증판을 결정할 정도로 주문이 쇄도했습니다. 그리고 이 책을 읽은 분들이 한결같은 목소리를 보내 주셨는데 ― '조선적'이란 북조선국적인 줄 알았다! ― 라는 것이었습니다. 일본인과 한국인뿐만 아니라 재일코리안 그리고 지식인, 언론인, 시민운동가 등 당사자나 전문가라고 할 수 있는 분들도 의견을 보내 주셨습니다.

왜 조선적이 북조선국적으로 여겨지고 있을까요? 재일코리안이라면 누구나가 한때 조선적자朝鮮籍者가 된 역사가 있습니다. 그리고 조선적의 역사를 풀어나가다 보면 '국적 미확인'이나 '사실상의 무국적' 상태에 놓여 있는 역사도 여실히 드러납니다. 하지만 한편으로는 이 책이 출판된 이듬해 『역사 속의 조선적―국적인가 출신지인가歷史の中の朝鮮籍―國籍か出身地か』정영환(鄭榮桓), 以文社라는 책이 출간되면서 조선적자가 북조선에 귀속되어 온 역사에 초점을 맞추어 논의되었듯이 남북 분단을 둘러싼 냉전구조 속에서 조선적자를 둘러싼 상황은 여러 번 바뀌어왔습니다.

다만 이 책이 묻고자 하는 것은 우리가 왜 '조선적'을 '북조선'의 국적이라고 당연하게 여겨 왔는지, 그 배경에 있는 정치와 역사입니다. 그리고 우리가 지금도 일본에서 조선적을 가진 사람들이 '유효한' 여권을 가질 수 없는 탓에 국경을 넘나들거나 한국을 여행하는 일이 쉽지 않은 현실에 대해 무관심해도 되느냐 하는 것입니다.

조선적자들이 직면하는 문제란 당사자들만의 문제가 아니라 조선적을 둘러싼 우리의 문제 — 특히 사람의 귀속을 국민국가와 결부시키는 것을 당연시하며, 그 외 것을 받아들이려 하지 않는 문제 — 가 아닐까 생각합니다. 내셔널리즘이나 인터내셔널한 틀에서 누락된 이들의 현실이란 과연 어떤 것일까? 이러한 문제의식에서 이 책의 부제를 '트랜스내셔널의 관점에서'로 정했습니다.

이 책은 조선적을 가진 이들이 겪고 있는 현실을 불합리하다고 생각하는 사람들의 힘으로 완성되었습니다. 이러한 생각과 마음의 힘으로 이제 한국어 번역판도 출판할 수 있게 되었습니다. 출간이 성사된 것은 일차적으로 이 책의 역자이자 공저자인 한림대학교 일본학연구소 김웅기 선생님의 노력 덕분입니다. 김웅기 선생님은 이 책이 출간되기 훨씬 이전부터 조선적을 둘러싼 문제를 세상에 호소해 왔습니다. 또한, 한림대학교 일본학연구소 인문한국플러스HK+ 지원사업단 서정완 소장님의 넓은 이해와 지원이 없었다면 실현이 불가능했을지도 모릅니다. 이 자리를 빌어 감사의 뜻을 표합니다. 한국어 번역판 출간으로 더욱 확대되고 넓어질 사람의 힘을 믿고 싶습니다.

2023년 8월
일본 주오대학 교수
이리카

왜 조선적인가?

조선적朝鮮籍이란 국적이 아니다. 마치 조선민주주의인민공화국국적을 뜻하는 것처럼 사용되는 경우도 있다.[1] 조선적은 일제강점기에 일본으로 건너간 조선인 및 그 자손^{이하 재일코리안}을 분류하기 위해 전후 일본에서 창출된 범주^{category}이다. 70년 이상 지난 지금도 여전히 사용되고 있다.

왜 조선적이 여전히 유지되고 있을까? 그리고 조선적자로 분류된 사람들이 어떤 길을 걸어왔으며 오늘날 어떻게 글로벌화된 세상을 살아가고 있을까. 이 책은 조선적을 둘러싼 역사적 변천을 추적하면서 조선적을 가진 사람들이 직면해온 현실^{reality}에도 초점을 맞추어 그 실상에 접근해 보고자 한다.

국가에 귀속되는 일을 당연시하는 시대

근대란 국민이 국가에 귀속하는 일을 '당연시' 하는 시대이다. 세계 곳곳에서 국경선이 그어짐에 따라 국민국가 체제가 정착했다. 사람이 국민과 외국인으로 분류되며, 외국인은 국경 밖에서 온 타자로 인식되었다. 또한, 국민이라는 의식이 우선시됨에 따라 사람들의 귀속 의식이 국가 중심으로 형성되었다. 특히 동아시아에서는 국민의식과 민족의식이 결합됨에 따라 '일본인', '한국인'처럼 '그 나라 국적이나 여권을 가질' 뿐만 아니라 '같은 민족적 뿌리를 갖는 것'을 의미하게 되었다.

제국의 시대에 일본으로 '이주'한 조선인 또한 패전 후 '외국인'으로 분류되었다. 다만 일제강점기에는 제국 '신민'으로서 일본에서 살았기 때문에 제국의 해체로 인해 '외국인'으로 재편된 이들이라고 할 수 있다. '외국인'으로 분류되기는 했지만, 1947년에 일본 정부가 제정한 외국인등록제도로 부여받은 법적 지위가 서두에 언급했듯이 '조선적'이다. 거듭 강조하지만, 조선적이란 국적이 아니다. 일제로부터 해방된 조선인은 국적을 선택할 권리도 얻지 못한 채 (제국 일본의) 국적이 사라져 버렸다.[2] 이후 한국국적을 취득하는 이들이 「한일기본조약」1965년 체결 후에 늘어남에 따라 재일코리안 중에 조선적을 가진 사람과 한국국적을 가진 사람이 함께 존재하게 되었다. 양자 간에서 일본 영주권이나 복지수혜 등의 측면에서 차등 취급이 생겨났고, 1980년대까지 시정되지 않았다.자세한 내용은 제1·2장 참조[3]

이러한 여건 속에서 조국과의 유대관계를 통해 자신의 터전을 찾고자 하는 재일코리안도 적지 않았다. 조국에 대한 내셔널리즘이 전후에 재일코리안들 사이에서 고조되는 배경에 대해 역사가 도노무라 마사루外村大 씨는 "조선이 식민지로부터 해방되어 실태로서의 조국이 탄생한 것도 있지만, 일본이 전후에 단일민족국가로 탈바꿈하면서 '일본 사회는 일본인에 의해서만 구성된다'라는 사고방식과 맞물려 조선인 배제를 강화해 나간 것과 표리일체였다"라고 지적한 바 있다.[4] 다만 이들의 뿌리가 있는 한반도에는 조선민주주의인민공화국과 대한민국이라는 두 개 국가가 탄생했다. 이로 인해 자신이 의지할 터전으로 삼아야 할 조국을 '통일조선'으로 여기는 이들이 있는가 하면 '북' 또는 '남' 어느 한 측에 대한 지지를 표명하는 이들도 있다. 후자가 점차 세력을 확장해나감에 따라 재일코리안이 '북' 측과 '남' 측으로 갈라서게 되었고, 각기 커뮤니티를 형성해 나갔다.[5]

이러한 경위로 인해 재일코리안에 초점을 맞출 때 여태껏 주목을 받아온 것은 오로지 '북' 또는 '남'을 둘러싼 여러 현상이었다. 바꾸어 말하면 국가에 귀속되는 일을 당연시하던 시대에는 재일코리안 또한 국가와의 관계성 측면에서 논의되었다. 이 배경에는 국가를 지지하는 정치운동과 민중의 삶을 지탱하는 활동이 재일코리안들에 의해 혼연일체混然一體로 추진된 것과도 연관이 있다. '북'을 지지하는 총련과 '남'을 지지하는 민단은 남북 양국 정부와의 유대관계를 깊이 하면서 일본 내 동포 사회를 위해 인권을 옹호하고 경제활동을 지원하면서 생활문화를 발전시키며 자녀들을 교육해 왔다.[6] 따라서 조직활동이 꼭 남북한 국가와의 관계 속에서만 이루어진 것은 아니지만, 재일코리안에 초점을 맞추게 되다보면 '북'과 '남'이라는 국가적 경계선을 따라 이들의 삶이 포착되고, 또 귀속의식이 논의되는 경우가 잦았다.[7]

마이너리티 속 마이너리티의 시각에서

그렇다면 왜 조선적에 주목해야 할까?

우선 조선적에 대해 논의할 때 요구되는 것은 이들이 소수자 속 소수자라는 사실이 전제되어야 한다는 점이다. 여기서 말하는 '마이너리티 속 마이너리티'에는 두 가지 함의가 있다. 하나는 일본 사회에서 상대적으로 소수에 불과한 재일코리안 중에서도 그 수가 매우 적다는 뜻이다. 외국인등록제도 도입 당시[1947년] 59만여 명에 달하던 조선적자는 지속적으로 감소하여 2019년 6월 말 시점에서 2만 8,975명까지 감소했다[이 중 특별영주자 2만 8,393명].[8] 한편, 한국국적자 수는 전후에 한국에서 일본으로 건너온 이들도 포함하면, 2019년 말 기준 약 45만 1천 명에 이르렀다[이 중 특별영주자는 약 28만 5천 명].[9] 그 외에도 일본국적을 취득한 이들이나 태생적이고 선천적으로 일본국적을 가진 이른바 하프half / 더블double 등 다양한 상황에 놓인 재일코리안들이 존재한다.

또 하나의 '마이너리티 속 마이너리티'란 조선적자에게는 국적이 없다는 점이다. 다만 '국적 없음 = 국가에 대한 귀속의식 없음'을 의미하지 않는다. 이들의 정체성은 도리어 다양하며 국가에의 귀속의식이 더욱 강화되는 경우도 있고, 국가와 다른 차원의 귀속의식을 갖게 될 경우도 있다. 여하튼 어느 쪽이든 국적이 부여되지 않는 데에서 출발한다는 점에서 여타 재일코리안과는 확연히 다르다. 또한, 여기서 말하는 '정체성'이란 근대 사회에서 형성되는 '귀속의식sense of belonging'이라는 뜻이지 '자아ego'가 아니다. 정체성이란 사람이 태어나서부터 죽기 전까지 변할 수도 있고, 여러 개 정체성을 동시에 가질 수도 있다. 따라서 정체성을 고민할 때 그것이 유동적이고 복층적이라는 전제가 있어야 하지만, 근대 국민국가체제에서는 국가나 민족에 대한 정체성이 '변하지 않는 것'으로 간주됨으로 인해 여타 정체성보다 우선시되는 것으로 여겨져 왔다. 재일코리안의 정체성 또한 상술한 바와 같이 국가와 결합하여 '북'이나 '남', '일본', 더 나아가 '틈새'나 '가교'처럼 국가를 기축으로 하는 틀 안에서 포착되었다.

그런데 국적이 없다는 것은 글로벌화된 세상에서 현저한 차이를 생성하면서 커다란 결격사유가 된다. 글로벌화는 국경을 넘나드는 사람들의 이동이 잦아짐에 따라 도항을 위한 절차의 간략화와 이동수단 확대를 진전시킴으로써 '이동의 자유'라는 세계를 열어주었다.[10] 그러나 조선적자의 경우에는 여권이 없어 (또는 일본에서 '유효한' 여권이 없어) 국경을 넘기 위해서는 갖은 어려움이 따르는 것이 현실이다. 특히 한국으로 이동할 때면 더욱 복잡한 절차가 기다리고 있을 뿐만 아니라, 정권에 따라서는 입국 자체가 아예 막힐 수도 있다.자세한 내용은 제4장 참조

이러한 '이동의 불편함'을 겪는 한편으로 일본에서 직면해야 할 문제는 글로벌화에 역행하는 자국중심주의 세력에 의한 혐오hate다. 반세계화

를 표방한 배외주의적 움직임이 세계 각국에서 재연再燃되면서 이민이나 난민이 그 영향을 받고 있는 가운데 일본에서는 이러한 자국중심주의 세력에 의한 혐오의 화살이 재일코리안, 그중에서도 조선적자를 향하고 있다.자세한 내용은 제3장 참조 조선적자를 둘러싼 여러 문제는 글로벌화시대에 누가 어떠한 여건 아래 어떠한 권리를 누릴 수 있는지와 관련하여 불가시화不可視化된 글로벌 사회의 규범을 밝혀주는 한편, 이러한 규범에서 누락된 사람들을 향한 가혹한 현실 또한 드러내 준다.

그러나 한편으로 조선적자들이 개척해온 세계를 살펴보면 국가나 귀속에 관한 새로운 시각을 제시해 주는 측면이 있는 것도 사실이다. 조선적자 중에는 국가를 뛰어넘어 활약의 터전을 넓혀가는 이들이 있는가 하면, 일본 안에 머무르는 이들, 그중에서도 민족적 정체성을 강화해 나가는 이들도 있고 민족적 정체성과 분리된 곳으로 자신의 존재를 두려는 이들도 있다. 혹은 지구인으로서의 삶을 모색하는 이들이 있는가 하면, 로컬local한 지역 사회에 기거하며 살아가는 이들도 있다. 이처럼 조선적자의 양태는 다양하지만, 공통적으로 국가에의 귀속에 중심축에 두는 경우에는 찾아볼 수 없는 모습들이라는 점이다.

즉 '마이너리티 속 마이너리티'로서의 조선적에 주목해 봄으로써 일제강점기부터 일제 패전 후에 걸쳐 한반도 국가들이 자국민 / 외국인을 둘러싼 포섭과 배제의 논리를 어떻게 펼쳐왔는지가 드러날 뿐만 아니라 국가와 개인 간의 관계성이 크게 바뀌가는 작금 글로벌 사회의 문제를 부각시키고 있어 이러한 시대적 변화 속에서 어떻게 살아갈 수 있을지에 대해서도 조선적을 둘러싼 논의로부터 많은 시사를 얻을 수 있을 것이다.

또한, 일본에서는 2019년에 「출입국관리법」 및 「난민인정법」이 개정됨에 따라 종전보다 많은 외국인 노동자가 일본을 찾아와 일본인과 함께 일하며 살아갈 것이 예견된다. '신新이민'의 시대라고도 불리는 작금의 사람의 이동을 둘러싼 변화는 이동하지 않는 이들의 생활 또한 변모시킬 것이다.[11] 국적이나 출신국, 민족이나 인종, 언어와 문화가 다른 사람들과 함께 살아가면서 어떠한 사고방식이 요구되는지가 갈수록 중요한 문제로 떠오르고 있다. 이때 일본에서 살아온 조선적자들의 행보를 살펴보면 기존처럼 '국가와 국가 간의 차이를 이해'하거나 '국가와 국가 사이의 가교'가 될 것을 목적으로 하는 시책보다는 다양한 실태에 근거한 '사람'과 '사람' 사이의 관계를 구축해 나가기 위한 움직임이 필요하다는 것을 드러내 주고 있다.

'트랜스내셔널'이라는 관점에서

마지막으로 이 책이 조선적에 초점을 맞추는 과정에서 '트랜스내셔널 transnational'이라는 관점을 도입하는 데 대해 언급해 두고자 한다.

이제 트랜스내셔널이라는 용어는 항간에 넘쳐나고 있으며, 그 의미가 광범위하게 사용되고 있지만 트랜스내셔널을 둘러싼 논의는 그 모두가 같은 출발점에서 발전했다.[12] 그것은 곧 국가를 중심에 두는 근대주의적 발상을 넘어서려고 한다는 것이다. 근대적 국민국가체제의 탄생에 따라 사람이 하나의 국가에 귀속하는 것을 당연시하기 시작했고, 국민경제와 국민문화, 국어 등, 국민을 중심으로 하는 사고방식이 대두되었다. 학술 연구에서도 국민국가를 중심에 둔 '방법론적 내셔널리즘'이 확산했다. 예를 들어 지역학에서는 국가별로 — 미국이나 영국, 중국 등으로 구분지어 — 연구가 추진되고 있어, 역사학에서는 국민의 이야기story — 그 대부분이 정치가 중심이 되는 남성의 이야기 — 가 주를 이루고 있으며, 그 외의 것 — 예를 들어 여성이나 마이너리티, 비정치적인 이야기 — 은 주변화되었다. 사람의 이동을 다루는 이민연구에서조차도 하나의 내셔널[national]한 정체성을 갖는 것이 전제되고 있어 이민이 '조국' 또는 '이주한 국가' 중 어느 한 쪽으로 동화·통합해 나가는 것으로 여겨져 왔다.[13]

그러나 사람이나 사회를 균질적·고정적으로 파악하려는 이러한 관점으로는 복잡해진 사회를 해명할 수는 없다. 글로벌시대의 도래와 궤를 같이하여 인간이 다양하며 경계는 유동적이고 다층적으로 구성된다는 인식이 확산하기 시작했다. 이러한 흐름을 바탕으로, 예를 들어 지역학에서는 국가횡단적인 환環태평양이나 동중국해역 연구 등의 틀이 도입되는 조짐을 보이고 있다.[14] 또한, 역사학에서는 한 국가의 역사라는 틀을 넘어선 트랜스내셔널 히스토리[transnational history]나 글로벌 히스토리[global history]라고 불리는 새로운 서술법이 대두하고 있다.[15]

이런 가운데 트랜스내셔널이라는 용어는 '초超국가'나 '탈脫국가'와 같은 '국가와 다른 차원'을 시사하는 데 사용되기도 하지만 '복수의 국가에 걸친' 일이나 '국가 사이間'의 상태를 표현할 때 사용되는 경우가 잦아졌다. 오로지 정부 차원에서 국가와 국가 간의 관계에 주목하는 것을 '인터내셔널[international]'이라고 부르는 데 반해 '트랜스내셔널'은 사람이나 사회라는 차원에 주목한다. 이 책은 이러한 '트랜스내셔널'을 둘러싼 논의에 기초하여 조선적을 종전처럼 단일의 내셔널이라는 틀 안에서 파악하려는 것이 아니라, 복수의 국가가 얽히는 지평에서 조선적을 생각해 보고자 한다. 특히 이 책에서 필자 한동현韓東賢 씨가 지적하듯이 조선적은 2000년대 들어서도 국가에 의해 '멋대로都合良く' 이용되고 있다. 그리고 이 배경에는 조선적이 일본 제국의 역사적 산물임에도 제2차 세계대전 패전 후 여러 국가가 조선적의 함의를 이전삼전 변경해 왔다는 경위가 있다. 이처럼 조선적에 각인된 제국의 역사, 국민국가를 초월한 역사, 글로벌화를 둘러싼 흐름을 세심하게 풀어나감과 동시에 그 세계를 살아가는 사람들의 리얼리티reality에 대해서도 조명해 보고 싶다는 데에서 이 책이 출발했다. 하여, 이 책은 국가와 국가 사이인터내셔널의 차원에도 주목하지만 이와 연동하며 형성되는 사람들의 삶이나 사회에 대해서도 주목하여 이를 트랜스내셔널의 시좌視座에서 검토해 보고자 한다.

이 책은 일곱개의 장과 여섯개의 칼럼으로 구성된다. 전반부 제1장에서 제4장까지는 조선적을 둘러싼 상황 ─ 특히 법이나 정치를 중심으로 한 사회구조나 사회사상, 그 배경에 있는 국제관계나 지정학적 여건 ─ 에 초점을 맞출 것이다. 후반부 제5장에서 제7장은 조선적자가 살아가는 세계를 조명함으로써 이들의 리얼리티를 규명해 나갈 것이다. 그리고, 각 장이 망라하지 못한 많은 주제를 칼럼이 다루게 될 것이다. 칼럼 집필자는 보편적 차원에서 또는 내재적 차원에서 조선적에 대해 고민하기 위해 어떠한 시각이 필요한지를 진솔하게 제시해 줄 것이다.

작금의 글로벌화시대에 어떻게 하면 자유롭고 평등한 사회를 개척할 수 있을까. 이 책이 다양한 배경을 가진 사람들과 함께 살아가기 위한 방안을 고민하며 발전시켜나가는 데 일조가 되기를 기대해 본다.

이리카

차례

한국어판 간행사   3

서문
왜 조선적인가? | 이리카
——— 5

제1장
조선적 재일조선인의 '국적'이란? | 고희려
법학의 관점에서 ——— 17

1. 들어가며   19
2. 일본에서 외국인인 재일조선인 조선적의 기원   20
3. 한반도의 재외동포로서의 재일조선인 국민의 범위   27
4. 국적 미확인으로서의 조선적자 국민국가의 틈바구니에서   33
5. 나가며 누락되는 존재에의 병주倂走   36

   칼럼 1_ 분단과 통일 조선적을 통해 보이는 것 | 곽진웅 ——————— 39

제2장
조선적의 제도적 존속과 처우 문제 | 최사화
일본 정부에 의한 한국 한정승인과 재일조선인 문제에의 적용 ————————————— 45

1. 들어가며   47
2. 전사前史 조선적의 탄생과 일본국적 상실   53
3. 일본 정부에 의한 한정승인론과 조선적의 제도적 존속   57
4. 일본 정부에 의한 한정승인론과 재일조선인 처우 문제   67
5. 나가며   74

   칼럼 2_ 전 프로축구선수 안영학 인터뷰 | 이진환 ————————————— 77

제3장
일본 정부에 의한 '조선'적 코리안 배제 | 한동현
2000년대 백래시|backlash 속에서 ——————————————— 85

1. 들어가며　　　　　　　　　　　　　　　　　　　　　　87
2. 체류외국인통계에서 '조선·한국' 분리　　　　　　　　　88
3. 해외여행 시 '서약서'를 강요　　　　　　　　　　　　　91
4. 한국 도항을 둘러싼 '간소화된 재입국허가'제도 운용상의 혼란　94
5. 분리집계의 향방과 조선학교 처우　　　　　　　　　　　98
6. 나가며　　　　　　　　　　　　　　　　　　　　　　101

　　칼럼 3_ 사상으로서의 조선적을 찾아서 | 나카무라 일성 ——— 103

제4장
한국 입국 문제를 통해 보는 조선적자의 정치적 다양성 간과 | 김웅기
　　　　　　　　　　　　　　　　　　　　　　　　　　113

1. 들어가며　　　　　　　　　　　　　　　　　　　　　115
2. 일본에 의한 조선적자 처우를 둘러싼 역사적 변천　　　　118
3. 남북한과의 관계성으로 드러나는 조선적자의 정치적 다양성　122
4. 한국은 조선적자를 어떻게 처우해 왔는가?　　　　　　　131
5. '비‡북' 조선적자의 남한 사회를 향한 정치적 주장　　　137
6. 나가며　　　　　　　　　　　　　　　　　　　　　　143

　　칼럼 4_ 해외에 있는 '무국적자' 한인 | 이리카 ——————— 145

제5장
제주도, 미카와시마三河島 그리고 조선적 | 문경수
— 155

1. 1세와 2세 157
2. 미카와시마의 제주인 이즈미 세이치泉靖一의 조사에서 159
3. 조선적을 살며 165
4. '한국'으로 172
　　칼럼 5_ UN과 무국적의 해소 #I Belong 캠페인을 통하여 | 아키야마 하지메 — 174

제6장
왜 무국적의 '조선'적을 살아가는가? | 정장
179

　　칼럼 6_ 국적 없는, 국적을 넘어서는 사회로 | 첸티엔시 — 203

제7장
글로벌시대의 조선적 | 이리카
인터뷰에서 보는 아이덴티티 제상諸相 — 209

1. 들어가며 211
2. 글로벌화, 혐한과 혐오, 그리고 한류 214
3. 인터뷰를 통해 본 조선적의 정체성 제상 223
4. 나가며 235

편자 후기 239
역자 후기 244
주석 249
필자 소개 271

제1장

조선적 재일조선인의 '국적'이란?

법학의 관점에서

고희려

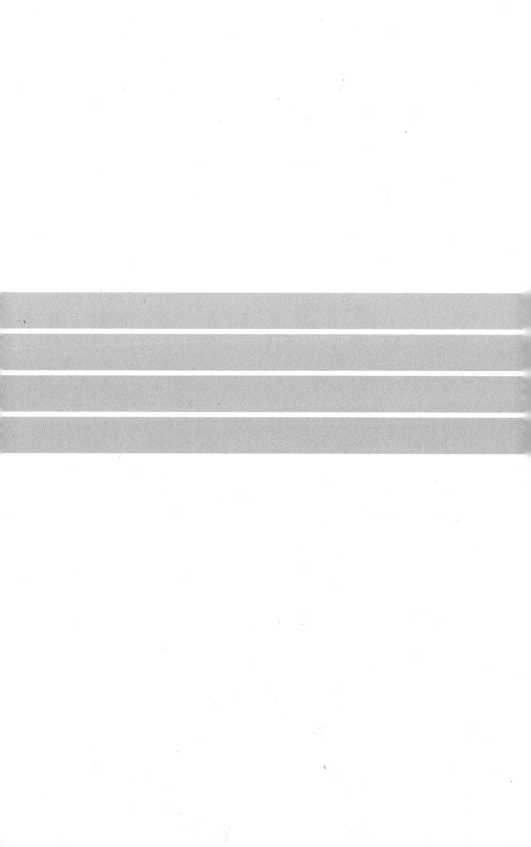

1. 들어가며

국적이란 '개인의 특정국가 구성원으로서의 자격'[1] 또는 '사람으로 하여금 특정 국가에 귀속하게 하는 법적 유대'[2]이다.[3] 귀속의 사회적 사실, 존재의 진정된 견련牽連관계, 이해 그리고 감정을 기초로 하는 상호 간에서 권리와 의무를 수반하는 법적 유대legal bond로 명목적 유대관계만으로는 국적을 인정받을 수 없다고 판시한 노테봄사건Nottebohm Case[4] 이후 비교적 일관된 국적의 의의로 받아들여지고 있다.

국적이라는 것은 자신이 외국인으로 처우받는 곳에서야 비로소 강하게 인식하게 되는 법이다. 재일조선인의 경우, 일본에서 태어나 자랐다 하더라도 일본국적을 갖지 않는 한, 외국인으로 처우받기 때문에 정치적 의사표명이나 국외 이동 등의 경험 속에서 늘 국적의 존재를 의식하고 있다. 국적을 포함한 재일조선인의 법적 처우는 일본뿐만 아니라 한반도에서도 종종 변용했다. 그중에서도 조선적 재일조선인[이하 조선적자]이 겪는 문제는 그 의미와 성질 측면에서 복잡한 문제를 담고 있다.

오늘날 재일조선인 중에는 일본 재류在留카드 또는 특별영주자증명서[모두 2012년 이전의 외국인등록증명서]의 국적·지역란에 '한국'이라고 기재되는 이들과 '조선'으로 기재되는 이들이 함께 존재한다. 조선적자란 이들 증명서에 '조선'이라고 기재된 이들을 가리킨다. 조선적자는 한국적 재일조선인[이하 한국국적자]에 비해 소수며 조선민주주의인민공화국[이하 DPRK]국적 소지자나 DPRK를 지지하는 자로 단적으로 이해되는 경향이 있다. 그러나 실제로 조선적자는 법적 취급에서부터 정체성에 이르기까지 그야말로 트랜스내셔널한 존재라고 할 수 있다.[5] 이 장은 재일조선인 중에서도 특히 조선적자의 법적 지위 변천과 현황을 일본과 한반도 양측 입장에서 정리하여 법학의 관점에서 검토해 볼 것을 목적으로 한다.

2. 일본에서 외국인인 재일조선인 조선적의 기원

일본 신민에서 외국인으로

1910년 「한일합병에 관한 조약」으로 일본의 식민지가 된 한반도는 국가주권을 상실했으며, 조선인은 자동적으로 '일본 신민臣民'이 되었다. 내지인內地人인 일본국민이 내지內地호적에 등재된 반면에 조선인에게는 1909년부터 「민적법民籍法」이 적용되었고, 1923년부터는 「조선호적령」다이쇼11년 총독부령 제154호이 시행됨에 따라 조선호적에 등재되기 시작했다. 일본 본토 즉 내지에 거주하는 조선인을 포함하여 내지인과의 신분행위에 따른 내지호적 입적은 가능했으나 내지호적으로의 전적轉籍이나 취적就籍은 원칙적으로 불가능했다. 또한, 1899년에 일본 최초로 제정된 「국적법」법률 제66호은 「대일본제국헌법」이하 메이지헌법 제18조[6]에 따른 위임 아래 국민의 범위를 확정하는 법률이었다. 비록 한반도에서 「국적법」이 시행되지는 않았으나 조리條理와 관습에 따라 조선인이 일본국적을 취득한 것으로 여겨 그 내용은 1899년 「국적법」에 의해 정해진 것으로 간주되었다.[7]

패전 후 일본은 「일본국헌법」 개정 초안 단계에서 이른바 맥아더MacArthur초안에 없는 「일본국헌법」 제10조[8]를 삽입했다. 이 조문은 메이지헌법 제18조와 같은 내용이며 「국적법」을 제정하여 국적 취득 요건을 정하기로 했다. 그런데 「일본국헌법」 제10조를 삽입하는 데 대해 제국의회에서는 논의된 바가 거의 없었다. 국민이라는 범주는 본래 법의 규정에 앞서 조리적條理的·관습적으로 규정되는 것으로 「국적법」으로 모든 경우를 망라할 수는 없다. 요컨대 국민이라는 사실상의 존재를 법률로 규정한다는 것은 불가능할 뿐더러 적절하지도 않다는 것이 「일본국헌법」 제정 당시의 입장이다.[9]

재일조선인은 「일본국헌법」 공포를 하루 앞둔 1947년 5월 2일 「대일본제국헌법」에 의거한 마지막 칙령인 「외국인등록령」칙령 제207호에 따라 "당분간 이를 외국인으로 간주한다"라고 규정되었다. 그러다가 1952년 4월 28일 「샌프란시스코강화조약」 발효를 앞두고 통달 「대일 평화조약 발효에 따른 조선인, 대만인 등에 관한 국적 및 호적 사무 처리에 관하여」 1952년 4월 19일 민사갑 제438호[10]에 따라 재일조선인은 일본국적을 상실하게 되었다. 아울러 「출입국관리령」이 '원칙적·무제약적'[11]으로 재일조선인에게도 적용되었다. 이 제438호 통달 발효에 따른 구 식민지 출신자의 국적 상실에 있어서는 그 근거로 내지호적과 외지外地호적이라는 호적의 차이가 교묘하게 근거로 이용되었으며 일본인과의 혼인이나 입양 등 신분행위에 따라 일본국적의 득실이 일어났다.

식민지를 지배한 국가는 식민지의 독립 시에 피지배국 출신자에게 국적 선택권을 부여하는 것이 일반적이다. 그러나 일본은 조선인과 대만인에 대해 이러한 선택권을 부여하지 않았다. 통달 제438호의 유효성에 대해서는 예전부터 문제시되기는 했지만,[12] 조선인으로서의 법적 지위를 가진 자는 일본인으로서의 법적 지위를 가진 자로부터 일본 국내법상 확연히 구별되었다. 이러한 구별은 일본과 한국 간의 병합 때부터 일관되게

〈그림 1〉 옛 외국인등록증명서

유지되었으며, 연합군에 의한 점령 시기에도 변함이 없었기 때문에 "일본국적을 상실하게 되는 자는 일본 법률상 조선인으로서의 지위를 가진 자로 보는 것이 타당하"며, "일본이 조선에 귀속해야 할 자에 대한 주권을 포기한다는 것은 이러한 자들의 일본국적을 상실케 한다"라는 일본 최고재판소의 견해에 의해 해결된 것으로 간주되고 있다.[13] 이러한 통설·판례에 대해서는 "재일조선인의 주체적 의사를 조건으로", "한국 또는 북조선국적을 보유하는 자"에 대해 일본국적을 상실케 하도록 했음에도 불구하고 "통달이라는 행정권의 국가행위로 국적이라는 법률사항「헌법」제10조을 처리"했다며 호적에 근거한 일률적 국적 박탈에 대한 비판이 제기되고 있다.[14]

1948년 한반도에서 대한민국이하 한국과 DPRK가 각기 수립되면서 이른바 분단국가 상태가 되었다. 수립 이전부터 조선인에게 「외국인등록령」이 적용되었기 때문에 등록 시점에서는 모든 재일조선인에게 출신지를 뜻하는 조선朝鮮을 기재하기로 되어 있었다. 그러나 한국의 등장으로 외국인등록증의 국적등란國籍等欄에 '한국'을 기재할 수 있게 됨에 따라[15] '조선'과 '한국'이라는 두 종류의 용어가 사용되기 시작했다. 양자 간에 법률상의 처우 차이가 있었던 것은 아니지만, '조선'에서 '한국'으로 변경하는 사람이 점차 늘어났다.[16] 일본 정부가 한국에 대해서만 국가로 승인하기 시작한 1952년 이후, 국적등란을 '한국'으로 변경하기 위해서는 한국국적이 절차상 확인할 수 있어야 하며 한국의 「재외국민등록법」1949년 11월 24일 공포, 법률 제70호[17]에 의거한 국민등록증 제시가 요건이 됨에 따라 이때부터 국적등란이 '한국 = 한국국적 보유자'라는 등식이 성립되었다.[18] 이에 비해 국적등란의 '조선' 기재는 한국국적 확인 절차를 필하지 않은 자를 의미하게 된다. 즉 이 문제는 "본국 분열과 한일 편면국교片面國交라는 정치적 조건이 초래한 용어 문제"[19]라고 할 수 있다.

법적 지위의 변용 조선적·한국적 개서 문제

1965년 「일본국에 거주하는 대한민국국민의 법적 지위 및 대우에 관한 일본과 대한민국 간의 협정」이하 재일한국인법적지위협정에 따라 일제 시기부터 일본에 거주한 조선인과 그 자손 중 한국국적자로 체류 이력이 '양호'한 자는 일본 영주를 인정받는, 이른바 협정영주자격을 취득할 수 있게 되었다. 다만 협정영주자격은 한국국적이 아니면 취득할 수 없어 재일조선인은 한국 아니면 조선이라는 선택에 내몰리게 되었다. 이를 계기로 강제송환을 회피하고 안정적인 체류권을 확보하기 위해 조선적에서 한국국적으로 변경한 사람들, 즉 한국의 재외국민등록을 필한 이들이 늘어났다. 이때부터 한국국적과 조선적 간의 법적 취급에는 확연한 차이가 생겼다고 지적할 수 있다. 왜냐하면 협정영주자격을 부여받게 되면 퇴거강제 사유가 대폭 축소된다는 점에서 조선적과 한국적 간의 법적 취급에 차이가 있었기 때문이다. 따라서 조선적은 한국국적보다 상대적으로 불안정한 지위가 되었다고 할 수 있다.

그러나 한편으로 국적 등란을 조선적으로 다시 기재를 변경하자는 운동이 일본 곳곳에서 일어나기도 했다. 이에 대해 일본 정부는 단순히 용어 문제일 뿐이며, 실질적으로 국적이나 국가승인 문제와 무관하기 때문에 어느 쪽을 사용한다고 해서 그 사람의 법률상 처우를 달리하지 않는다고 하면서 어느 쪽을 사용하느냐에 따라 법률상 처우가 달라지는 일은 없다며 한국에서 조선으로의 변경을 받아들일 수 없다고 판단했다. 일본 정부는 원래 국적변경이 단순히 본인의 희망만으로 자유롭게 이루어지는 것이 아니라는 국적의 본질에 비추어, 본인의 희망만으로 (한국에서 조선으로) 다시 개서할 수 없다는 견해[20]를 밝힌 바 있다. 전직 입국관리국 참사관의 말에 의하면 한국국민이 아닌 '그 밖의 조선인'은 한국 정부로부터 여권 교부를 "받을 수 없는 자나 받지 않으려 하는 자를 막론하고, 국적증명을 득할 수 없는 외국인이라고 하면 될 것'이며 이것이 부정확하다면 '국적증명을 득할 수 없는 조선적을 가진 외국인'이라고 하면 될 것이지, 어느 나라의 국적증명을 득할 수 없는지 (…중략…) 에 대해서는 언급하지 않는 것이 가장 현명한 방법"이라고 말했다.[21] 이에 근거하여 한국국적을 조선적으로 다시 개서할 경우, 한국 정부에 의한 국적 상실증명에 더하여 다른 어느 나라 국적도 취득하지 않았다는 증명이 있을 때만 변경등록을 인정할 수 있다고 했다.[22]

다만 실제로는 일부 지자체에서 개서가 받아들여진 사례도 있었다. 선구적 사례가 된 후쿠오카현 다가와田川시 (그리고 당시 다가와시장)는 1970년 14명에 대해 한국국적에서 조선적으로의 개서 신청을 수리했다.[23] 이에 대해 법무성이 직무집행명령소송지방자치법 제146조 제1항을 암시하여 중단할 것을 요구했다가 시장과 법무성 간의 화해로 소송을 피할 수 있었다.[24] 또한, 새로운 통달1971년 2월 27일 민사갑 제1810호에 근거하여 법무성에 보고경사(經伺)방식하지 않은 채 ① 한국 재외국민등록을 필하지 않았고, ② 한국여권 발행 이력이 없으며, ③ 협정영주허가를 받지 아니함이 확인되는 경우에만 지자체 권한으로 개서를 받아들일 수 있는 절차가 생기기는 했다.

협정영주자격이란 재일한국인법적지위협정 제1조 제1항에 의거하여 협정 2세대협정영주 1세대란 협정 발효 시점인 1966년 1월 17일 현재 일본에 거주하던 자 및 협정 발효 후 5년 이내에 일본에서 출생한 자를 가리키며, 협정영주 2세란 협정영주 1세의 자(子)로 협정 발효 후 5년 이내에 일본에서 출생한 자(者)를 가리킨다까지로 한정되었으며, 3세 이후 세대의 법적 지위에 대해서는 1991년에 한일 간에서 합의가 이루어졌다.「한일법적지위에 의거한 협의의 결과에 관한 각서」 이 합의로 「일본국과의 평화조약에 따라 일본국적을 이탈한 자 등의 출입국관리에 관한 특례법」이하 입관특례법으로 특별영주라는 체류자격에 모두 포섭·통합됨에 따라 한국국적·조선적을 막론하고 평화조약 국적이탈자 또는 평화조약 국적이탈자의 자손은 특별영주자격을 자동적으로 부여받게 되었다. 입관특례법에 따라 특별영주자는 일반영주자와 마찬가지로 무기한 체류가 허용되기 시작했다.

분단이 초래하는 문제 재일조선인의 본국법

게다가 재일조선인에게는 일본의 법률상 문제가 되는 논점이 있다. 한국·DPRK가 분단체제하에 놓여 있음으로 인해 일본의 국제사법 분야에서 조선에 속하는 자의 본국법국적소속국의 법률을 결정하는 것이 문제가 된다. 후술하듯이 한국과 DPRK는 각기의 「국적법」에 따라 국민을 획정한다. 따라서 재일조선인에게 섭외가족관계 분쟁이 일어날 경우, 한국과 DPRK라는 두 가지 법질서 중 어느 쪽을 본국법으로 삼아야 할지가 문제로 부각된다.

이 논의에는 여러 학설이 있으며 크게 나누어 보면 다음과 같다.[25] ① 일본이 한국을 국가로 승인하기 때문에 그 정통성에서 한국법만을 적용한다는 견해, ② 한반도를 두 개 국가에 의한 분단상태로 보아, 국적을 이중국적 상태로 보는 견해, ③ 한반도의 분단상태를 1국 2정부 상태로 보아, 한 국가 안에 위법한 지역이 있다는 견해, ④ 오랜 기간동안 일본에 정주하는 재일조선인은 이미 연결점으로서의 실효성을 잃어버렸기 때문에 상常거주지인 일본법을 적용해야 한다는 견해 등이 이에 해당한다. 이들 견해에 대해 각기 비판이 제기되기도 하지만, 실무 차원에서는 ②와 ③의 견해가 주로 인용된다.[26] 본국법은 주관적 요소를 고려하여 당사자에게 가장 밀접한 관계가 있는 법률에 따르는 것이 일반적이기 때문이다. 이에 따라 그 소속 의사를 판단하는 데 일본 외국인등록상의 국적등란이 참작되었다.[27]

조선적·한국국적의 현재

조선적과 한국적 모두가 특별영주자격 획득하게 됨에 따라 실질적으로 법적 취급 상 차이가 없는 듯 여겨져 왔다. 그런데 2012년 7월 9일 개정시행된 「출입국관리법」 제26조에 따라 특별영주자가 일본 출국 후 2년 이내에 재입국 의사를 밝힐 경우에 원칙적으로 재입국허가를 취득할 필요성이 사라진, 이른바 간소화된 재입국허가제도[1]를 놓고 새로운 문제가 야기되었다. 특별영주자증명서와 '유효한 여권' 소지라는 요건이 따른다는 점이 문제가 된다. 왜냐하면 ① 한국에서 재외국민등록을 필하지

---

1) 원어로는'見なし再入國許可'다. 사전적 의미로 '見なし'란 '간주'의 뜻이며 특별영주자를 포함하는 중장기거주 외국인이 특정기간 내에 일본으로 재입국할 경우, 출국 시에 그 의사를 밝힘으로써 일본 정부로부터 재입국허가를 득한 것으로 간주되어 재입국을 인정받는다는 뜻이다. '재입국허가 간주제도' 등으로 표기할 수도 있겠으나, 여기서는 주한 일본공관이 사용하는 '미나시(간소화된) 재입국허가'라는 표기에 따라 '간소화된 재입국허가'로 표기하기로 한다. https://www.kr.emb-japan.go.jp/what/news_20201102_immigration.html(2023.12.2 검색).

않은 한국국적자, ② 일본과 국교가 없는 DPRK여권을 소지하는 조선적자·한국국적자, ③ 한국 또는 DPRK여권을 소지하지 않은 조선적자가 대상에서 제외되기 때문이다. 조선적자는 사실상 그 모두가 간소화된 재입국허가제도에서 배제되어 종전처럼 '재입국허가'를 요구받고 있다. 이처럼 재외국민등록을 필하지 않은 한국국적자와 조선적자가 그 대상에서 제외된다.

이처럼 법적 취급까지도 변용된 조선적이지만 그동안 일본 법무성은 외국인통계 상 '한국·조선'이라고 병기倂記해 왔으며, 조선적을 가진 자의 구체적 인구수를 밝히지 않았다. 그러나 2015년 3월 이후 법무성은 재일조선인의 '국적'을 '한국'과 '조선'으로 분리하여 공표하기 시작했다. 일본 통계상 조선적을 가진 외국인 수는 2019년 12월 시점에서 28,096명이었다.[28] 이러한 분리집계를 하게 된 것은 자민당 의원들의 요구에 따른 것으로 이들은 "(분리집계를 하지 않으면) 일본에 거주하는 북조선국적자 수가 실체 이상으로 많아 보인다"라고 주장했다.[29] 그러나 조선적이라는 기재가 어떠한 국적을 나타내는 것이 아니라는 것은 여태껏 일본 정부의 일관된 견해이기도 해서 이러한 주장은 기존 입장과 모순된다.

3. 한반도의 재외동포로서의 재일조선인 국민의 범위

대한민국의 국적과 국민의 범위

재일조선인, 특히 조선적자의 일본국적과 법적 지위의 변천은 상술한 바와 같다. 한편, 한반도에서는 재일조선인의 국적을 어떻게 다루며 이해해 왔을까? 「제1차 대한민국헌법」1948년 7월 12일 제정, 이하 제헌헌법 「제3조 제

8차 대한민국헌법」이하 현행 한국 「헌법」 제2조 제1항에서 답습[30]에 따르면 국민의 요건은 법률에 따라 별도로 정한다. 대한민국 정부 수립 이전의 남조선 과도 입법의원이 1948년 5월 11일에 제정한 「국적에 관한 임시조례」이하 임시조례, 남조선과도정부 법률 제11호는 비록 과도적 내용이긴 하지만[31] 한국 「국적법」의 전신前身으로 자리매김하고 있다. 한국에서는 국민의 경계 설정이라는 중요한 국면에서 국가·국민정신·정체성 등의 확립을 강조하는 경향이 있어[32] 민족의 동질성을 충족하기 위한 혈통주의를 채택했다. 1948년 12월 20일에 「헌법」 제정 후 최초의 「국적법」법률 제16호, 이하 제정국적법이 일본과 마찬가지로 부계혈통주의를 채택함에 따라 한국은 이때부터 이를 유지하게 되었다.

이 제정국적법과 관련하여 논의되는 문제로는 최초의 한국국민을 둘러싼 문제를 들 수 있다. 혈통주의를 채택할 경우, 부 또는 모의 국적을 근거로 국적이 부여되므로 「국적법」 제정 시점에서 최초의 국민의 존재가 밝혀져야 하며, 최초의 국민의 후손이라는 사실이 출생과 동시에 국적을 취득하는 근거가 된다. 그런데 제정국적법이 '출생 당시 부가 대한민국의 국민인 자'제정국적법 제2조 제2항로 규정함으로 인해 한국 성립 시점의 국민 (즉 최초의 국민) 규정을 두지 않아 오늘날까지 논란이 끊이지 않고 있다.

이러한 법적 결함은 DPRK와의 관계에서 문제가 된다. 분단 상황에서 한국은 현행 「헌법」 제3조에서 '한반도 및 그 부속도서' 모두를 자국의 공간적 영역이라고 주장하고 있어[33] DPRK 공민을 한국국민으로 봐야 하는지가 문제가 된다. 대법원은 1992년 한국 망명을 요구한 DPRK 공민에 대한 강제퇴거명령 무효 처리의 가부를 판단하는 소송[34]을 통해 최초의 한국국민의 범위에 대한 지침을 제시하여 DPRK국적을 취득한 자도 한국국민이라고 판단했다. 이 판결의 타당성을 둘러싼 평가는 학설에 따라 다르지만, 이 판례법리로 법적 결함에 대한 대응과 DPRK 공민에 대한 이해가 대체로 확정되었다.[35]

조선민주주의인민공화국에서의 공민

한편, DPRK에 의한 국적의 취급도 한국과 유사한 측면이 많다. 「조선민주주의인민공화국 사회주의 헌법」[1948년 공포] 제62조[36]에 따르면 공민이 되는 조건은 국적에 관한 법에 의해 규정되며, 거주지와 관계없이 보호를 받는다며 해외공민의 보호에 대해서도 분명히 밝히고 있다. 또한, 이 헌법으로부터 위임받은 「조선민주주의인민공화국국적법」[1963년 공포·시행 최고인민회의 상설위원회 정령 제242호, 이하 DPRK국적법]은 양계혈통주의 원칙을 채용했다. DPRK국적법 제2조 제1항[37]이 공민의 요건을 "조선민주주의 인민공화국 창건 이전에 조선의 국적을 소유하였던 조선인과 그의 자녀로서 그 국적을 포기하지 않은 자"로 규정함에 따라 재일조선인 또한 이에 해당하는 것으로 이해할 수 있다.

한국에서는 재일조선인을 대상으로 하는 국적 문제의 충돌을 고려하면서도[38] DPRK국적법이 한국에서 적용된다고 보기가 어렵다는 견해가 일반적이다.[39] 그러나 "창건 이전에 조선의 국적을 소유하였던" 것을 증명하는 서류, 즉 공민임을 증명하기 위해 일제 조선호적의 호적증이나 호적등본이 필요했던 실무 측면을 감안할 때, 한국에 거주하는 한국국민 또한 DPRK 공민이라는 해석은 가능하다.[40]

이상의 내용을 종합해 볼 때, DPRK 공민이란 한국 법률상의de jure 국민이지만 사실상의de fact 국민에 해당하지는 않으며,[41] 이는 DPRK의 경우도 마찬가지인 것으로 이해할 수 있다.

〈그림 2〉 대한민국 여행증명서

대한민국의 재외동포법

한국에서는 국외에 거주하는 국민인 재외국민을 정부가 보호할 의무를 현행 「헌법」 제2조 제2항[42]에서 규정하고 있다. 재외국민도 포함하는 광의의 개념으로 재외동포라는 용어가 흔히 사용된다. 한국 외교부 재외동포영사국 재외동포와의 2019년도 통계에 따르면 한국은 약 749만 명의 재외동포를 거느리고 있다.[43] 비약적인 경제 발전, 인구 이동, 국제적 교류가 늘어나는 글로벌시대에 재외동포에 관한 문제는 한국에게 중요한 관심사로 떠오르고 있다.

이리하여, 상술한 「헌법」 제2조 제2항을 근거로 「재외동포의 출입국과 법적 지위에 관한 법률」_{1999년 9월 2일 법률 제6015호, 이하 재외동포법}이 제정되어, 한국 국적이 없는 재외동포에 대해 일반적인 외국인과는 다른 사증 발급제도가 마련되었다. 재외동포법의 취지에는 첫째, 모국 기여라는 공리적 고려_{해방후 이주정책에 따른 재미동포 등}, 둘째, 역사적 상처의 치유_{해방 전에 이주한 재일조선인·중국}

조선족·고려인 등와 같은 근본적인 인도적 책임의식이 깔려 있다.

그러나 제정 당시 재외동포법이 과거국적주의를 채택했던 점이 문제가 되었다.[44] 즉 해당 법률의 대상을 '대한민국국민으로서 외국의 영주권을 취득한 자 또는 영주할 목적으로 외국에 거주하는 자'인 '재외국민'과 '대한민국의 국적을 보유하였던 자 또는 그 직계비속'인 '외국국적동포'로 정의한 탓에 중국 조선족, 고려인, 그리고 조선적자를 대상에서 배제했기 때문이다.구 제2조 이러한 정의상의 문제로 재외동포법은 기민정책이라는 비판에 직면하게 되었다. 구 제2조에 대해 헌법재판소가 과거국적주의에 입각한 개념 정의는 평등원칙에 위배된다는 헌법불합치 판결을 내려,[45] 이후 개정되었다. 개정 후 재외동포법 제2조 제2호는 '대한민국국적을 보유하였던 자대한민국 정부 수립 전에 국외로 이주한 동포 포함 또는 그 직계비속으로서 외국국적을 취득한 자 중 대통령령으로 정한 자'로 수정되었다. 이 개정을 통해 중국 조선족이나 고려인 등이 새로이 재외동포의 범주에 포함되었다.

그럼에도 불구하고 유독 조선적자만큼은 여전히 재외동포법에서 제외되고 있다. 일본 외국인등록 상 한국국적이었던 자가 나중에 일본국적을 취득할 경우에는 외국국적동포 지위를 인정받을 수 있지만, 한국국적을 취득하지 않은 조선적자는 외국국적동포 대상자에서 제외되고 있다.

재외동포에 해당하지 않는 조선적자에 대한 이동의 제약

대한민국국민으로서 여권을 발급받기 어려운 조선적자는 「남북 교류 협력에 관한 법률」1990년 8월 1일 법률 제4239호, 이하 남북교류법 제10조[46]에 따라 외국국적이 없으며 한국여권도 소지하지 않은 '외국거주동포'로서 한국을 방문하기 위해서는 여행증명서일반적으로는 임시여권 등으로 호칭됨를 발급받아 이를 소지해야 한다.[47] 2008년경까지 조선적자의 한국 왕래는 활발하고 용이했지만, 이명박 정권 이후 여행증명서 발급이 까다로워짐에 따라(문재인 정부에서 다시 완화) 발급거부 건수가 급격히 늘었다.[48] 또한, (주일 한국공관이) 신청자에 대해 한국국적으로의 변경과 이에 수반하는 재외국민등록을 요구하거나 이에 응하지 않는 신청자에 대해 여행증명서 발급을 거부하는 사례가 발생하기도 했다.

이러한 상황 속에서 2009년 여행증명서 발급거부 처분 취소를 촉구하는 행정소송이 제기되었다. 이 소송에서 서울행정법원과 고등법원은 조선적자의 법적 지위를 '사실상의 무국적자'[49]로 판단했다. 비록 대법원의 기각으로 조선적인 원고가 패소했지만, 이 소송은 조선적에 대한 한국 사법부의 견해를 알 수 있는 중요한 계기가 되었다.

또한 이 사례가 국가인권위원회에 진정되었을 때, 한국 정부가 일본 행정실무상 한국국적으로 변경하고 한국국적 소지자로서 재외국민등록을 필할 것을 강요했던 점이 쟁점이 되었다. 국가인권위원회는 이러한 조치는 한국국민이 아닌 자에게도 인정되는 행복추구권 및 국적선택에 관한 자기결정권과 양심의 자유를 침해하는 행위로 보아 "조선국적[2])인 재일동포 피해자에게 남한에 입국하는 과정에서 국적선택을 조건으로 걸거나 이를 직간접적으로 종용하는 행위는 피해자의 정치적 신념이나 세계관에 반하는 행동을 강요한다"[50]라고 판단했다.

한국에서는 2010년의 법개정을 거쳐 제한적으로나마 복수국적을 허용하여 트랜스내셔널리티를 용이케 함으로써 한국 자체를 글로벌하고 열린 공동체로 이룩하기 위한 정책을 추진하고 있다. 그러나 한편으로 전

---

2) '조선적자'를 잘못 표기한 것이다.

쟁과 분단으로 입장이 굳어진 탓에 "비자발적으로 국적을 상실하며 완전히 회복할 수 없거나 분단국가의 국적을 거부하는"[51] 조선적자의 방한 기회는 국적이 아닌 장치로서의 조선적에 의해 제약받고 있다.

4. 국적 미확인으로서의 조선적자
국민국가의 틈바구니에서

'국적' 선택이라는 패러독스

출생과 국적의 연속성은 국가와 개인을 연결한다는 국적의 성질을 고려해 볼 때, 국민국가를 형성케 하는 틀 안에서는 자명한 일로 여겨져 왔다. 즉 국민국가의 자명성에 기초하기에 거기에는 다양한 변수가 존재한다. 무국적자에 대한 국적 부여는 이를 강제할 만큼의 국가보다 우월한 법률이 제정되지 않고서는 구성될 수 없으며, 전前국가적 권리나 사회적 권리에도 의거하지 않기 때문에 국제법상의 한계로 지적된다.[52]

재일조선인은 일본에서는 신민의 틀에서 배제되는 한편, 한반도 분단으로 인해 한국 또는 DPRK를 선택해야 했다. 좀 더 정확하게 말하면 일본에서는 선택의 여지를 빼앗긴 것이고 한국에서는 선택을 강요받은 것이라고 할 수 있다. 국적이란 본래 국가가 결정하는 것이며, 이는 즉 어떠한 국가의 국민이 되려면 국가의 동의가 필요하다는 것을 의미하게 된다. 그러나 재일조선인, 특히 조선적자의 경우, 국적을 얻는 데 있어 어떤 국가를 선택할 수밖에 없다는, 일종의 자기결정을 요구받게 된다. 이는 자신의 의사로 국가를 선별할 수 있다는 의미와 동시에 어떠한 선택도 하지 않을 경우, 그 소속이 일본 내 외국인의 법적 지위로서의 특별영주자

외에는 아무것도 없다는 것을 의미하기도 한다. 이는 연관되는 국가가 여러 개에 걸쳐 있는 탓에 야기된 문제다.

위의 논의로 미루어 볼 때, 조선적을 사실상의 무국적이라고 주장할 수도 있겠지만, 오히려 '국적 미확인'이라는 설명에 더 설득력이 있어 보인다.[53] '국적 미확인'이란 상술한 헌법재판소에 의한 재외동포법 헌법불합치 판결 중 권성 재판관의 개별의견으로 제시한 용어다. 그는 당초 재외동포법 대상에서 배제된 '대한민국 수립 이전에 국외로 이주한 재외동포'를 '국적 미확인' 재외동포로 언급한 바 있다.[54] 필자는 이 '국적 미확인'이라는 용어를 "국가 승계의 틈바구니에서 국적선택권이 주어지지 않음으로 인해 국적을 상실한 후, 「국적법」상 국적을 부여할 수 있는 국가가 상거국常居國 외에도 여러 개에 걸쳐 있어, 생래적生來的 취득에도 불구하고 어느 국가로부터도 국적을 확인받지 못하고 있는 상태"라고 일단 정의해보고자 한다. 조선적자를 예로 들면 상거국인 일본의 국적을 취득하기 위해서는 후천적 취득으로서의 귀화가 필요하며, 재외국민으로서 한국 또는 DPRK국적을 얻기 위해서는 어느 한쪽을 자발적으로 선택해야 한다. 선천적 복수국적 보유자가 일정 연령에 도달할 때 어느 한쪽을 선택하는 것과 감각적으로 가까운 측면이 있어 보이기도 하다. 재일조선인이 잠재적으로 복수국적자라는 지적이 제기되는 것도 이러한 이유 때문인 것으로 여겨진다.[55]

이리하여 국민의 범위를 결정짓는 전권專權을 지닌 것으로 여겨지는 국민국가들 사이에서 조선적자는 일종의 '선택의 패러독스'[56]에 빠지게 된다. 이러한 현상은 국가제도상의 결함이자 국민국가의 모순이라고 할 수 있을 것이다.

조선적자를 둘러싼 법의 재검토

이상의 논의에 근거하여 다음과 같은 맥락에서 조선적에 관한 논의를 각기 나눠서 다시 시작해야 할 것이다.

우선 일본과의 관련에서는 패전 후 국적 처리에 대해 다시 살펴볼 필요가 있다. 상술한 바와 같이 패전 후 일본은 조선인의 일본국적을 박탈함으로써 외국인을 창출했다고 보는 것이 일반적이다. 일본에서 일본국적을 갖지 않은 자를 외국인으로 정의하는 이상, 이는 잘못된 설명이 아니다. 그러나 일본국적이 박탈된 시점에서 과연 재일조선인의 귀속이 자동적으로 결정되었다고 할 수 있을까?[57] 애당초 국가는 국제관습법상 자국 국적을 가지고 있는지 여부를 결정할 권한이 있어도 어느 국적을 가질 것인지를 멋대로 결정할 권한은 없다. 즉 재일조선인을 일본국적에서 이탈시킨 후 '외국인'이 된 재일조선인이 갖게 될 국적의 귀속을 일본이 정할 수 없는 법이다. 재류개서 문제와 관련하여 법무성은 줄곧 이렇게 설명해 왔지만, 애초에 일본국적 상실이야말로 재일조선인의 귀속을 불분명하게 하는 전제가 되었다는 점과 그 편법이 문제해결을 어렵게 만들어 놓았다는 점을 다시 한 번 자각해야 할 것이다. 따라서 상술한 바와 같이 재일조선인을 잠재적 복수국적자로 보는 설에 대해서도 (그 찬반까지 포함하여) 다시 주목해야 할 것이다. 2019년 10월 대만인에 의한 일본국적 확인 소송이 제기된 일에 비추어 보더라도 평화조약에 따른 국적 취급에 관한 문제가 해결되었다고는 볼 수 없다.[58]

한편, 한국 및 DPRK와의 관련에서는 '최초의 국민' 규정의 불명료함이 오늘날에 이르기까지 국민의 범위를 획정짓는 데 어려움을 야기하고 있다. 한반도에서 출생했더라면 국적을 선택할 여지가 없었지만, 재일조선인은 이를 일본에서 해야만 했다. 왜냐하면 한국이 혈통주의를 채택했음에도 불구하고 「헌법」상 또는 「국적법」상 '최초의 국민' 규정이 부재했던 데 비롯된다. 이 규정의 결함으로 인해 결과적으로 한국이 재외동포법을 제정한 이후에도 일제강점기의 조선호적 기재 사실을 한국인의 에스닉한 유대를 확인하는 메르크말Merkmal로 정한 것이다. 이러한 문제 때문에 향후 재외동포법 개정에 관한 논의가 필요할 것이다.

조선적자에 대한 여행증명서 발급거부 문제는 문재인 정부 출범 이후 느슨해진 상태가 지속되고 있다. 한국 외교부는 여행증명서 소지가 여전히 필요하다고 주장하면서도 "인도주의적 관점에서 조선적 재일동포의 원활한 고국 방문을 위해 여행증명서 발급 기준과 절차를 명확히 하는 방향으로 지침을 개정하여 시행하고 있다"라고 하고 있어[59] 실무 차원에서도 "특별한 사유가 없는 한" 신청 후 8일 이내에 여행증명서가 발급되고 있다.[60] 그러나 이는 어디까지나 행정재량에 불과하며 근본적인 문제 해결을 의미하는 것은 아니다. 이에 재외동포법상의 재외동포 정의에 '무국적 (또는 국적 미확인)'을 포함시킬 것을 촉구하는 대한민국 정부 민원제4·6장 참조이 제기되고 있다.[61]

5. 나가며 누락되는 존재에의 병주併走

지금까지의 검토해온 바와 같이 조선적이란 일본에서 외국인등록상의 출신지를 나타내는 기호記號적이고 편의적인 기재였던 것이 한국적의 등장으로 '한국적 = 한국국적'으로 규정됨에 따라 법적 지위가 위태로워졌다. 그리고 한국에서 통설·판례의 입장에서 조선적자가 한국국민으로 이해되고 있음에도 불구하고 재외동포법으로는 재외동포라는 법적 지위를 부여받지 못하고 있어 고국을 찾는 일조차도 행정부의 광범위한 재량에 위임되고 있다. 조선적이란 그 자체가 충성심의 리트머스지로 여겨져왔다고 해도 과언이 아니다. 조선적이라는 이름의 리트머스지는 서로를 국가로 승인한 한국과 일본에 의한 무책임하고 편의주의적 이해에서 비롯된다고 해야 할 것이다.

그런데 가장 어려운 문제는 재일조선인, 특히 조선적자에게 전결사항으로서 국적을 부여하는 대상국이 어디인지가 명확지 않다는 점이다. 국가는 각기의 관할 안에서 국적법제를 두고 있다. 그러나 국가마다 개인을 파악하다 보면 국가 간에서 어긋날 수 있어 신분증명서상의 기재와 국적의 실태가 일치하지 않음으로 인해 국적 미확인자를 낳을 수 있다. 이런 경우에 망라적 국적 부여만이 정당성이 있는 것일까? 단순히 국적의 유무와 사람과 국가 간의 권리의무관계 유무를 연결짓는 일이 여전히 많다는 사실 자체에 대해서도 의문이 남는다.[62]

국가 입장에서 볼 때 국적은 아이덴티피케이션identification의 도구가 되지만, 개인 입장에서 볼 때, 사람과 국가 간의 관계 구축 차원에서 국적은 정체성 문제와 깊이 연관된다.[63] 재일조선인과 국적과의 관계 또한 이러한 맥락에서 자주 거론되었다. 특히 한국국적과 조선적 사이에서는 '남이냐 북이냐' 하는 이분법으로 해석되기 일쑤다. 그러나 법적 맥락에서 분명한 것은 '남도 아니고 북도 아닌' 동시에 '남이기도 하고 북이기도 하다'고 하지 않을 수 없다는 것이다. 한반도에 38선이 그어짐에 따라 한 때 같은 국가에 속했던 국민은 갈기갈기 찢어졌다. 그러나 그 한반도 둘레에 있는 국민들은 국가의 구성원으로서 법적으로 동정同定되기 위해 일본에서 38선이라는 보이지 않는 경계선을 자신의 의사로 선택해야 했던 것이라고 할 수 있다.[64]

마지막으로 이 장에서 다뤄온 조선적을 둘러싼 법적 문제를 특정 지역의 특수한 문제로 치부해서는 안 될 것이다. 국민국가라는 소여所與의 틀 안에서 발생하는 이동과 주민관리에서 왜 조선적이라는 존재가 탄생하게 되었는지를 타국타지역과 대비시키면서 고민하며 논의하는 일 또한 필요하다.[65] 국민국가라는 장벽이 굳건한 이상, 그 틈바구니에서 누락되는 존재들이 틀림없이 곳곳에서 생겨날 수밖에 없다. 앞으로 더욱 트랜스내셔널한 문맥과 관점에 주목하여 조선적이라는 존재를 논의해나가야 할 것이다.

분단과 통일

조선적을 통해 보이는 것

곽진웅

"요즘 조선적자는 얼마나 되나요?"

평소 내가 활동을 하면서 자주 받는 질문이다. 이렇게 묻는 사람은 일본인, 한국인을 가리지 않는다. 그리고 대부분이 조선적이란 조선민주주의인민공화국국적을 가진 사람이라는 인식을 가지고 있다.

거기에는 식민지 지배로 재일코리안 사회가 생겨난 과정이나 한반도가 분단된 역사를 잘 이해하지 못한 채 무의식적으로 오늘날 남북관계 속에서 재일코리안을 파악하려는 시각이 깔려 있다.

이 물음에 대해서는 1947년 5월 2일 천황 마지막 칙령敕令으로 시행·공포된 「외국인등록령」, 이를 계승한 1952년 4월에 제정된 「외국인등록법」, 1965년 6월에 체결된 재일한국인법적지위협정 등 역사를 들며 설명한다. 조선적이 일본과의 관계에서 국적으로 규정되는 것이 아니라 패전 후 재일코리안에 대한 처우를 둘러싼 일본 정부의 필요성에서 비롯되었다는 사실을 지식으로 알려 주는 일 자체는 그리 어려운 일이 아니다.

그런데 원래 있던 조선적에 대해 재일코리안이 품었던 생각, 그리고 1965년 한국국적이 인정됨에 따라 제도적으로도 명확히 분단된 재일코리안 사회의 갈등과 고통을 전하는 데 늘 안타까움을 금할 수 없다. 그것이 빠진 채로는 진정된 의미에서 조선적을 이해하기가 어려울 것이다.

나는 1966년 9월 재일코리안 3세로 오사카에서 태어났다. 할아버지가 일제강점기에 일본으로 건너온 후 각지를 전전하다 오사카에 자리를 잡아 가족끼리 빗자루나 등나무 제품 등을 만들어 생계를 꾸렸다. 1939년 1월 오사카에서 열 형제 중 다섯째로 태어난 아버지를 비롯한 형제자매는 해방을 맞아 귀국, 건국을 꿈꾸는 재일코리안들이 각지에 세운 민족학교^{국어}강습소 중 한 곳을 다녔다. 그러나 1948년 4월 조선학교를 폐쇄하려는 일본 정부, GHQ에 의해 「조선학교폐쇄령」이 내려지면서 학교에 대한 탄압이 거세지는 가운데 민족교육의 터전을 지키려는 4·24한신교육투쟁이 벌어졌다. 당시 초등학생이던 아버지도 투쟁에 참여했다고 하지만 결과적으로 학교가 폐쇄되어 민족교육의 터전을 빼앗기고 말았다. 그래도 민족적 삶의 방식을 부정하는 것이 아니라 재일코리안으로서 가슴을 펴고 당당하게 살아가려는 마음은 가정 안에서도 자연스럽게 길러졌다고 한다.

한편, 대한민국과 조선민주주의인민공화국의 탄생 그리고 동족이 다툰 한국전쟁을 거쳐 분단된 한반도의 현실은 좋든 싫든 재일코리안의 생활 속에 '눈에 보이지 않는 38선'을 몰고 왔다.

조선적이란 국민국가에 귀속하는 것이 아니라 구 식민지 출신자 및 그 후손으로서의 재일코리안들 가운데 한국국적을 취득하지 않은 이들의 출신지역을 나타내는 '기호^{記號}'이다. 한국국적에 수반하는 다양한 편의여
권이나 협정영주권 등가 있음에도 식민지와 분단이라는 한반도를 둘러싼 역사, 일본 사회에 대한 인식, 자신의 경제기반이나 가까운 커뮤니티와의 관계성 등 다양한 이유로 많은 재일코리안들이 조선적을 유지해 왔다. 이는 개개인의 '삶의 모습'을 나타내는 것이기도 하며, 비록 가족이라 할지라도 꼭 같은 선택을 했던 것은 아니다.

아버지의 청년시절에는 취업은 물론이거니와 일상생활 구석구석까지 스며든 차별 탓에 일본 회사에 취직하며 안정된 삶을 살아갈 것을 꿈꾸는 일조차 허락되지 않았던 재일코리안들은 그 대부분이 자영업의 길로 들어섰다. 아버지도 오사카에서 할아버지의 가업을 물려받았다. 할아버지와 아버지는 사업의 관계나 한국에 친척^{아버지의 형제자매 중 장남만이 한국에서 살았다}이 살았던 관계도 있어 한국국적을 취득하여 민단 상공회 등과 관계를 맺었다.

아버지에게는 일본에서 각기 사업을 운영하는 두 명의 형이 있었다. 큰 형은 조선적을 유지하며 조총련 활동에도 적극적으로 참여했다. 자녀들^{내 사촌}은 모두 대학까지 조선학교를 졸업했으며, 집에는 김일성의 조상화가 걸려 있었다. 한편, 나고야에 살던 둘째 형은 한국국적을 취득했다. 그는 "정치 얘기에 얽혀서는 안된다"라는 말을 자주 하곤 했다.

국적과 민족에 대한 생각과 이해는 제각각이지만 매년 치루어지는 '제사'를 비롯한 관혼상제가 있을 때면 할아버지와 함께 살던 집에 친척들이 모여들었다. 거기에는 서로의 근황을 나누기도 하고 서로의 안부를 챙기는 화목한 가족의 모습이 있었으며, 술자리에서는 때로 한반도와 일본의 정치담의에 꽃을 피우기도 했다.

한반도에서처럼 남북으로 물리적, 공간적으로 분리된 것도 아니고 조선적, 한국국적에 관계없이 서로 만나며 얽히는 일이 흔한 일상인 재일코리안에게 국가는 때로 편 가르기의 논리를 들고 나온다. 1980년대 초 아버지가 민단관계자의 프로그램으로 한국을 방문할 기회가 있었는데, 체류 중에 아버지 혼자 정부관계자의 호출을 받아 큰형과의 관계 등을 취조받았다고 한다.

1970년대 이후 한국 군사독재정권의 기반이 위기에 처하자 '북의 위협'을 들먹이며 확산되는 반독재 민주화운동을 탄압하여 정권을 유지하려 했다. 이때 희생양이 되었던 것이 재일코리안이다. 유학이나 사업 등으로 한국을 방문한 재일코리안들이 갑자기 '북의 간첩'이라는 혐의로 구속되다가 가혹한 고문으로 정치범으로 조작되는 사건이 잇따르면서 100명 이상이 정치범으로 사형, 무기징역 등의 판결을 받았다. 또한, 비록 기소되지는 않았지만 취조받은 재일코리안들도 다수에 이른다. 이들 사건 중 상당수에서 조총련 관계자 또는 조선적자와 접촉한 것이 '간첩행위'로 간주되어 유죄의 증거가 되었다.

2000년대 들어 한국 사회의 민주화가 진전되면서 재일코리안정치범들의 재심청구 움직임이 잇따랐다. 이제 이들 사건 중 대다수가 고문이나 협박 등 불법적이고 부당한 수사로 조작된 것이 밝혀지면서 대부분 무죄가 선고되고 있다. 조선적을 어떻게 이해하느냐에 관한 문제는 한국 사회가 '편 가르기'를 넘어 한반도 분단과 재일코리안의 역사를 어떻게 바라보느냐에 관한 문제이기도 하다.

한편, 한국 사회도 변화를 보이고 있다. 2016년 가을부터 박근혜 대통령의 퇴진을 촉구하며 전국으로 확대된 촛불혁명에 따라 2017년 5월에 탄생한 문재인 전 대통령은 그해 광복절 연설에서 "재일동포의 국적을 불문하고 인도주의적 이유로 (한국 내) 고향방문을 정상화할 것"이라며 조선적 재일코리안의 한국입국 요건을 대폭 완화할 방침을 발표했고 2017년 말부터 원칙 수용을 제도화했다.

1997년 김대중 정권 탄생부터 2007년 노무현 정권까지 조선민주주의인민공화국에 대해 화해와 협력을 진전시키는 햇볕정책이 취해졌다. 이에 따라 조선적자에 대한 여행증명서 발급 절차도 완화되어 한국 입국도 단숨에 확대되었다. 그러나 보수정권인 이명박 정권 이후 남북관계가 악화되면서 한반도 긴장이 고조되자 조선적자에 대한 여행증명서 불허가

잇달아 사업이나 친족방문 등으로 한국을 방문할 수 없게 되는 등 심각한 문제가 되었다.

내가 대표를 맡고 있는 코리아NGO센터에서도 이 문제를 무겁게 받아들여 2012년 대통령선거 등 다양한 기회마다 조선적자의 왕래를 권리로 인정하고 여행증명서 발급 요건을 완화할 것을 촉구해 왔다. 그러나 재일코리안의 조국왕래라는 기본적 권리가 국가논리로 제약을 받는 상황은 지금도 계속되고 있다.

생활상의 편의, 특히 세계화시대에 발맞추어 해외에 활약의 터전을 찾고자 하면 조선적자는 여전히 많은 어려움을 직면하게 된다.

조선적자인 관계로 결혼한 지 10여 년동안 가족끼리 한국에 찾아가지 못했다가 문재인 정권이 들어서야 비로소 아이들과 함께 한국을 방문할 수 있었다. 또한 그가 2018년 8월 재일코리안 장애인·고령자의 무無연금 문제를 국제 사회에 호소하기 위해 유엔인종차별철폐위원회 일본 정부 보고서 심의에 맞춰 제네바를 방문했을 때는, 일본의 재입국허가서로는 비자 취득 절차가 복잡하고 시간이 걸리기 때문에 조선민주주의인민공화국여권을 발급받아야 비자를 발급받을 수 있었다. 그런데 아직도 조선민주주의인민공화국과 국교가 없는 미국의 경우, 조선적자는 관광 입국조차 어렵다.

이러한 제약이 있음에도 불구하고 왜 조선적자로 남고자 하는가.

내 파트너는 "꼭 필요하다면한국국적을 취득하라면 고민해 보겠지만 원래 조선은 하나인데 이제 와서 둘 중 하나를 선택해야 한다는 것은 납득할 수 없다"고 한다. 이 말로 상징되듯이 조선적이란 이를테면 국가를 선택할 것을 거부하며 민족으로서 자신의 정체성을 지켜내고자 하는 삶의 방식의 표징이라고 할 수 있을 것이다. 물론 그중에는 조선민주주의인민공화

〈그림 1〉우리 집에 있는 여태껏 발급받은 해외도항용 서류. (왼쪽에서부터) 일본 정부가 발행한 재입국허가서, 조선민주주의인민공화국여권, 대한민국여권, 대한민국 여행증명서

국국민이라는 귀속의식에서 조선적을 유지하는 이들도 있겠지만 이는 지극히 소수일 것이다. 따라서 만일 조일국교정상화가 이루어지고 조선적이 조선민주주의인민공화국국적이 된다면 2019년 현재 3만 명 정도의 조선적자 중 적지 않은 이들이 한국 또는 일본국적 취득을 고민하지 않을까 나는 생각한다.

조선적이란 이를테면 남과 북, 일본이라는 세 개의 국민국가 사이에 놓여진 재일코리안의 존재와 그 역사를 가시화시켜 주는 것이라고 해도 무방할 것이다. 국가의 틀을 초월한 시각으로 조선적을 다시 생각해 본다면 우리는 분단된 재일코리안, 더 나아가 분단된 한반도의 통일을 생각하기 위한 시야를 넓힐 수 있지 않을까 생각해 본다.

제2장

조선적의 제도적 존속과 처우 문제

일본 정부에 의한 한국 한정승인과 재일조선인 문제에의 적용

최사화

1. 들어가며

조선적이란 무엇인가? 조선적이란 국적 미확인 상태를 가리킨다. 국적 미확인이란 "체류자격을 가지며 외국인등록증 등 신분증명서상에 구체적 국적이 기입되어 있으나 그 국적국으로부터는 국민으로 인정되지 않은"[1] 상태를 가리킨다. 조선적 보유자 대부분은 일본에서 특별영주라는 체류자격을 가지고 있으며, 이 경우 특별영주자증명서의 국적·지역란에는 '조선'으로 기재된다. 따라서 조선적 보유자는 국적을 가진 자로 파악되며, 때로는 조선민주주의인민공화국이하 북조선[2] 국적을 가진 자로 이해된다. 그러나 조선적 보유자는 북조선에서 공민국민등록되지 않는다. 공민등록이 되지 않는다는 것은 그 나라 국민으로 인지되지 않는다는 것을 의미한다.

연구자들 사이에서 조선적을 파악하는 방식은 한결같지는 않다. 예를 들어 국제법학자 아베 고키阿部浩己는 조선적을 북조선국적으로 파악한다.[3] 조선적 보유자는 북조선 「국적법」에 따라 국적이 부여되며, 필요시에 재외 자국민으로서의 보호를 받을 수 있기 때문이라고 한다. 확실히 국적 미확인인 자는 "정규 여권을 취득하기 어렵다"[4]라는 해석에 비춰볼 때, 조선적 보유자가 북조선여권을 취득할 수 있는 사실은 국적 미확인이라고 할 수 없다. 따라서 조선적 보유자는 북조선의 보호를 받을 수 있을 것으로 간주되어 북조선적 보유자로 해석할 수 있다. 그러나 이는 국제법

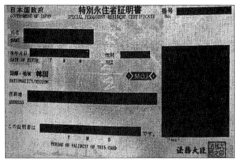

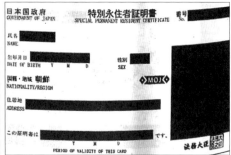

〈그림 1〉 한국국적 보유자의 특별영주자증명서　　〈그림 2〉 조선적 보유자의 특별영주자증명서

적 관점에만 근거한 견해다. 국내법으로 조선적 보유자가 북조선 공민으로 등록되지 않는 한, 북조선국적 보유자로 정식으로 간주할 수 없다.

　그렇다면 특별영주자증명서상에 나타난 '조선'이라는 기재는 무엇을 뜻할까? 그것은 출신지이자 등록상의 기호記號에 지나지 않는다. '조선'이라는 기재는 1947년 5월 일본에서 「외국인등록령」이 시행되었을 때 처음으로 사용되었고, 이후 오늘날 이르기까지 계속해서 사용되고 있다. 「외국인등록령」이 시행됐을 당시 한반도에는 아직 국가가 성립되어 있지 않아 일본에 사는 한반도 출신자들은 '조선'이라는 출신지를 국적란에 기입할 수밖에 없었다. 이후에도 조선적 보유자는 북조선과 한국 어느 쪽에서도 국민등록되지 않았다. 따라서 특별영주자증명서에 나타난 '조선'이라는 기재는 지역 명칭을 가리키는 데 지나지 않는다고 할 수 있다.

　〈그림 1·2〉는 2020년 시점의 특별영주자증명서다. 증명서에는 '국적·지역'란이 있다. 국적과 지역이 병기된 것으로 알 수 있듯이 이 항목이 곧 국적만을 나타내는 것이 아니라는 것을 알 수 있다. 〈그림 1〉은 한국국적 보유자의 특별영주자증명서이다. 한국국적 보유자는 한국에 국민등록되기 때문에 이 증명서상의 '한국'이라는 기재는 '국적'을 나타낸다. 〈그림 2〉는 조선적 보유자의 특별영주자증명서이다. 여기에 제시된

'조선'이라는 기재는 '지역'의 명칭을 나타낸다. 2020년 현재 조선적자의 수는 3만 명 남짓이다.[5] 「외국인등록령」이 시행되었을 당시 조선적 보유자는 59만 8천여 명이었다.[6] 그러나 이후 조선적 보유자의 수는 지속적으로 감소하고 있다. 그 주된 요인은 한국국적으로의 변경과 일본국적으로의 귀화가 가능해졌기 때문이다.[7] 2020년 현재 한국국적, 일본국적을 보유한 재일조선인이 대다수를 차지하며, 이에 비해 조선적 보유자는 압도적으로 소수가 되었다.

그럼에도 불구하고 이 장이 약 3만 명이라는 압도적인 소수자를 조명하고자 하는 이유는 국적을 기준으로 한 처우 차이가 어떻게 발생하며, 이것이 오늘날에 이르기까지 어떠한 영향을 미치고 있는지, 그 경위를 밝히기 위해서다. 특히 한국국적과 조선적 재일조선인의 체류자격 및 출입국을 둘러싼 처우를 비교해 보면 그 차이는 역력하다. 체류자격에 있어서는 1965년 6월 체결된 「일본국에 거주하는 대한민국국민의 법적 지위 및 대우에 관한 일본국과 대한민국 간의 협정」^{이하 한일법적지위협정}에 의거하여 한국국적 보유자는 1966년 1월부터 5년 동안 신청을 통해 협정영주가 허가된 반면에 조선적 재일조선인에게는 적용되지 않았다. 하여, 조선적 보유자는 이후에도 계속해서 체류자격이 없이 일본에 체류하게 되었다. 체류자격을 둘러싼 처우 차이는 1991년 특례영주자격이 신설되면서 이를 조선적 보유자에게도 적용하게 됨에 따라 다소 해소되었다. 그러나 이후에도 국적을 기준으로 삼는 처우 차이는 충분히 개선되지 않고 있다. 특히 출입국관리에서는 이러한 구별이 꼬리를 물듯 여전히 영향을 미치고 있다. 예를 들어 2016년 2월 10일 일본 정부는 북조선에 대한 독자적 제재로 인적왕래에 관한 일곱 개 항목의 제재를 발표했다.[8] 이들 항목 가운데 '(3) 일본에서 북 조선에의 도항 자숙 요청'에 조선적 보유자의 해

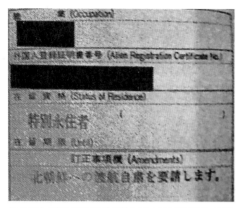

〈그림 3〉 재입국허가에 나타난 북조선 도항 자숙 요청

외도항에 관한 제재가 규정되었고, 일본 정부는 조선적 보유자에게 북조선으로의 도항을 자제할 것을 요구했다. 〈그림 3〉과 같이 법무성 입국관리국현 출입국재류관리청은 조선적 보유자가 해외도항 시에 휴대하는 일본 정부가 발행하는 재입국허가서에 북조선에의 도항을 자제할 것을 촉구하는 내용을 그 정정사항란에 제시하는 한편, 한국국적 보유자는 제재 대상에 포함되지 않았다. 이 사례로 알 수 있듯이 조선적 보유자는 한국국적 보유자에 비해 권리가 충분히 보장되어 있다고 보기가 어렵다. 이처럼 조선적이라는 압도적 소수자에 초점을 맞춰야만 어떠한 권리가 어떠한 이유로 제약되어왔는지를 밝혀낼 수 있을 것이다.

일반적으로 조선적 보유자를 둘러싼 문제는 본인의 의사 문제로 돌릴 수도 있다. 왜냐하면 조선적 보유자에게는 한국국적으로의 변경이나 일본국적으로의 귀화라는 선택지가 있어 절차만 거치면 언제든지 조선적을 포기할 수 있기 때문이다. 이처럼 의도치 않게 조선적 보유자에게 선택지가 있음으로 인해 조선적을 유지하는 본인의 의사가 국적의 존속으로 이어지고 있는 것으로 이해될 수 있다. 그런데 중요한 것은 조선적이라는 선택지 자체는 본인의 의사만으로 유지할 수 없다는 점이다. 즉 조선적이라는 선택지가 있는 현 상황이란 국적을 관리하는 일본 정부가 어떠한 의도를 가지고 조선적을 남겨 왔다는 증거이기도 하다. 최종적으로 조선적을 선택하여 이를 유지하기에 이른 재일조선인의 행동을 살펴

보기 위해서는 조선적 보유자를 둘러싼 관계 각국의 정책을 살펴 보아야 하며, 조선적 소지자를 둘러싼 국제 환경을 조명해야 할 것이다.

하여, 이 장은 조선적이라는 제도적 선택지가 어떻게 남겨지게 되었는지, 또한 왜 조선적 보유자가 안정적인 체류자격을 얻지 못했는지를 역사적으로 밝혀내고자 한다. 특히 재일조선인의 국적이나 처우 문제에 관한 기본적인 방침이 도출된 한일회담에 주목해 볼 것이다.

재일조선인의 국적과 처우 문제에 관한 연구는 최근 들어 점차 진전되고 있다. 선행연구는 크게 두 가지로 분류할 수 있다. 첫째, 제도사 연구다. 점령기 일본에서 조선적이 탄생한 경위와 그 존속에 관하여 논의한 정영환鄭栄桓의 연구를 들 수 있다.[9] 그는 일본 정부가 한국국적 취득을 거부하는 이들로부터 거센 비판에 직면하자 '편법'으로 조선적을 계속해서 사용할 수 있게 했다고 주장한다. 조선적의 존속 과정을 규명하는 데 그의 고찰은 중요한 관점을 제공해 준다. 그러나 이 논고의 주요 연구 대상 시기가 점령기로 국한되어 있어 이후 한일 간에서 전개된 회담 추이에 대해서는 분석되지 않았다. 조선적이 제도적으로 남게 되는 과정을 파악하기 위해서는 점령기에 대한 분석만으로는 부족하기 때문에 그 후 국제 관계의 전개 과정을 살펴보아야 한다.

둘째, 국제정치사 연구다. 예를 들어 고바야시 레이코小林玲子는 '재일조선인'의 퇴거강제에 관한 규정이 한일법적지위협정에 포함되는 과정을 분석했다.[10] 또한 요시자와 후미토시吉澤文寿는 한일국교정상화 교섭에서 재일조선인의 협정영주와 퇴거강제가 규정된 경위를 논의했다.[11] 한일회담에 초점을 맞춘 연구 중 상당수가 청구권 문제에 관심을 두는 가운데 재일조선인을 둘러싼 문제에 주목한 몇 안 되는 귀중한 연구다. 그런데 이들 연구에서는 재일조선인의 국적이 소여所与의 전제가 되고 있다. 재일조선인의 처우 문제를 검토하기 위해서는 처우를 규정하는 국적 문제를 검토해 볼 필요가 있다.

조선적이 제도적으로 존속하게 된 과정에 관한 이 장의 결론은 다음과 같다. 한국 정부를 유일한 합법한 정부로 간주한 일본 정부의 한정승인론을 재일조선인정책에 연동시킨 결과, 조선적이 제도적으로 존속되는 상황에서 조선적 소지자가 협정영주 대상에서 제외되었다. 이때 한정승인이란 한국을 한반도의 유일한 합법 정부로 보아 그 한반도에서의 한정적 지배권을 승인한다는 뜻이다. 이는 동시에 한반도 북부에서의 권한authori-tiy을 사실상 승인하는 것을 의미하기도 한다. 일본 정부는 한국 한정승인이라는 입장을 재일조선인의 국적과 처우 문제에도 연동시켰다. 즉 일본 정부는 재일조선인 사회의 분단을 염두에 두고 한국국적으로 변경하지 않은 채 조선적을 계속해서 유지하는 이들을 북조선계로 간주했다. 일본 정부가 한국의 한반도 북부에서의 권한을 인정한 이상, 이들이 계속 유지하는 조선적 또한 제도적으로 남길 수밖에 없다고 판단했다. 또한, 이들에게는 협정영주가 적용되지 않은 채, 합법한 정부의 국적을 가진 것으로 간주된 한국국적 보유자에게만 협정영주가 적용되었다.

이 장은 다음 네 개의 절로 구성된다. 이 절에 이어서 제2절에서는 조선적의 탄생 경위와 재일조선인이 가졌던 일본국적을 「대일강화조약」 발효에 따라 상실하게 되는 과정을 살펴볼 것이다. 제3절에서는 한반도 분단이 고착되는 가운데 일본 정부가 어떠한 한반도정책을 입안하고 이를 어떻게 재일조선인의 국적 문제와 연결시켰는지에 대해 논할 것이다. 제4절에서는 일본 정부가 한반도정책을 재일조선인의 처우 문제와도 연동시키는 과정을 검토할 것이다.

이 장에서 사용하게 될 주요 개념에 대해서도 설명해 두고자 한다. 우선 재일조선인을 '20세기 전반부터 일본으로 건너간 조선인과 그 후손'[12]으로 정의한다. 여기에는 일제강점기에 일본으로 건너간 재일조선인과 더불어 해방 후에 도일한 조선인도 포함된다. 왜냐하면 남조선지역의 공산주의자 배척이나 한국전쟁의 혼란을 피해온 조선인 그리고 가족과의 재회를 위해 도일한 조선인들이 이미 일본에 거점을 둔 재일조선인과 같은 의식이나 생활형태를 갖게 되었기 때문이다.[13] 그리고 이 장에서는 '재일조선인', '재일동포', '재일한국인재일한인' 등의 표기가 사용되는데 '재일조선인'은 국적을 막론하고 한반도 출신자 전반을 가리킨다. 한편, '재일한국인'은 한국국적을 가진 재일조선인을 지칭할 때 사용될 것이다.

2. 전사前史 조선적의 탄생과 일본국적 상실

이 절에서는 조선적이 탄생한 배경과 「대일강화조약」의 발효로 재일조선인이 그동안 가졌던 일본국적이 실효되는 과정을 개관하고자 한다. 1945년 8월 일본의 항복이 발표되었을 당시 추산치로 220만 6,541명의 조선인이 일본에 있었다.[14] 이들 가운데 상당수는 조선이 해방되었다는 소식을 접하고 조선으로의 귀환을 서둘렀다. 일본 정부에 따르면 해방 직후부터 1950년 11월 19일까지 일본 정부나 점령군이 실시한 계획수송에 의해 귀환한 조선인은 104만 679명이었다고 한다. 법무성 기록에 따르면 일본에서 조선으로 귀환한 조선인 중 90%가 1946년 4월까지 귀환했다고 한다.[15]

1946년 여름이 되자 조선인의 귀환을 둘러싼 상황이 급변했다. 귀환자의 수가 침체되기 시작했다. 해방 이후에도 일본에 남아 있는 조선인을 목격한 연합국총사령부는 1946년 11월 이들을 "본국으로 귀환할 것을 거부하는 자"[16]로 간주하기 시작했다. 총사령부는 이들을 "조선 정부가 재일조선인에 대해 조선국민으로 승인할 때까지 일본국적을 보유"하는 자로 간주했다.[17] 총사령부에 따르면 여기에는 일본인과 재일조선인을 구별 짓지 않으려 하는 의도가 있었다고 한다.

이에 반해 일본 정부는 1947년 5월 2일 일본에 남아 있던 조선인을 대상으로「외국인등록령」을 공포, 시행했다.「외국인등록령」입안의 배경에 있었던 것은 해방 후 남조선지역에서 일본으로의 밀항자가 수적으로 늘어났기 때문이다. 1946년 5월경에는 밀항자 문제로부터 파생된 문제로 '남조선'지역에서 발생한 콜레라가 밀항자에 의해 일본으로 '수송'될 위험성이 지적되었다. 이러한 문제에 대처하기 위해「외국인등록령」이 입안되었다.[18] 즉 이미 일본에 거주하는 조선인에게 등록을 부과함으로써 이후 남조선지역에서 밀항으로 일본으로 들어오는 이들을 '불법입국자'로 특정하기 시작했다. 이리하여「외국인등록령」은 새일본국「헌법」공포 전날인 1947년 5월 2일에 공포, 시행되었다.[19]

「외국인등록령」의 대상이 된 조선인은 외국인등록증명서를 휴대하게 되었다. 증명서의 국적란에는 '조선'이라는 지역명이 표기되었다. 국가의 정식명칭이 아니라 지역명이 표기된 것은 당시 한반도에 아직 국가가 성립되지 않았기 때문이다. 이로 인해 한반도 출신자들은 국가가 아닌 출신지역을 나타낼 수밖에 없었다.

재일조선인에게 외국인으로서의 등록을 부과한 것은 이들이 일본국적을 가진 것으로 간주한 총사령부의 입장과 일견 모순되어 보인다. 그러나「외국인등록령」은 어디까지나 대내적으로 구별하는 데 목적이 있었다. 이는 '불법입국자'와의 구별이자, 더 나아가 외지外地 출신자와 내지内地 출신자 사이에 명확한 구별을 마련하기 위한 것이었다. 1947년 시점에서 일본국적을 소지하면서 외국인으로 등록된 자의 수는 약 59만 8천 명이었다.[20]

1951년이 되자 재일조선인의 국적을 둘러싼 상황이 급변한다. 같은 해 9월 「대일강화조약」이 체결되었고, 이에 따라 재일조선인이 그동안 소지해온 일본국적은 실효하기에 이른다. 「대일강화조약」은 주권회복 후 일본의 성격을 규정 짓는 조약이었다. 「대일강화조약」 제2조 a항은 "일본은 한국의 독립을 인정하고, 제주도, 거문도 및 울릉도를 포함한 한국에 대한 모든 권리, 권원 및 청구권을 포기한다"라고 규정하고 있어 동 조약 발효 후 일본에 의한 한반도 영토 포기를 규정했다.

한편, 이는 재일 조선인의 국적을 규정한 것이 아니다. 그럼에도 일본 정부는 재일조선인의 국적에 대해 「대일강화조약」 제2조 a항에 따라 재일조선인이 기존에 가지고 있던 일본국적을 상실하게 될 것이라고 주장했다.[21] 즉 일본 정부는 「대일강화조약」 발효에 따라 재일조선인이 일본국적을 상실하여 옛 국적을 회복할 것으로 해석했다.[22] 이처럼 「대일강화조약」은 재再독립을 이룩할 일본의 성격을 규정함과 동시에 재일조선인의 국적 또한 규정하는 근거가 되었다.

일본 정부가 영토조항을 재일조선인의 국적 문제에 적용시킨 배경에는 일본 정부의 조선에 대한 '주권유지론'[23]이 있었다. '주권유지론'이란 「대일강화조약」이 발표될 때까지 일본이 한반도를 실효지배實效支配한다는 인식이다. 즉 국제법이 발효해야 비로소 조선이 정식으로 독립을 이룰 수 있다는 뜻이다. 이 '주권유지론'은 재일조선인의 국적에 대처하는데 일본 정부가 원용한 법해석론이었다.[24] 「대일강화조약」 발효로 재일조선인의 일본국적이 실효한다는 일본 정부 방침은 이 '주권유지론'에 근거한다. 즉 일본이 「대일강화조약」이 발효될 때까지 한반도에 대한 주권을 유지하기 위해 한반도 출신자도 그때까지 일본국적을 유지한다는 내용이다. 다시 말해 「대일강화조약」이 발효되면 일본이 한반도에 대한 주권을 상실하기 때문에 재일조선인의 일본국적 또한 실효된다는 뜻이다.

1952년 4월 19일 일본 법무성 민사국이 「평화조약에 따른 조선인 대만인 등에 관한 국적 및 호적 사무 처리에 관하여」[25]라는 통달을 발령하여 「대일강화조약」 발효에 따라 재일조선인의 일본국적이 실효된다는 행정상의 정비를 도모했다. 일본국적 실효의 근거로 사용된 것은 외지호적 등재자라는 사실이었다. 이로써 내지호적과 외지호적이라는 호적 차이에 따라 구 식민지 출신자의 일본국적 득실이 결정되었다.

1952년 4월 일본국적을 상실한 구 식민지 출신자는 「출입국관리령」의 적용 대상이 되어 일본에 체류하기 위한 체류자격을 요구받게 되었다. 「출입국관리령」이 이미 1951년 10월 4일에 공포된 상태였지만 공포 당시에는 구 식민지 출신자가 일본국적을 보유하고 있었기 때문에 이들을 전제한 규정이 없었다. 이에 법무성이 조속히 구 식민지 출신자의 체류자격에 관한 정비를 꾀하여 「보츠담선언 수락에 따라 발령된 명령에 관한 건에 의거한 외무성 관계 제반 명령의 조치에 관한 법률」법률 126호[26]을 잠정조치로 제정했다. 법률 126호는 "별도로 법률로 정하는 바에 따라 그 자구 식민지 출신자의 체류자격 및 체류기간이 결정될 때까지 계속해서 체류자격 없이 일본에 체류할 수 있다"라고 규정했다.[27] 이에 따라 재일조선인 등 구 식민지 출신자는 「대일강화조약」 발효 후에도 체류자격이 없는 상태로 체류가 '허용'되었다.

법률 126호의 또 다른 중요한 점은 재일조선인의 국적을 불문하고 일괄적으로 체류를 '허용'했던 점이다. 즉 법률 126호는 조선이나 한국 등

국적을 불문하고 체류관리상의 차이를 두지 않았다. 이후에도 1960년대에 접어들 때까지 체류관리상의 국적 차이는 문제시되지 않았다. 이에 관한 차이가 일본 정부 그리고 한일 간에서 논의가 되기 시작한 것은 1960년대 들어서부터다.

지금까지 살펴본 바와 같이 재일조선인은 점령 기간에는 일본국적을 소지하다가 「대일강화조약」이 발효하면서 일본국적을 상실하게 되었다. 그리고 이 시점부터 재일조선인은 국적 차이와 관계없이 일괄적으로 체류가 '허용'되었다.

3. 일본 정부에 의한 한정승인론과 조선적의 제도적 존속

조선적의 존속을 고찰하는 데 「대일강화조약」이 중요한 데 대해서는 두말할 필요가 없다. 이에 못지 않게 중요했던 것이 한일회담이다. 한일회담은 한국 정부가 강화회의에 불참함에 따라 대체조치로 개최되었다. 「대일강화조약」에 영토와 재산에 관한 규정 등 한국의 이익에 관한 내용이 다소 포함되기는 했으나, 한일 양국에 관한 문제는 직접교섭으로 해결하기로 했다. 그 결과 1951년 10월 20일부터 한일 예비회담이 개최되었다. 이 예비회담으로 한일 양국은 모든 재일조선인을 한국국적 소지자로 취급하기로 잠정 합의했다. 그러나 이후 일본 정부는 자신의 입장을 바꿔 모든 재일조선인을 한국국적 소지자로 간주하지 않는 쪽으로 선회했다. 일본 정부는 왜 입장을 바꿨을까? 이 절에서는 예비회담 중에서 재일조선인의 법적 지위에 관한 소위원회^{국적처우소위원회}의 전개 과정과 이후 개최된 본 회담의 한일법적지위위원회 전개 과정에 주목하고자 한다. 이 절 이후 살펴보게 될 한일법적지위위원회의 회담 추이에 관해서는 〈표 1〉을 참조하기 바란다.

〈표 1〉 한일법적지위위원회

법적지위위원회	기간
제1차 한일법적지위위원회	1952년 2월 5일~1952년 4월 21일
제2차 한일법적지위위원회	1953년 4월 15일~1953년 7월 23일
제3차 한일법적지위위원회	1953년 10월 6일~1953년 10월 21일
제4차 한일법적지위위원회	1958년 5월 19일~1959년 11월 2일
제5차 한일법적지위위원회	1960년 10월 25일~1961년 5월 15일
제6차 한일법적지위위원회	1961년 10월 27일~1964년 12월 13일
제7차 한일법적지위위원회	1964년 12월 7일~1965년 4월 6일

한일예비회담을 통해 재일조선인이 그동안 일본국적을 보유해 왔다고 보는 양국 간의 견해는 일치했지만, 국적이 실효되는 날을 놓고 한일 양국이 충돌했다. 재일조선인의 일본국적이 실효하여 한국국적을 취득한 날에 대해 한국 측이 일본이 포츠담선언을 수락한 날이라고 주장한 반면에 일본 측은 「대일강화조약」 발효일이라고 주장했다. 일본국적이 실효한 날짜를 둘러싼 한일 양국의 충돌은 한동안 지속했지만, 한국국적 취득일에 대해서는 각기의 국내법 조치에 맡기기로 하면서 양자 간의 대립이 해소되었다.[28]

1952년 1월 24일에 개최된 국적소위원회 제24차 회담에서는 재일조선인의 국적에 관하여 규정한 조문의 구체적 내용이 검토되었다. 일본 측이 "평화조약 발효 후에는 일본국적을 상실한다"라고 명기할 것을 요구한 데 대해 한국 측은 "재일한국인은 대한민국국민"이라고 명기할 것을 주장했다.[29] 언뜻 보면 각기 다른 입장을 편 것처럼 보이지만 한국 측 주장은 일본 측도 수긍할 수 있는 것이었다. 왜냐하면 '대한민국국민'에는 일본국적을 보유하지 않는다는 전제가 포함되어 있어 일본국적 상실이라는 일본 측 주장과 일치하기 때문이다. 그 결과 "한일 양국은 재일한국인이 대한민국국민으로 일본국민이 아님을 승인한다"라는 양측 주장을 협정문에 병기하기로 했다.[30] 이에 대해 훗날 일본 정부는 "재일조선인이 한국국적을 갖는 데 대해서는 한일 간에서 이미 **사실상의 암묵적 합의가 성립**되어 있었다"라고 술회했다.강조 - 필자, 이하 같음[31] 다만 이는 잠정협정modus vivendi상의 합의에 불과하며, 최종합의는 아니다.

3월 20일에는 「재일한인의 국적 및 처우에 관한 한일협정안」이 작성되어 그 제1조는 "일본국은 재일한인이 일본국국민이 아님을 인정하며, 대한민국은 재일한인이 대한민국국민임을 확인한다"라고 규정했다.[32] 한국국적을 취득한 날짜에 대해서는 협정에 명기하지 않아 양측 견해가 일치하는 내용만 기술되었다. 그러나 어느 쪽이든 「대일강화조약」이 발효했을 때 재일조선인이 일본국적을 상실했다는 데 대한 양측 의견은 일치했다.

일본 정부가 재일조선인이 대한민국국적을 소지한다는 입장을 취해온 배경으로는 예전부터 일본의 현안이던 재일조선인의 송환 문제와 밀접하게 얽혀 있던 점을 들 수 있다. 일본 정부는 모든 재일조선인을 한국국민으로 간주함으로써 이들의 원활한 송환을 추진할 수 있을 것으로 보았다. 만일 한국국민으로 간주하지 않을 경우, '북선北鮮계 한인'의 송환처가 없어 법적 지위가 모호해지는 사람을 다수 떠안게 됨에 따라 처우에 어려움을 겪을 것이라는 우려가 있었다.[33] 따라서 모든 재일조선인을 한국국민으로 간주하는 것이 일본 정부로서는 상책이었다.[34] 이리하여 일본 측은 재일조선인의 국적에 대해 이미 **사실상의 합의가 이뤄졌다**고 거듭 주장해 왔다.[35]

그러나 상책으로 여겨진 이러한 일본 측 입장도 1953년경부터 점차 변화를 보이기 시작한다. 2월 13일 중의원 법무위원회에서 일본 정부의 한반도정책에 대한 논의가 이루어졌다. 주된 내용은 한반도 합법 정부를 둘러싼 문제였다. 일본 사회당 이노마타 고조猪俣浩三가 "일본 정부가 인정한 한국이란 어떤 범위의 한국"[36]을 지칭하는지를 질의한 데 대해 히로타 시게루廣田しげる 외무성 아시아국 제2과장은 "일본이 상대하는 대한민국이란 현재로는 대체로 조선 남반부를 통제하는 대한민국 정부를 지칭한다"[37]라고 답변했다. 외무성 아시아국은 일본 정부가 한국의 지배권이 한반도 전역에 미치는 것으로 보지 않아 한정된다는 입장을 밝혔다. 그동안 일본 정부는 한반도정책에서 어느 정부를 승인할지, 입장을 명확히 밝히지 않았다. 그러나 이때부터 일본 정부의 입장이 한국을 유일한 합법 정부로 인정하는 쪽으로 크게 선회하기 시작했다.

분단국가 중 어느 한 측을 정통 정부로 간주하여 그 지배권이 미치는 영역이 한정된다는 견해를 한정승인이라고 한다.[38] 즉 한국 정부를 유일한 합법 정부로 승인하고 그 지배권을 38선 이남으로 한정할 것을 의미한다. 이는 동시에 정통 정부로 간주하지 않은 또 다른 정권을 사실상 승인하는 것을 의미하기도 했다. 즉 38선 이북에 존재하는 북조선의 권한을 사실상 승인한 셈이다.

1953년 4월 16일에는 일본 외무성과 법무성이 재일조선인의 국적을 명확히 하기 위해 한정승인이라는 견해에 따를지 여부를 검토하기 시작했다.[39] 한국 정부를 한정승인한다는 방침을 재일조선인의 국적에 적용시킬 경우, 재일조선인의 국적은 한국과 조선으로 나뉘게 된다. 이로 인해 발생할 수 있는 문제란 모든 재일조선인을 한국국적 보유자로 간주할 수 없게 됨으로 인해 북조선으로의 송환이나 법적 지위가 모호한 사람이 발생할 수 있는 일 등이었다.[40] 이에 반해 한정승인이라는 견해를 재일조선인의 국적에 적용시키지 않을 경우에는 모든 재일조선인을 한국국적 보유자로 규정하거나 안건마다 편리한 범위를 정해 나가는 방안도 고려해 볼 수 있었다.[41] 이 시점에서의 논의는 문제제기 차원에 그치고 있어 한정승인이라는 견해를 어느 안건에 얼마나 적용시켜 나갈지에 대해서는 명확히 하지는 않았다.

제2차 한일회담이 개최되자 한국 측 또한 재일조선인의 국적에 관한 자신의 입장을 바꾸었다. 1953년 5월 22일 개최된 제2회 국적처우부회에서 한국 측은 돌연 재일조선인의 국적을 한일 간에서 '미확정'이라고 주장하기 시작했다.[42] 한국 정부에 따르면 원래 한국국민이라고 주장해 온 것은 "이들의 처우를 특별히 고려하는 것을 조건으로 하는 취지가 있었기 때문"이었다고 한다. 실질적인 처우 문제가 협정에 제시되지 않는 상황에서는 국적을 확정 지을 수 없다는 것이었다.

한국 측이 "국적이 미확정 상태"라고 주장한 이면에는 일본에서 강제 송환되는 한국인의 입국을 거부하려는 목적이 있었던 것으로 보인다. 이미 한일 간에서 1950년 12월부터 1952년 3월까지 일곱 차례의 송환이 추진된 상태였다.[43] 그런데 같은 해 5월 12일의 8차 송환 때가 되자 410명의 송환자 중 일제강점기부터 일본에 거주해온 125명의 수용을 한국 정부가 거부하는 일이 벌어졌다.[44] 한국 측 거부로 이들 125명은 일본으로 역逆송환되었다.[45] 한국 측은 이러한 송환자의 수용거부를 정당화하기 위해 돌연 재일조선인의 국적을 '미확정'이라고 주장하기 시작한 것으로 추정된다.[46]

이처럼 한일 간에서 국적에 관한 인식에 괴리가 생기는 가운데 한일 양국 정부는 1953년 5월 29일 재일조선인의 국적보다 처우 문제에 더

중점을 두고 논의할 것을 합의했다.[47] 이후 한일회담의 핵심적인 의제는 재일조선인의 처우 문제, 특히 일본에서의 영주허가 문제가 되었다. 다만 이는 국적 문제가 의제에서 누락되는 것을 의미하지는 않았다. 영주허가 신청자격을 검토하는 데 국적은 중요한 요소 중 하나가 된다. 하여, 한일 양국 정부의 주된 관심사가 영토에 관한 문제에 있으면서도 이에 부수되는 재일조선인의 국적 문제에 대해서도 함께 논의하기로 했다. 초점을 처우 문제로 설정함으로써 회담의 경색상태가 풀릴 조짐이 보이기 시작했다. 그러나 이때부터 5개월 지난 10월 15일 재산청구위원회에서 나온 이른바 '구보타발언'으로 인해 회담이 분규하고 말았다. 일본 측 수석대표 구보타 간이치로久保田貫一郎 외무성 참여가 일본에 의한 식민지 지배를 정당화하는 듯한 발언이 한국 측을 자극했기 때문이다. 이후 회담은 1958년 4월까지 재개되지 않았다.

회담이 중단되는 동안 재일조선인의 국적에 대한 일본 정부의 입장에 변화가 일어나기 시작했다. 일본 측은 1954년 2월 모든 재일조선인을 한국국적 보유자로 간주하기가 사실상 어렵다는 인식을 갖기 시작함에 따라 기존입장을 대폭 수정하게 된다. 이달 12일 외무성 기록에는 "북선北鮮계 조선인으로 하여금 한국국적임을 칭하게 하기란 사실상 어려울 것이며, 이들의 등록 진척을 가로막는 결과가 될 것이므로 조선인의 경우, 특히 국적란 기입에 있어서는 국적을 의미하지 않도록 한 것이며, 따라서 한국 또는 조선 중 어느 쪽을 기입해도 무방하다. 참고로 이 란에는 "'조선'이라고 기입하려는 것은 북선계가 많다고 보아도 무방할 것이다"[48]라고 기술되어 있다. 재일조선인의 외국인등록증명서에 표시되는 국적이란 이 국적을 의미하지 않는다고 하면서도 '조선'이라고 표시한 이들 중 다수가 북조선 지지자로 보았다. 즉 1948년 8월에 한국이 성립되었음에도 불구하고 한국국적을 거부하는 자는 한국 정부를 적극적으로 지지하지 않는 자, 즉 북조선 지지자로 간주한 셈이다.

이 무렵부터 일본 법무성 민사국은 재일조선인의 국적을 다시 검토하기 시작했다. 1956년 4월 19일 민사국은 "조선인의 국적 귀속에 관하여 만약 뭔가 미확인인 사항이 있다면 이는 조선에 두 개 국가 혹은 적어도 사실상 정부가 두 개 존재한다는 변칙적 사태에서 비롯된다"라고 하면서 "조선에 대한민국 및 조선인민공화국이라는 두 개의 국가 내지 두 개의 정부가 실제로 존재한다는 것은 일본국으로서도 부정할 수 없는 사실"이라고 밝혔다.[49] 한반도 분단은 일본 정부로서도 이를 사실로 받아들여야 하며, 또한 그 분단국가에 귀속하는 재일조선인의 국적도 '미확정'이었다. 이에 외무성 민사국은 「대일강화조약」 발효 후 모든 재일조선인이 한국국적 보유자라고 주장해온 일본 정부의 기존 입장을 재검토하기 시작했다.

재일조선인을 일률적으로 한국국적 보유자로 볼 수 없다고 생각하게 된 이면에는 남북 대립이 상존해 있다는 인식이 깔려 있었다.[50] 따라서 재일조선인 사회의 대립도 인정할 수밖에 없게 됨에 따라 재일조선인의 국적을 재검토할 필요성이 발생했다. 이와 관련하여 후에 입국관리국 측은 "당시로서는 남북 갈등이 이 정도까지 지속될 거라고 생각하지 않았던 것으로 여겨진다. 그러나 평화조약 발효 후인 1958년 4월부터 시작된 제2차회담 이후 역으로 일본 측이 본 규정 삭제를 주장했고, 한국 측은 본 규정을 둘 것을 거세게 주장했다"라고 술회한 바 있다.[51] 이때 본 규정이란 상술한 바와 같이 한일협정안 중 "일본국은 재일한인이 일본국민이 아님을 인정하고, 대한민국은 재일조선인이 대한민국국민임을 확인한다"라는 규정이다. 즉 재일조선인을 획일적으로 한국국적 소지자로 간주하는 것이 아니라 남북 갈등의 현실에 따라 재일조선인의 국적 또한 남북의 구별을 둘 필요가 있다는 것이었다.

다만 일본 측은 한국 정부가 재일조선인에 대해 어떠한 관할권을 주장하느냐에 따라서도 일본 정부의 이해관계가 좌우될 가능성이 있을 것으로 여겼다. 예를 들어 한국 정부가 재일조선인을 자국민이라고 주장할 경우, 일본 정부는 재일조선인에 대해 "대한민국의 책임 있는 태도"를 요구해야 할 것으로 보았다.[52] '책임 있는 태도'란 진작부터 일본 정부가 한국 정부에게 요구해온 퇴거강제에 대한 책임을 지칭하는 것으로 추측할 수 있다. 한국 정부는 재일조선인이 한국국민이라고 주장하면서도 이들의 한국으로의 강제송환을 거부해 왔기 때문이다. 이를 탐탁지 않게 여긴 일본 정부는 한국 정부에 대해 재일조선인을 관할하는 정부로서 책임을 촉구할 수 있을 것으로 여겼을 것이다. 한편, 한국 정부가 재일조선인을 자국민으로 간주하지 않는다면 일본 정부는 북조선과 협상할 자유를 가질 수 있다고 한국 측에 주장할 수 있을 것으로 여겼다.[53] 이 무렵 이미 재일조선인의 북조선 귀국^{복송} 문제가 외무성과 법무성에서 화제로 떠올라, 여기서는 한국과의 관계 악화를 가장 큰 우려사항으로 꼽았다. 그러나 한국 정부가 재일조선인을 자국민으로 인정하지 않는다면 이를 구실로 삼아 북조선과의 협상길이 열릴 가능성도 기대할 수 있었다. 더욱이 한국 정부와 북조선 정부 모두가 재일조선인에 대한 관할권을 주장하지 않을 경우에는 일본 정부가 재일조선인을 무국적자로 처우할 자유를 갖게 된다며 일본 정부에 의한 처우에 대해 양국이 이의를 제기할 수 없다고 여겼다.[54] 다양한 가능성을 고려해 볼 수 있었지만, 한국 정부가 어떤 주장을 펼친다고 하더라도 종합적으로 볼 때 일본 정부의 손실이 적을 것이며 어떠한 상황에 놓이게 되더라도 일본 정부가 많은 이익을 얻을 것으로 보았다.

재일조선인의 국적에 대한 일본 정부의 공식견해에 대해서는 여전히 밝혀지지 않았지만, 일본 측 변화가 회담에서 나타나기 시작한 것은 1958년 4월에 재개된 제4차 한일회담이었다. 5월 19일부터 한일법적지위위원회가 재개되고, 그 제9차 회의에서 한국 측이 재일조선인의 국적에 관한 협정안을 제시하자 일본 측이 난색을 보였다. 한국 측 협정안에는 "대한민국과 일본국은 재일한인의 한국국적을 확인한다The Republic of Korea and Japan confirm that Korean residents in Japan are nationals of the Republic of Korea"라고 제시되어 있었다.[55] 이는 국적확인조항으로 불리는 내용이다. 한국 측은 모든 재일조선인을 한국국적 보유자로 간주한다는 내용을 협정안에 담았다. 즉 한국 정부는 잠정협정 내용을 답습한 셈이다. 한국 정부는 국적확인에 관하여 일본 정부에게도 그 승인을 요구했다. 그러나 10월 28일에 개최된 제10차 회담에서 일본 측은 국적확인조항 삽입을 반대해 한국 측 요구를 거부했다.

이 거부와 관련하여 일본 정부가 표면적으로 제시했던 이유는 재일조선인의 인적관할권이 한국 정부에게 있다는 점이다. 일본 정부는 한국 정부에 대해 "재일한인에게 한국적이 있을지를 결정하는 것은 오로지 한국 측 문제"라며 한국 측 협정안에 반대했다.[56] 일본 정부는 인적관할권이 있는 한국 정부야말로 재외동포의 국적을 결정해야 한다고 주장했다.

그러나 일본 측이 거부한 이유는 이것만이 아니었다. 앞서 언급했듯이 한반도정책과 재일조선인의 국적을 결합시키는 방향으로 검토해온 일본 정부가 모든 재일조선인을 한국국적 보유자로 인정하기란 어려운 일이었다. 한일 양측 정부는 국적확인조항을 놓고 대립했으며, 이 대립은 협정이 체결되기 직전까지 이어졌다.

1960년 10월 20일에는 외무성 조약국 법규과가 「재일한인의 법적지위에 관한 문제」라는 문서로 한반도정책과 재일조선인의 국적에 관한 논점을 두 가지 제시했다. 첫 번째는 한국의 관할권이 한반도 전역에 미친다고 해석할 때, 모든 재일조선인이 대한민국국민으로 간주된다는 것이었다. 이에 반해 두 번째로 한국의 시정施政범위가 남 측으로 한정된다고 해석할 때, 재일조선인의 국적 또한 남북으로 구별된다는 것이었다. 다만 이 경우 일본 정부가 북조선을 미승인국가로 규정하게 되기 때문에 북조선국적을 정식적인 국적으로 인정할 수는 없다. 따라서 조선적을 가진 자는 다음과 같은 상황에 처하게 될 것임을 밝혔다. "한일협정안에서 언급된 '한인'이나 '대한민국국민' 또한 북선에 적을 둔 조선인에게는 해당되지 않기 때문에 이 입장을 취하게 될 경우 이른바 북선인북선에 적을 두며 북조선에 충성을 맹세하는 재일조선인은 국적불명인 일종의 무국적인이 된다"라는 것이었다.[57] 즉 북조선이라는 국가를 승인하지 않는 이상, 북조선국적을 인정할 수 없기에 무국적이 된다는 뜻이다. 또한, 재일조선인의 국적에 대해서는 한일 간에서 문제 삼을 필요가 없어, 협정문 중에도 제시할 필요가 없다는 점이 확인되었다.[58]

그러나 지금까지 논의해온 바와 같이 일본 정부가 한국 정부를 한정승인한다는 입장을 명확히 하는 과정에서 첫 번째는 현실성에 없었다. 보다 현실에 걸맞은 접근법은 두 번째였다. '북조선계' 재일조선인의 존재를 시인하는 것이 한반도정책과의 정합성이 담보된다는 것이었다. 조선적을 '북조선계'로 해석한 일본 정부는 남북 분단이라는 현실에 따라 조선적을 제도적으로 남길 수밖에 없게 되었다.

1960년 말에 이르자 일본 정부는 한국 정부의 시정권에 대해 한 가지 방침을 도출하기 시작했다. 1월 1일 외무성 조약국 법규과가 작성한 문서는 시정권의 범위를 한정하는 데 대해 다음과 같이 밝혔다. "북한에서 사실상의 권한authority이 존재함을 전혀 부정하지 않은 채 조약 각 조항을 적용한다는 것은 한국 정부가 실효적 지배와 관할을 미치고 있는 남선南鮮 부분에 국한된다"[59]라는 것이다. 즉 한국을 유일한 합법 정부로 한정적으로 승인하는 셈이다. 또한, 일본 정부가 한반도정책을 수립하는 과정에서 재일조선인의 국적에 대해서도 한정승인에 의거한 조치를 취하도록 했다.

이상과 같이 일본 정부는 남북 분단이라는 한반도의 정치적 역학이 재일조선인 사회에도 미치고 있는 점을 인식하고, 이에 따라 국적의 구별이 필요하다는 입장을 갖기 시작했다. 이는 한국을 유일하게 합법 정부로 간주하는 한정승인 방침이 재일조선인정책에도 적용되기 시작한 것을 의미한다. 언급하듯 이러한 일본 정부의 입장은 재일조선인의 처우 문제에서도 관철된다.

4. 일본 정부에 의한 한정승인론과 재일조선인 처우 문제

그동안 재일조선인은 한국 또는 조선이라는 국적의 차이가 있음에도 체류상의 구별이 없었다. "전전戰前부터 계속 재일在日하는 조선인에게 일반 외국인과 다른 대우를 주는 이유는 이들이 평화조약 발효에 따라 그 의사에 의거하지 않은 채 일본국적을 잃어 외국인이 되었기 때문이며, 그 점에만 국한한다면 남북 취급을 달리할 이유가 없다"[60]고 여겨졌기 때문이다. 상술한 법률 126이 규정하듯 구 식민지 출신자들은 한결같이 체류자격이 없는 상태에서 체류가 '허용'된 경위가 있다. 그러한 경위에 따라 일본 측은 모든 재일조선인에게 영주허가를 부여할 방안을 강구해 왔다.

그러나 1965년 6월 한일 국교정상화를 앞두고 한국국적을 가진 재일조선인에게만 영주허가를 부여하는 것이 정해졌다. 즉 협정영주라는 체류자격의 적용 대상을 정하는 데 재일조선인 각기가 소지하는 국적을 기준으로 삼았다. 왜 협정영주 적용 대상자가 한국국적 재일조선인으로 국한된 것일까.

1960년대 한반도정책에 대한 분명한 입장을 갖게 된 일본 정부는 이를 재일조선인의 처우 문제에도 연결시켰다. 당초 호적이나 국적에 관한 사무를 담당하는 법무부 민사국은 정치적으로 남북 간에서 구별하되, 법적으로는 구별해서는 안 된다는 입장을 취해 왔다. 법적으로도 구별함으로 인해 남북 대립이 일본 내로 들어와 국내 치안 문제로 번질 것을 우려했기 때문이다.[61] 또한, 입국관리국은 체류관리에서도 남북 간의 차이가 반영되어야 한다고 주장했다.

1961년 11월 17일 재일조선인의 법적 지위 문제에 관한 법무성과 외무성 간의 협의 당시 입국관리국 측은 모든 재일조선인에게 영주허가를 부여한다고 하더라도 북조선계와 중립계 재일조선인은 신청하지 않을 가능성이 있다는 전망을 제시했다.[62] 입국관리국 측은 모든 재일조선인에게 일률적으로 영주허가를 부여하는 것이 아니라 "영주허가 부여 실적을 확인한 후에 다음 단계를 고려해 봐도 무방할 것"[63]이라고 제안했다. 즉 한국을 지지하지 않은 재일조선인은 원체 한일회담에 반대하기 때문에 협정영주 신청자격이 주어진다고 하더라도 신청할 가망이 없다는 뜻이다.

재일조선인의 체류자격에서도 남북 간의 구별이 생길 것을 전제로 입국관리국 측은 협정영주 신청 시 국적증명서를 의무적으로 첨부하도록 하는 방안을 도출했다.[64] 국적증명서를 첨부함으로써 이 협정에 준거한 영주허가임이 명확해짐에 따라 그 결과 재일조선인들 사이의 '남북 지지를 둘러싼 색깔 구분'이 가능해지기 때문이었다. 입국관리국 측은 "차제에 방치된 조선인의 실태를 파악"하기 위해서라도 국적증명서 첨부가 필요하다고 주장했다. 즉 국적증명서 첨부로 한국국적 소지자와 한국국민 등록을 필하지 않아 방치된 상태에 놓인 조선적 재일조선인을 동시에 특정할 수 있다는 뜻이다. 요컨대 조선이라는 '국적'은 북조선계를 특정하기 위한 멜크마르^{Melkmaar, 징표}로 간주된 셈이다.

국적증명을 요구한 일본 정부에 대해 한국 측은 이에 반대했다. 1962년 10월 16일에 열린 회의에서 한국 측은 국적증명서 첨부는 필요 없다며 일본 측 주장에 반대했다. 이는 국적증명 첨부가 사무량을 증대시킬 뿐만 아니라 한국 정부의 재외동포정책상 걸림돌이 될 수 있기 때문이었다. 한국 정부는 "조총련 계통의 책동으로 재일한인 중에는 한국 정부의 증명을 받는 데 사실상 어려움을 겪는 자가 있다"[65]며 신청서만으로 영주허가를 발급할 것을 일본 정부 측에 촉구했다. 즉 한국 정부는 신청의 문턱을 낮춤으로써 더 많은 재일조선인을 한국국적 보유자로 포섭하려 했다. 이에 대해 일본 측 기록에는 "법적지위협정에 따라, 재일조선인의 절반 이상, 즉 30만 명 이상이 이 협정으로 대한민국국민으로서 영주권을 신청하지 않는다면 한국 정부의 위신이 흔들릴 수 있어 가급적 영주권을 신청하는 자의 수를 늘림으로써 민단계 세력을 키워 총련계 세력을 약화시키려는 의도가 있었다"[66]라고 기록되어 있다. 즉 같은 시기에 재일조선인으로부터 지지를 얻고자 했던 북조선과의 대립이 빚어지는 가운데 한국 정부가 보다 많은 재일조선인을 한국국적으로 변경케 함으로써 한국 정부 지지자로 포섭해 나갈 것을 획책한 셈이다. 북조선과의 체제경쟁이 전개되는 가운데 재일조선인들로부터 폭넓은 지지를 얻을 것을 꾀한 한국 정부의 의도를 엿볼 수 있다.

1963년 1월 31일에 이르자 법무부 내부의 견해 차이는 영주자격 적용 대상을 한국국적 소지자로 국한해야 한다는 입국관리국 측의 의견 쪽으로 수렴되었다. 이는 일본 정부가 한국을 한정승인한 것을 감안해 볼 때, 재일조선인정책 또한 이에 따라 강구되어야 한다고 여겨졌기 때문이다. 법무성은 "일본에 양측을 지지하는 이들이 존재하는 현실을 인정할 수밖에 없는 이상, 그 국가 내지 권한의 정치적 경향을 체류관리상 고려한다는 것은 부득이한 일"[67]이라는 입장을 나타냈다.

이러한 법무성 입장은 암묵적으로 일본 정부의 공식견해로 인식되었다. 일본 정부는 한정승인이라는 한반도정책을 국적 문제와 연동시켜 이를 재일조선인 처우 문제에도 적용시켰다. 한정승인론을 처우 문제에서도 관철함으로써 일본 정부는 장래에 소수민족 문제가 남게 되지 않도록 미연에 방지할 것 또한 기대했다. 외부성이나 입국관리국의 최종목표는 재일조선인를 일본으로 '귀화'하도록 하는 것이었다. 1962년 9월 외무성 동북아과는 "한일 간 협정에 따라 재일조선인에게 영주허가를 부여한다고 하더라도 이러한 조치는 장차 이들이 일본에 동화되는 과정에서의 이른바 잠정조치"[68]라고 밝힌 바 있다. 한국국적 보유자에게만 영주자격을 부여한다는 것은 장래의 '귀화'를 위한 전 단계였다. 입국관리국은 "한국은 자유진영에 속해 있어, 아국일본과 친선관계를 유지, 강화하려는 관계이며, 재일조선인 또한 '귀화' 및 기타의 방법에 의하여 장차 일본 사회에 동화될 가능성이 크다"[69]라고 밝혔다.

이에 반해 조선적 보유자는 적극적으로 귀화하지 않을 것으로 간주되었다. 입국관리국은 "북선계 재일조선인은 사사건건 일본 정부 정책을 비방, 간섭하는 이른바 탐탁지 않은 외국인이며, 장래에 동화할 가능성도 매우 의심스러워 국내치안의 암덩어리가 될 우려마저 있다"[70]라고 밝혔다. 즉 조선적 보유자에게 영주허가를 부여하더라도 그것이 '귀화'로 직결될 거라고 여겨지지 않았다. 여기서 정치적으로나 법적으로나 재일조선인의 구별을 시도하는 입국관리국 측 의도가 여실히 드러난다. '귀화'를 기대할 수 없는 조선적 소지자에게는 영주허가를 부여하지 않은 채 "종전과 같은 처우를 계속"하겠다는 뜻이며,[71] 이는 곧 체류자격이 없는 상태로 체류하게 한다는 법률 126에 기초한 '허용' 방침을 적용시킬 것을 의미했다.

한국국적과 조선적을 구별짓는 데 따른 재일조선인 측 비판도 예상되었지만 이에 대한 일본 정부의 견해는 낙관적이었다. 1960년 11월 외무성 동북아과는 재일조선인이 "126-2-6의 실태를 익히 알고 있어 영주허가와 유사한 것으로 생각할 것으로 여겨져, 북선계 인사들에 대해 126-2-6을 유지한다고 하더라도 꼭 거센 반대가 있을 거라고 단언할 수는 없다"[72]라고 밝혔다. 이처럼 일본 정부는 협정영주를 적용하지 않더라도 재일조선인이 영주허가와 유사한 것으로 이해하고 있어 다르게 처우한다고 하더라도 리스크가 크지 않을 것으로 전망했다.

다만 법무성은 조선적 보유자를 협정영주 대상에서 제외한 데 대해 법적 근거가 취약하다는 점 또한 자각하고 있었다. 법무성은 "한일협정에 따라 처우받게 되는 자와 너무 크게 차별대우한다는 것은 이론적 근거도 취약할 뿐만 아니라 국내 분쟁의 원인이 될 우려가 있다"라고 밝혔다.[73] 법무성은 이에 따라 "그 밖의 한반도에 적을 둔 사람들에 대해서는 협정영주자의 처우와 병행하면서 '실질적으로' 차별대우가 되지 않도록 하는 방향으로 검토하겠다고 말해 두는 것이 가장 현명하다"[74]라고 밝혔다. 상술한 바와 같이 조선적 보유자에 대해서는 법률 126을 계속해서 적용함으로써 차별대우가 되지 않도록 대응하다가 영주허가 또는 체류자격에 관한 법적 규정에 관해서는 현 단계에서 분명히 밝히지 않은 채 그 추이를 봐가면서 결정해 나가기로 했다.

협정영주가 적용되지 않아도 체류가 가능한 실태가 있다고는 하지만, 조선적 보유자와 한국적 보유자 사이에는 크게 다른 점이 있었다. 그것은 한일법적지위협정에 의해 한국적 보유자의 퇴거강제 요건이 완화된 반면에 조선적 보유자에게는 계속해서 퇴거강제가 용이하게 적용될 수 있는 점이었다. 입국관리국은 북일 간에 국교가 없어 신변의 인수를 북조선 측에 요구할 수는 없을 거라고 인지하면서도 퇴거강제에 대해 규정한 「출입국관리령」 제53조 제2항을 운용하는 것만으로도 충분히 감당할 수 있을 것으로 보았다.[75] 제53조는 "퇴거강제를 받는 자는 그 자의 국적 또는 시민권이 속하는 국가로 송황된다"고 규정하며, 그 제2항은 "전항의 국가로 송환할 수 없는 경우에는 본인의 희망에 따라 다음에 열거하는 국가 중 어느 하나로 송환된다"라고 정했다. 제2항은 다음과 같이 규정한다.

① 일본에 입국하기 직전에 거주했던 국가
② 일본에 입국하기 전에 거주한 적이 있는 국가
③ 일본을 향하여 선박 등을 탑승한 항구가 속해 있는 국가
④ 출생지가 속해 있는 국가
⑤ 출생 시에 그 출생지가 속해 있던 국가
⑥ 기타 국가

즉 북조선으로 퇴거강제자를 보낼 수 없을 경우에는 본인의 의사에 따라 상술한 어느 한 국가로 송환된다는 것을 의미한다. 바꾸어 말하면 협정영주가 적용되지 않는 조선적 소지자에게는 기존의 퇴거강제 원칙이

계속해서 적용되었다. 이미 요시자와가 지적했듯이 한국국적 보유자의 '귀화' 그리고 조선적 보유자의 추방으로 재일조선인을 '소거溯去'하는 것이 일본 정부의 최종목표였다고 할 수 있다.[76]

1964년에 이르러 재일조선인의 국적, 처우를 둘러싼 협상도 막바지에 다다르게 되었다. 오랫동안 매듭을 짓지 못한 국적확인조항은 제6차 한일법적지위위원회 개최를 코앞에 앞두고 한국 측이 기존 입장을 재검토해 나가기로 함에 따라 합의에 가까워졌다. 1964년 2월 28일 한국 정부는 협정 대상자인 재일조선인의 표현을 '대한민국국민'으로 규정하여 그 "'대한민국국민'이 대한민국의 「헌법」과 「국적법」을 따르는 자라는 점을 공식기록으로 남긴다"[77]면 굳이 국적확인조항을 삽입하지 않아도 무방하다는 기존 입장을 변경했다. 즉 '대한민국국민'으로 협정 적용 대상자를 명시함으로써 국적확인조항의 삽입이 불필요하게 된 셈이다. 이후에도 다소 견해 차이가 있기는 했지만, 최종적으로 전문에 협정 적용 대상자는 '대한민국국민'이라는 문구을 포함하기로 했다.

국적증명과 관련해서는 일본 정부가 요구한대로 한국국적을 보유한다는 증명으로 여권 또는 이를 대체할 증명서를 제시하는 것이 필수라고 규정되었다. 다만 신청의 장벽을 낮춰 달라는 한국 측과의 조율 결과 여권이나 증명서과 더불어 「대한민국국적을 보유하고 있다는 진술서」[78]의 제출도 국적증명으로 인정받게 되었다. 그리고 이 진술서에 대해 한국 측이 문서로 답변하는 형식으로 한국국적을 증명하는 것으로 정해졌다. 이는 국적증명이 불필요하다고 주장해온 한국 측과의 조율을 위해 절차를 간소화하기 위한 것이었다.

이상과 같이 한국을 한정승인하는 일본 정부의 한반도정책은 재일조선인에 대한 처우 문제에서도 관철되었다. 합법 정부로 분류된 한국의 국적을 가진 재일조선인은 협정 대상에 포함되었지만 조선적 소지자는 협정 대상에서 제외되었다. 그 결과 국적 여하에 따른 체류자격상의 구별이 발생하게 되었다.

5. 나가며

이 장에서는 한일회담에 초점을 맞추어 조선적이 제도적으로 존속하게 된 경위와 조선적 보유자가 협정영주 대상에서 제외된 경위를 역사적으로 논의했다. 이 장에서 드러난 것은 한국 정부를 유일한 합법 정부로 간주한 일본 정부의 한반도정책이 재일조선인의 국적과 처우 문제와 연동되어 있던 점이다. 일본 정부의 한반도정책은 한국을 한정승인함과 동시에 북조선의 권한 또한 인정했다.

이러한 한정승인론이 재일조선인의 국적에 대해서도 원용된 결과, 조선적이 의도적으로 존속된 것이라고 할 수 있다. 그리고 이것이 체류자격 측면에서도 관철되어 국적 여하에 따라 협정영주의 적용 대상이 한정되었다.

당초 일본 정부는 모든 재일조선인을 한국국적 보유자로 상정하여 구상을 세웠다. 그러나 한반도 분단의 지속화를 직면하면서 일본 정부는 한반도의 정치적 역학구도가 재일조선인 사회에도 미치고 있다는 사실을 받아들이게 되었다. 즉 한반도 분단의 현실을 고려해 볼 때, 재일조선인의 국적을 한국국적으로 통일하기가 매우 어렵다는 사실을 인정하게 된 셈이다. 또한, 일본 정부가 한국을 유일한 합법 정부로 간주하는 한정승인 방침이 굳어지는 과정에서 이것이 재일조선인의 국적 문제에 대해서도 적용되었다. 그 결과로 조선적이 남게 되기에 이르렀다. 일본 정부는 조선적을 무국적으로 인식하면서도 한국국적 취득에 나서지 않는 재일조선인을 북조선계로 간주했다.

일본 정부는 이러한 한정승인 방침을 재일조선인에 대한 처우 문제와 결부시켰다. 일본 정부는 남북한의 '색깔 구분'을 위한 수단으로 국적을 중요한 단서로 삼아 조선적을 북조선계로 특정하기 위한 멜크마르로 삼았다. 또한, 재일조선인의 '귀화'와 퇴거강제를 추진함으로써 소수민족 문제를 해결할 것을 노렸다. '귀화'를 기대할 수 있는 한국국적 보유자에 대해서는 한일법적지위협정에 따라 협정영주자격을 부여하는 한편, '귀화'를 기대할 수 없는 조선적 보유자를 협정영주 대상에서 제외시켰다. 그 결과 조선적 보유자에 대해서는 체류자격을 부여하지 않은 채 종전대로 사실상의 체류가 '허용'되었다. 체류자격 없이 쉽사리 퇴거강제를 당할 수 있는 상태가 유지되었다.

지금까지 논의해온 바와 같이 일본 정부에 의한 '색깔 구분'은 '남이냐 북이냐'라는 이항대립적 사고에서 비롯된 정책이다. 즉 "남이기도 하고 북이기도 하다" 또는 "남도 아니고 북도 아니다"와 같은 이항 대립을 초월한 관점이 누락되었다고 할 수 있다.

"남이기도 하고 북이기도 하다"라는 것은 통일된 조선을 상정하여 한조선반도 사람으로서 '조선'의 국적을 유지하고자 하는 사고방식이다.[79] 이와는 달리 "남도 아니고 북도 아니다"란 조선적이 사실상의 무국적이라는 점을 역으로 이용하여 국민국가에 얽매이지 않은 삶을 지향한다는 뜻이다.[80] 즉 조선적 보유자의 정체성은 꼭 각기가 지지하는 정부와 직결되는 것은 아니다. 도리어 조선적 보유자의 정체성은 다양하다. 그럼에도 조선적 보유자는 획일적으로 북조선 지지자로 간주되는 탓에 갖은 어려움을 겪고 있다. 따라서 조선적 즉 북조선계로 간주하는 일본 정부의 인식은 너무나도 이들의 실태와 괴리된 것이라고 하지 않을 수 없다.

끝으로 이 장의 논의에서 도출된 시사점implication을 언급하고 이 장의 고찰로 이끌어낸 향후과제를 지적해 두고자 한다. 필자가 세운 주된 분석의 시좌視座는 재일조선인의 국적을 둘러싼 국제정치 과정이었다. 이를 통해 조선적을 '소여의 전제'로 다뤄온 기존 연구와 달리 조선적이 의도적으로 유지되기에 이른 과정을 규명했다. 그러나 재일조선인이 국민국가를 초월한 존재로서 스스로의 정체성을 주체적으로 모색해 나가는 과정에 대해서는 분석할 수 없었다. 정부 간의 관계사라는 한정적 시좌에 의거하는 나머지 재일조선인을 단순화된 객체로 포착할 수밖에 없었기 때문이다. 그러나 재일조선인 또한 역사를 형성해온 당사자이기에 이들 또한 정치적 주체로서 재구성해 보아야 할 것이다. 그러기 위해서는 기존의 분석 틀을 넘어서야 할 것이며, 특히 여러 국가에 걸친 존재로서의 재일조선인을 주체로서 재구성하기 위해서는 트랜스내셔널한 관점에 의한 고찰이 필요하다. 이로써 여태껏 빛을 보지 못한 주변화된 사람들을 정치적 주체로서 다시 파악할 수 있게 될 것이다.

전 프로축구선수 안영학 인터뷰

이진환

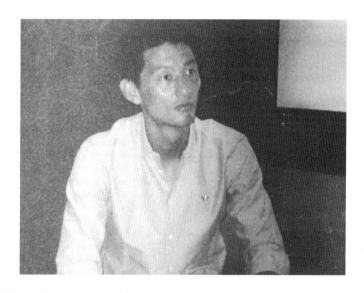

안영학 安英學

1978년생. 도쿄조선제3초급학교, 도쿄조선중고급학교 중급부, 동 고급부를 거쳐 릿쇼(立正)대학 입학. 4학년 때 주장 취임. 졸업 후 2002년에 J리그 알비렉스 니가타 입단, 2003년에 팀의 J2 우승·J1 승격에 기여했다. 2005년 나고야 그램퍼스로 이적한 후, 이듬해 K리그 부산 아이파크로 이적하여 그해 올스타전에 선발되었다. 2008년부터 수원삼성 블루윙스로 이적. 2010년 일본으로 돌아간 뒤 오미야 아르디자, 가시와 레이솔을 거쳐 요코하마 FC에서 활약하다가 2017년 현역 은퇴. 국가대표로는 2002년 조선민주주의인민공화국 대표로 첫 선출되었으며 2010년 44년 만의 월드컵 출전에 기여했다. 은퇴 후 일본 전국 각지에서 강연활동을 펼치고 있으며 현역 시절에 자신이 설립한 '주니어 축구스쿨'에서 후진을 육성하는 등 정력적으로 활동하고 있다. 저서로 『꿈에 빛나다―꿈은 이루어진다(夢に輝く―クムン・イルオジンダ)』(慎武宏 編, ピッチコミュニケーションズ, 2015)가 있다.

전 프로축구 선수 안영학. J리그와 K리그 그리고 조선민주주의인민공화국 국가대표 선수로 축구계 최전방에서 활약한 그는 현재까지 조선적으로 살고 있다. 그에게 조선적이란 무엇인가? 그의 생각을 들어봤다.

프로축구 선수로서

이진환   예전에 한 웹미디어에 인터뷰 기사[1]가 실린 적이 있는데 거기서 프로 2년 차 때 브라질 캠프를 떠났을 때의 에피소드를 말씀하셨습니다. 그때 일을 들려주시겠습니까?

안영학   2003년 알비렉스 니가타 2년 차 때 브라질 전지훈련을 가게 되었습니다. 브라질 비자는 가지고 있었지만 경유지인 뉴욕에서 트랜짓을 했을 때 입국심사장에서 여권을 보여 주었더니 직원이 저를 별실로 데려갔습니다. 거기에는 아랍계로 보이는 사람들이 십여 명 정도 있었습니다. 저는 영어를 잘 하지 못하고 팀 스태프도 없었습니다. 질문지를 받았는데 모두 영어로 써 있더군요. 머리 색깔이나 눈 색깔 등 신체적 항목을 비롯하여 많은 질문들이 있어 매우 곤란했습니다. 몇 시간 지난 후에 브라질행 비행기를 타야 해서 초조했던 찰나에 한국계로 보이는 여성 직원이 와서 "무슨 일이 있으셨나요?"라며 한국어로 물어봐 주었습니다. "저는 프로축구팀에 소속해 있고 이제 브라질 전지훈련에 가야 하는데 그 직원에게 붙잡혀서 '이거 써!'라는 말을 들어서 곤란합니다"라고 말했더니 "잠시만 기다려 보세요"라며 그 여성 직원이 저를 데려온 직원에게 따져물어서 종이를 되받아쳤더니 결국 풀려났습니다. "이제 괜찮을 거예요"라고 말해 주셨는데 "만일 그 사람이 없었더라면 어떻게 됐을까?"라고 생각했습니다.

그 사건 이후 자신이 재일코리안이라는 점과 성장 과정을 글로 번역해 놓은 소개문을 들고 다니게 되었습니다. 비자가 나오지 않아 전지훈련을 팀과 같이 가지 못한 적도 있었습니다. 괌, 베트남 전지훈련에도 못갔지요……. 베트남은 비교적 빨리 비자가 나온다고 알고 있었지만 마침 그때 정세가 좋지 않아서…… 역시 정세에 좌우되더군요.

이진환 J리그에서 K리그 부산 아이파크에 입단했을 무렵 선수나 스태프들은 조선적자인 안영학 씨를 어떻게 보았는지요?

안영학 K리그에서 뛰는 재일코리안 선수는 제가 처음이 아니었습니다. 그 전에 몇 명 있었습니다. 다만 현역 공화국 대표선수로 K리그에서 뛰는 것은 제가 처음이라 역시 주목을 받았습니다. 다만 본국북한―역자주 출신의 선수와는 다르기 때문에 선수나 스태프들은 제가 일본에서 태어나고 자랐다는 것을 이해하고 있었을 것입니다. "본국 출신 선수가 뛴다"는 것은 전례가 없습니다. 그래도 재일코리안인 자신이 K리그에서 뛰는 데 모두가 관심을 가져주었습니다.

이진환 현지 서포터들의 반응은 어땠습니까?

안영학 재일코리안이 아니라 '북'에서 왔다고 생각한 분들도 있었습니다. 그래도 다들 응원해 주셨습니다. 한국에 가기 전에는 걱정하는 목소리가 컸습니다. 그런데 막상 가보니 다들 잘해 주셨습니다. 클럽의 선수·스탭은 물론 일반인들도. 거리를 걸을 때면 "안영학 선수인가요?", "사진 찍어 주세요", "악수해 주세요", "힘내세요" 등 말을 건네 주셨습니다. 네거티브한 말을 하는 분은 단 한 사람도 없었습니다. 다들 응원해 주셨습니다. 식사하러 가도, 쇼핑하러 가도…… 저를 알아본 분들은 성원을 보내 주셨습니다.

이진환　부산 아이파크에서 수원삼성 블루윙스로 이적했을 때, 선수나 스태프들은 어떻게 맞아주었는지요?

안영학　다들 잘해주셨고 많이 도와주셨습니다. 집에도 초대해 주고 대접해 주셨습니다. 부산에서도 수원에서도 정말 잘해주셨습니다. 당시 감독이셨던 차범근씨께서 올해2019년 5월 제가 사는 요코하마에 있는 조선학교를 찾아 주셨습니다. 학생들을 격려해 주시고 아주 좋은 말씀을 해주셨습니다.

이진환　한국 체류 비자나 도한渡韓에 있어서는 어떤 절차를 밟으셨는지요?

안영학　임시여권……. 정식으로는 여행증명서라고 하는데 한국으로 도항할 때마다 신청이 필요합니다. 저의 경우, 신청하면 다음 날에는 발급해 주었습니다. 그렇지 않으면 선수생활에 지장을 주니 말입니다. 다만 유효기간이 3개월 또는 길어야 반년이었습니다. 원래대로라면 시즌 내내 한국에 체류할 수 있도록 1년짜리 취업비자가 발급되었더라면 좋았을 텐데……

이진환   수원삼성에서 K리그 경력을 마치고 일본으로 돌아가신 후 한국에 가지 못하는 기간이 길었던 것 같은데요.

안영학   그렇습니다. 정권[2]이 바뀌고 나서는 좀처럼 한국에 갈 수가 없었습니다. 일본에 돌아온 후에 부산 아이파크 시절의 팀 동료로부터 결혼식 초대장을 받았습니다. 결혼식에 참석하기 위해 초대장을 들고 한국영사관에 가서 신청했는데 여행증명서를 발급 받지 못했습니다.

이진환   조선적을 바꿀 생각은 없는지요?

안영학   바꿀 생각은 없습니다. 제 속에는 "바꾸는 것은 곧 지는 것이다"라는 생각이 있습니다. 그것조선적을 애써 지키며 개척해 나가겠다는 신념으로 살고 있습니다.

이진환   언제부터 조선적을 유지해야겠다고 생각하셨는지요?

안영학   줄곧 그렇습니다. 바꿀 생각은 전혀 하지 않습니다. 조선적이라는 것이 자랑스럽습니다. 조선적이어야 훌륭하다거나 뛰어나다거나 그런 얘기가 아닙니다. 할아버지·할머니들의 '조선적자로서의 경험'이 있으며 그 경험은 저 자신의 일부라고 생각합니다. 재일코리안 중에서도 한국국적으로 바꾸시는 분들이 많은데 그건 개인의 자유라고 생각합니다. 공화국이나 한국은 같은 민족이고 바꾼다고 해서 나쁘게 생각하지 않습니다. 다만 저는 바꾸고 싶지 않습니다. 제 아이도 조선적이지만 어른이 된 후에 스스로 선택하면 됩니다. 여담입니다만 여행증명서 국적란에 'KOREA'라고 기재되어 있는데, 저는 이를 기쁘게 생각합니다. 언젠가 북과 남으로 갈라져 있는 여권도 하나의 조선을 나타내는 KOREA로 통일되는 날이 왔으면 합니다. 그리고 자유롭게 여러 나라를 오갈 수 있게 되어 '조선적', '한국국적'의 간격이 사라지기를 바랍니다.

이진환   조선적은 무국적이라는 감각인지요?

안영학   무국적과는 다릅니다. 저의 뿌리는 '조선'에 있기 때문입니다. 다만 엄밀히 말하면 일본에서 무국적으로 취급되고 있어 국적과는 다르다고 생각합니다. '조선적'은 내가 나로서 존재하는 증거라고 생각합니다.

이진환   나로서 존재하는 증명이란 무엇인가요?

안영학   "어느 나라 사람입니까?"라고 물어오면 저는 "조선인입니다"라고 대답하지만 일본에서는 '조선인 = 북한 사람'이라는 이미지가 있습니다. 북공화국도 남한국도 자신의 조국이라고 생각하니

2017년 8월 5일 모교 도쿄조선중고급학교에서 치루어진 은퇴경기에서.
오랫동안 응원해 준 알비렉스 니가타 서포터들이 이 학교 축구부에게 현수막을 인계했다.
(사진촬영 : 이진환)

다. 할아버지, 할머니의 출신도 지리적으로 말하면 남쪽이고, '조선'이라는 것은 제 안에서는 하나의 조선입니다. '조선적'이란 저의 뿌리를 나타내는 것입니다.

이진환   안영학 씨에게 조선적이란?

안영학   "당신은 누구인가요?"라고 물어오면 "안영학입니다"라고 답합니다. 그래서 누가 "불편할텐데 이름을 안 바꾸시나요?"라고 물어도 저는 바꾸고 싶지 않습니다. 부모님께서 이름을 지어주셨으니 말이죠. 국적에 비유해볼 때도 마찬가지일 것 같습니다. 다양한 국적이 있지만 어느 나라가 좋다거나 그런 것은 아닙니다. 국가보다 먼저 사람이 있는 것이지, 무엇보다도 사람을 존중하고 배려해야 합니다. 단지 최근 미디어나 SNS에서 자국중심적 주장이 눈에 띄어 그러한 분위기 속에서 사람이 소중하다고 하는 목소리가 호소하기 어려워진 것이 아닌지 우려하고 있습니다. 국가에 너무 얽매인 나머지 고통받는 것은 본말전도한 일입니다. 무엇보다 존중받아야 할 것은 '사람'일 것입니다. 미래를 살아갈 아이들을 위해 우리 어른들이 국적이나 민족 같은 것에 얽매이지 말고 '사람을 존중하는 마음'을 가지며 살아가는 것이 중요하지 않을까 생각합니다. 그게 우리 어른들의 사명일 것입니다.

이진환   끝으로 자신의 '사명'에 대해 말씀해 주실 수 있는지요?

안영학   저는 뿌리가 있는 조선반도와 태어나고 자란 일본을 이어주고 싶다는 마음으로 살아왔습니다. 저는 축구를 통해 그 역할을 해왔습니다. 앞으로는 후배들에게 그 역할을 넘겨주고 꿈을 응원해 주고 싶습니다. 분명 그 / 그녀들만이 할 수 있는 일이 있을 것입니다. 다음 세대를 짊어질 젊은이들이나 아이들의 꿈을 믿고 응원해 주는 것이 저의 사명입니다.

2019년 8월 13일

요코하마에서

제3장

일본 정부에 의한 '조선'적 코리안 배제

2000년대 백래시backlash 속에서

한동현

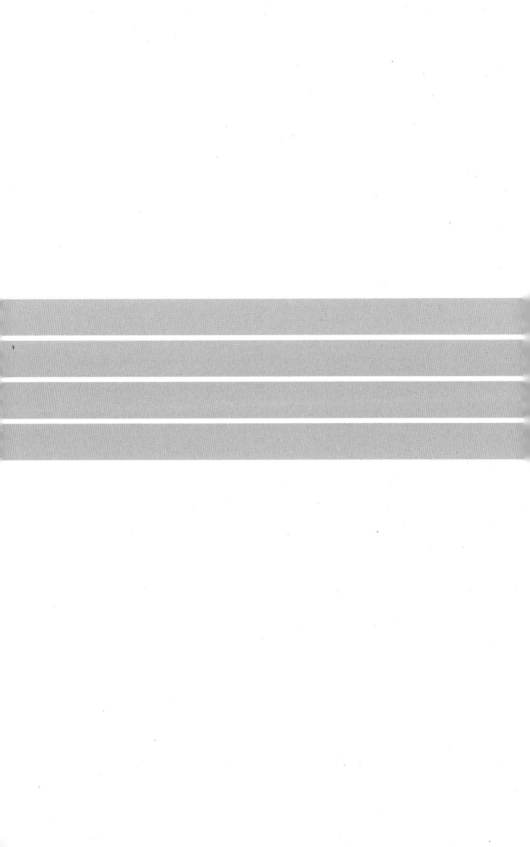

1. 들어가며

필자는 일본의 외국인 이민정책을 분석하여 1989년에 시작되고 2019년에 끝난 일본의 '헤이세이平成'시대가 '다문화주의 없는 다문화 사회'로서의 배제형 사회로 귀결되어 갔다고 논의하면서 그것이 가장 상징적이고 일그러진 형태로 나타난 것이 '조선'적 재일코리안과 조선학교를 둘러싼 상황일지 모른다고 지적한 바 있다.[1]

그동안 특히 1990년 「일본 출입국관리 및 난민인정법」이하 입관법 개정에 따라 재일외국인이 다양해지고 증가했다. 이 시기를 전후하여 비록 미흡하다고는 해도 '다문화공생' 지향도 생겨났다. 이런 흐름 속에서 1991년 재일외국인 중 대다수를 차지했던 식민지에 뿌리를 둔 재일코리안의 체류자격 또한 특별영주로 일원화됨에 따라 후손에게까지 승계되는 안정적인 체류자격이 되었다.

그럼에도 불구하고, 아니 그래서 더욱이 이후 2000년대부터의 백래시backlash — 배외주의의 대두와 그 가시화 — 의 주된 표적이 구 식민지에 뿌리를 둔 재일코리안이 되었다. 이는 '위국가나 제도'와 '아래대중'가 서로 공명共鳴하면서 진행되었는데, 특히 위로부터의 배제로 인한 부하負荷가 걸린 것이 '조선적' 재일코리안과 조선학교이다. 이 글에서는 주로 이 시기에 '조선적' 코리안들에게 미친 국가나 제도 측에 의한 배제 상황을 살펴보고자 한다.

2. 체류외국인통계에서 '조선·한국' 분리

2012년 7월 9일[2] 일본에 체류하는 외국인재류외국인에 대한 관리제도의 대개편이 추진되었다. 입관법과 「외국인등록법」이라는 두 가지가 기둥이었던 일본 체류외국인 관리제도 중 「외국인등록법」이 폐지되면서 법무성이 재일외국인을 일괄적으로 그 관리하에 두게 되었다.[3] 이러한 일원적 관리체제로 입국관리국현 출입국재류관리청에 의해 비정규체류자 단속 강화를 꾀하는 한편으로 법무성이 은밀히 시작한 일이 있었다. 그것은 바로 체류외국인 통계에서 그동안 일괄 집계해온 '한국·조선'국적자의 수를 '한국'과 '조선'으로 나눠 집계하게 된 일이다.

그런데 이러한 사실이 세상에 드러난 것은 그로부터 4년이 지난 2016년 3월의 일이다. 해마다 이 시기에 전년 말 시점의 재류외국인 통계가 발표되는데, 2015년 말 통계가 발표되었을 당시 이 해 통계는 물론 보도자료에 실린 과거 데이터가 2012년부터 분리집계된 형태가 되어 있었다. 그 이유에 대해서는 앞서 언급한 2012년의 제도 변경에 따라 법무성이 일괄적으로 관리하게 됨에 따른 것이라고 설명되었다. 그러나 당시 자민당 의원들이 "일본에 사는 '북조선국적자'가 실제 숫자 이상으로 크게 보인다"며 분리하여 공표할 것을 요구했던 것으로 보도되었고, 법무성 또한 이러한 요구가 있었던 것을 시인했다.[4]

그러나 '조선'적자는 '북조선국적자'가 아니다. 또한 '조선'적은 일본 체류외국인을 관리하기 위한 기호記號일 뿐, 국적을 의미하지 않는다. 2016년 3월 법무성이 발표한 보도자료에도 "조선반도 출신자 및 그 후손 등으로 한국국적을 비롯해 어떠한 국적을 가지고 있는 것이 확인되지 않은 자에 대해서는 재류카드 등의 '국적·지역'란에 '조선'이라고 표기하게 될 것이며, 이때 '조선'이란 국적을 표시하기 위한 목적으로 사용되는 것이 아니다"라는 주석이 달리기도 했다. 그렇다면 원체 2011년까지 일괄 집계되던 까닭은 무엇일까. 이는 1910년 한일병합으로 조선인이 일본국적이 되었다가 해방 후 1947년 「외국인등록령」에 따라 모두의 '국적·지역'이 '조선'으로 등록되었다는 재일코리안의 역사적 경위와 연관된다. 이후 1952년에 조선인의 일본국적이 소멸한 데다가 한반도의 남북 분단과 외교관계 변화에 따라 후에 '한국'으로 표기를 변경하는 것이 가능해졌다. 이러한 경위에 따라 일본 재류관리제도상의 '국적' 표기가 어떠한지를 막론하고 하나의 에스닉 그룹ethnic group으로 간주되어 왔다.

이 책의 다른 논고들과 중복될 수도 있지만 좀 더 자세히 살펴보기로 한다. 1910년 한일병합 이후 호적상의 구별이 있기는 했지만 '일본국적'이 된 재일조선인은 해방 후 1947년 「외국인등록령」 시행에 따라 "당분간 외국인으로 간주한다"라고 규정됨에 따라 등록 대상이 되었다. 외국인등록 '국적'란에는 출신지역인 (한)반도를 가리키는 '조선'이 기재되었다. 식민지시대의 조선호적을 계승한 셈이다. 이리하여 오늘날까지 이르는 조선적이 생겨났다. 반도에 국가가 성립하기 전의 기재記載이므로 애당초 국적을 나타낼 수가 없었다. 즉 '조선'이라는 기재는 일본 재류외국인 관리상의 '기호'에 지나지 않는다.

일본 정부는 그 후 1952년 「샌프란시스코강화조약」 발효에 즈음하여 구 식민지 출신자의 일본국적 상실을 일방적으로 선언했다. 재일조선인은 그때까지 있던 일본국적을 대신할 '외국적'이 없는 상태가 됨에 따라 모순되는 듯하지만 '조선'이라는 기재가 이를테면 무국적이나 다름없는 '외국적'이 되었다. 기본적인 전제로 당연히 국적을 부여할 수 있는 것은 그 해당 국가뿐이다. 그러나 1948년에 건국된 대한민국과 조선민주주의인민공화국은 모두 강화조약 당사국이 아닌 데다가 당시 일본과 국교도 없었기 때문에 일본에 있던 재일조선인이 이들 국적을 취득한다는 것은 사실상 불가능했다.

그 후 1950년부터 희망자에 대해서는 기재를 '한국'으로 변경하는 것이 허용되기 시작했으며, 이는 1965년 한일조약 체결을 거쳐 '국적'으로 실질화되었다.[5] 이는 무슨 뜻일까. '한국'으로 기재를 변경하기 위해서는 한국 재외국민등록을 수반하기 때문에 오늘날 특별영주자증명서나 재류카드에 기재되는, 즉 일본 체류외국인 관리제도상의 '한국'이란 한국의 국적을 나타내는 것으로 간주할 수 있다.

그러나 지금까지 논해온 바와 같이 일본 체류외국인 관리제도상의 '조선'이라는 기재는 북조선국적 소지를 의미하지 않는다. 어디까지나 식민지시대의 조선이라는 지역에 뿌리가 있음을 나타내 주는 기호이다. 그리고 단순히 1947년「외국인등록령」이후 그대로 변경하지 않은 이들과 그 후손들이 지금도 이렇게 '조선'으로 기재되고 있다.

이처럼 일본 재류관리제도상 '조선'적 = 북조선국적이라는 등식이 성립되지 않음에도 불구하고 무국적이나 다름없는, 이를테면 모종의 블랙박스가 되어 있는 것이 한국, 북조선 그리고 일본 정부가 각자 '멋대로' 사실상의 '북조선'국적으로 간주할 수 있는 여지를 낳게 한다. 실제로 과거 재일코리안 상당수가 민족의 해방과 조국 통일 또는 계급으로부터의 해방을 꿈꾸며 사회주의 혁명을 선택한 북조선을 개인을 초월한 조직으로서 지지했고, 이에 대해 북조선 정부가 이들 재일코리안을 지원해 왔다는 사실도 있다. 하여, '국적'으로는 '공백'일 수밖에 없는 '조선'적자를 한국 정부가 모조리 적대시하여 입국에 제약을 가하는2000년 남북공동선언 이후 남북교류협력법에 따른 조치로 일부 완화되었지만, 이 자체가 '조선'적자를 '북조선'으로 간주하는 증거이다 한편

으로 북조선 정부는 이들을 사실상 자국의 해외공민으로 간주하고 있다.[6]

특히 한국 측 입장은 남북 분단으로 인한 비극인데, 이와 관련하여 가장 책임이 큰 것은 일본 정부가 아닐까. 물리적으로 그리고 제도적으로 '조선'적 사람들이 존재하게 되는 사태를 초래한 장본인이 사실상의 무국적으로 취급한 채 방치하는 일부터가 원체 부당하다.

게다가 방치는커녕 도리어 분리집계가 시작된 2012년 12월에 출범한 제2차 아베 정권하에서 '조선'적을 '북조선'국적과 의도적으로 혼동시킴으로써 사실상의 배제가 최근 들어 거세지고 있다.

3. 해외여행 시 '서약서'를 강요

일본 정부는 북조선에 의한 2006년, 2013년 핵실험 이후 대응조치로 (모두 '조선'적자이며 특별영주자격이 있음에도) 조선총련 간부들의 재입국을 불허하겠다는 방침을 밝혔다. 2016년 2월 10일 일본 정부는 북조선에 대한 독자적 제재조치로 북조선적자의 입국 원칙 금지'에 더하여 대상자를 더욱 확대한 "재일 북조선 당국 직원 및 해당 직원이 수행하는 당국 직원으로서의 활동을 보좌하는 입장에 있는 자에 의한 북조선을 여행지로 하는 재입국 원칙 금지"를 내걸었다.[7]

또한, 이와 관련하여 "'조선'적 재일코리안이 해외로 출국할 때, 입국관리국 당국이 위협이라고 할 수 있는 인권침해, 위법성이 짙은 권한남용을 자행한 것으로 드러났다. 2016년 3월 31일 자『조선신보』에 따르면 대북제재에 대한 독자적 제재가 발표된 2월 10일 이후 일본 각지의 입국관리사무소나 공항 출입국게이트 등에서 특별영주자증명서 또는 재류카드상의 '국적·지역'란에 '조선'으로 표기된 이들에 대해 "나는 북조선에는 도항하지 않겠습니다. 만일 북조선에 도항하는 일이 확인될 경우에는 다시 상륙이 허용되지 않을 것을 알고 출국하겠습니다"라는 내용의 '서약서'에 서명을 요구하는 사례가 잇달아 발생한 것으로 밝혀졌다.

'서약서' 대상이 된 것은 '조선'적자로 조선민주주의인민공화국^{북조선} '이외' 국가로 출국 예정인 사람이었다고 한다. 그 후 내용이 바뀌어 무제^{無題}가 되었고 처분에 대해서도 입관법에 위배되는 "다시 상륙이 허용되지 않음"에서 "재입국허가 취소"로 약간 완화되었지만 '서약서'와 이를 대신한 무제의 문서는 법무성에 의한 통지 등 지시에 따라 작성된 것이었다.

법무성이 각지의 입국관리국에 제시했던 것이 참고서식이어서 약간의 차이가 있을 듯하지만 간사이공항과 나리타공항 등지에서 "'조선'적자에게 제시되며 서명을 요구당한 문서는 "2월 10일부터 정부 방침에 따라 일본에 체류하는 외국인인 핵·미사일 기술자에 의한 북조선을 여행지로 하는 재입국을 허용될 수 없"게 됨에 따라 "재입국허가 신청 시 또는 출국 시에 북조선에 도항하지 않을 것을 신고했음에도 불구하고 일본에 체류하는 외국인인 핵·미사일 기술자가 북조선으로 도항하는 일이 판명될 경우에는 재입국허가 취소 등 처분을 할 수 있다"고 경고했다. 그리고 "북조선에는 도항하지 않겠습니다. 일본에 체류하는 외국인인 핵·미사일 기술자가 북조선에 도항한 것이 확인될 경우에는 재입국허가 취소 등의 처분을 받을 수 있을 것을 이해하고 있습니다"라고 확인하고 서명하도록 되어 있었다.

'일본에 체류하는 외국인인 핵·미사일 기술자'의 대상에 포함되는지 확실치 않은 '조선'적자에 대해 모조리 이러한 문서에 서명할 것을 요구한다는 것은 단적으로 부당할 뿐만 아니라 '조선'적 코리안의 해외여행 권리를 침해하고 불안감을 조성하는 행태다. 이는 일본 정부가 정한 '독자적 제재'의 범위조차 넘어선 것이라고 할 수 있다.

재입국과 관련해서는 보다 일반적인 문제가 오늘날에 이르기까지 존재한다. 2012년부터 시작한 '간소화된 재입국허가みなし再入国許可'제도가 '조선'적자를 그 대상에서 제외시키는 구조가 되어 있는 것이 이에 해당한다. 이 제도는 일본에서 체류자격이 있고 유효한 여권을 소지할 경우, 1년 이내특별영주자는 2년의 출국에 대해서는 굳이 신청하지 않아도 재입국허가를 부여한 것으로 '간주みなし'하는 제도다.

현실적 문제로 "'조선'적 재일코리안의 해외도항 시에는 현재까지 여권을 발급해주는 국가가 북조선뿐이어서 조선총련을 경유하여 이를 발급받거나 일본 정부가 발급하는 재입국허가증만으로 여권을 대신하는 경우도 있다. 그러나 일본 정부가 북조선여권을 유효한 여권으로 인정하지 않아북조선과 마찬가지로 일본과 국교가 없는 대만이나 팔레스타인 당국이 발행하는 여권에 대해서는 정령에 따라 '유효한 여권'으로 취급 결국 재입국허가를 요구받게 된다. 일반 외국인의 경우 1년 이내 출국이라는 조건을 특별영주자에 대해서는 2년 이내로 규정함으로써 재일코리안의 역사적 경위와 실태를 '고려'하는 시늉을 보이면서도 유독 '조선'적 재일코리안만이 이러한 혜택을 누리지 못하는 구조가 되어 있다.

애당초 '간소화된 재입국허가'제도란 "본래 재입국허가가 필요함에도 불구하고" 조건부로 면제해 주는 제도다. 뭔가 특별한 이점인 것처럼 가장하지만, 영주자격을 가진 이들을 재입국허가제도 대상으로 규정하는 일 자체가 「시민적 및 정치적 권리에 관한 국제규약」자유권 규약에 위배된다며 UN 자유권규약위원회와 EU로부터 비판을 받고 있다. 더구나 앞서 거론한 서약서 강요처럼 특정 국가에 입국하면 재상륙이나 재입국을 불허하겠다고 위협한다는 등의 행위는 여간 중대한 인권침해가 아닐 수 없다.

4. 한국 도항을 둘러싼 '간소화된 재입국허가' 제도 운용상의 혼란

이러한 가운데 오늘날 '조선'적자가 가질 수 있는 유일한 '일본 정부가 유효하다고 인정하는 여권'이 존재한다. 한국 정부가 남북교류협력법에 따라 '조선'적 재일코리안의 한국 입국을 위해 발급받는 '여행증명서'가 그것이다. 원래 여권을 분실했을 때 등 긴급한 상황에서 발행되는 일회성 임시여권이지만 이를 '조선'적자를 위해 변칙적으로 활용하여 사용되고 있다.

그렇다고는 하지만 2012년 '간소화된 재입국허가' 제도가 일본에서 시작되었을 당시 한국은 보수정권하에 있었고, '조선'적자의 한국 입국을 거의 받아들이지 않았다.[8] 2017년에 문재인 정부가 들어선 후 신청자와 허가자 수가 급증한 것으로 추정된다. 실제로 필자도 2018년 3월 신청하여 '여행증명서'를 발급받았다. 다만, 그때 그것이 '간소화된 재입국허가' 제도의 조건인 '유효한 여권'에 해당하는지에 대해서는 알 수 없었다. 이는 당연히 여행증명서를 발급한 주일한국영사관 즉 한국 정부의 관할 밖의 일이다.

이리하여 일본 법무성 입국관리국^{당시}에 전화하여 문의했더니 심사관리부문으로 돌려져 '유효한 여권'으로 볼 수 없다는 답변을 받았다. 며칠 후 다시 도쿄입국관리국 재입국창구를 찾아가 직접 확인해 보았다. 역시 불허가 되어 재입국허가서를 발급받았는데, 그 이유는 체류관리상의 국적·지역과 일치하는 곳에 의해 발급되는 것이 유효한 여권이라는 판단에 따른 것이었다.

2019년 8월 다시 한국으로 들어가게 되어 도쿄출입국재류관리국 재입국 창구를 찾아갔더니 이번에는 당국 측이 "한국 임시여권여행증명서을 받으셨나요?"라고 물어 왔다. "네, 미리 받아두었습니다"라고 답하자 창구에 있던 사람의 대답은 놀랍게도 "그렇다면 '재입국' 허가는 필요하지 않습니다"라고 하지 않은가. '조선'적 사람에게도 '임시여권'이 발급되기 시작했으니 특별영주자증명서가 있으면 '간소화된 재입국허가'제도의 대상이 된다는 것이었다. 불안해진 나머지 2018년에 사용했던 재입국허가서를 보여주면서 "작년에는 필요했습니다. 정말 괜찮을까요?"라고 다시 확인하자 재입국기록ID카드을 건네주면서 "다른 여권 소지자처럼 여기에 재입국 의사를 표명하는 체크만 제대로 해 준다면 괜찮다"라고 말했다. 그리고 실제로 그때 이후 여러 차례 한국을 다녀올 때마다 '간소화된 재입국허가'제도로 무사히 일본에 재입국할 수 있었다.

이 글을 쓰면서 다시 법무성 출입국체류관리청 홍보부에 문의했더니[9] 2012년 7월 '간소화된 재입국허가'제도가 시행되었을 때부터 한국 정부가 발행한 여행증명서가 유효한 여권으로 취급되어 왔다는 답변을 받았다. 그렇다고는 하지만 일선 창구가 업무 처리에 서툰 것인지 주지가 철저하지 못해서 그런지 자세한 내용을 알 수 없지만, 여하튼 2018년 3월 시점에서는 인정되지 않았고, 인정받게 된 이후 몇 차례의 도항 시에도 역시 나리타나 하네다의 입국심사를 원활하게 통과하는 일이 없었다. 심지어는 세관에서 불쾌한 일을 겪은 적도 있다.[10] 최근에도 필자와 마찬가지로 '조선'적인 지인이 한국 여행증명서를 취득한 뒤, 다치카와立川입국

재류관리국에서 '간소화된 재입국허가'제도 대상이 되는지를 확인해 보았더니 무지에서 비롯된 불필요한 질문을 받아 곤혹스러웠다는 이야기를 듣기도 했다.

3만 명 채 안 되는 '조선'적 코리안들 가운데 한국으로 도항하는 인원수가 연간 몇 명이나 되는지를 생각해 본다면 확실히 소수에 불과할 것이다. 그러나 원체 영주자임에도 불구하고 재입국허가가 필요한 일 자체가 부당하고 불합리한 일이다. 이는 생활의 거점으로 돌아갈 수 없게 될지도 모른다는 사활이 걸린 문제와 직결되기 때문이다. 사실 처음 재입국허가증 없이 도항했다가 한국에서 일본으로 귀국하는 심사는 대단히 불안했다. 애당초 '돌아갈' 국가가 없는 재일코리안의 역사적 경위와 현황을 감안하더라도 좀 더 성실한 대응을 해 줄 수 없을까 하는 생각이 든다.

관할관청인 법무성이 이 정도다 보니 다른 관공서의 대응에 대해서는 짐작 할 수 있을 것이다. 크게 보도된 사례로는 2014년 5월께 운전면허증에 '조선'적 재일코리안의 본적 표기가 '북조선'으로 적힌 사례가 일본 곳곳에서 일어났다.

재류외국인의 경우, 운전면허증의 IC칩에 탑재된 개인정보의 본적란에는 주민표에 기재된 국적 등이 표시된다. '조선'적 재일코리안의 경우는 당연히 '조선'으로 기록되지만, 2014년 6월 2일 자 『도쿄신문』에 따르면 이 신문이 확인한 사례만으로도 도쿄, 지바, 히로시마 등지에서 운전면허 취득이나 갱신 시에 '북조선'으로 표기된 사람들이 존재했다.

이 신문이 취재한 결과, 경찰청은 2013년 8월 운전면허사무시스템상의 국적 등 명칭을 "외무성이 사용하는 국명에 맞출" 것을 촉구하는 통달을 각 지자체 경찰에 하달했다고 한다. 경시청도쿄도경찰, 지바현경찰, 히로시마현경찰에 의한 표기 변경은 이를 토대로 추진된 것이었다. 경찰청 통달은 2012년 7월 새로운 재류관리제도에의 이행에 따라 '대만'이나 '팔레스타인'이 '국적 등의 지역'으로 추가된 데 따른 「도로교통법」 시행규칙 개정에 따른 것인데, 외무성이 사용하는 국가·지역 명칭에 '조선'은 존재하지 않는다.

'조선'이라는 국명뿐만 아니라 이를 대체할 만한 지역명도 존재하지 않기 때문에 외무성 목록에 없다는 것은 당연한 일이다. 거듭 언급하지만 이는 과거 일본이 지배했던 조선반도라는 지명의 호칭으로 체류관리상의 표기이며, 경찰청이 '조선'적의 함의, 즉 역사적 경위에 대해 아무것도 파악하지 못하고 있는 것이 새삼 드러났다. 한편 그 후 운전면허증 표시가 당사자의 항의로 '조선' 표기로 되돌려졌고, 경찰청 또한 이 신문과의 취재에서 운전면허증상의 국적 표기를 기존대로 주민표 기재에도 근거하겠다며 "조선적에 대해서는 조선적으로 표기하겠다"라고 답변했다.

한편, 필자의 지인 이야기지만 최근에 이런 일도 있었다고 한다. 도쿄 소재 한 대학의 대학원생이었던 그 지인이 박사논문을 제출했을 당시 대학원 행정 측으로부터 "문부과학성에 박사학위 신청을 내면서 국적란에 미비한 것이 있다"라고 연락을 받았다. 확인해 보니, 놀랍게도 '조선' 표기가 '미비'라며 "쓰기 어려운 사정이 있으실지 모르겠지만, 부디 정식명 칭을" 사용해 달라는 지시를 받았다고 한다. 즉 "'조선'적의 존재를 모르고 이를 '북조선'국적으로 멋대로 오해한 채 정식국가명을 쓸 것을 요구한 것이다. 특별영주자증명서를 보여주면서 정중하게 설명했더니 사과를 받고 무사히 그대로 제출할 수 있었다고 한다.

관할관청인 법무성을 비롯한 공공기관부터가 이 정도다. 민간이나 일반인의 몰이해는 말할 것도 없고, 잘못된 보도를 하는 언론사도 드물지 않다. 금융기관이나 카드회사, 휴대전화회사 등 신분증명에서 '국적'이 요구되는 경우가 많으며, 대응 과정에서의 무지와 몰이해는 일본에서 '조선'적으로 일상을 살아가는 이들에게 생각보다 큰 부담으로 다가온다.

이해부족이라고 말하는 것은 쉽지만, 정부 스스로가 이러한 상황을 방치하기는커녕 의도적으로 이용하는 측면도 엿볼 수 있다. 그 증거가 서두에서 거론한 분리집계다.

5. 분리집계의 향방과 조선학교 처우

2012년부터 시작된 분리집계가 밝혀진 2016년 3월, 필자는 한 가지 의심을 품지 않을 수 없었다. 당시 보도된 바와 같이 이 집계가 "일본에 사는 '북조선국적자'가 실체 숫자 이상으로 크게 보인다"는 자민당 일부 의원들의 강력한 요구로 시작되었다면, '조선'적을 이제 '오해'가 아니라 반半공식적으로 '북조선'국적으로 간주하고 싶어 하는 것에 더하여 그 목적이 사실상의 대북 '제재'로서의 '조선'적 코리안 배제가 아닐까 하는 것이 그 의심의 내용이다.

당시 필자가 우려를 표명했던 것은 만일 분리집계의 다음이 있다면 "북조선국적으로 간주"되는 자로서의 '조선'적 재일코리안의 체류자격이 겨냥되지 않을까 하는 것이었다.[11] 일본 정부는 1965년 한일협정 체결 후, 1947년 「외국인등록령」 시행 시점에서 모두가 '조선'적이었던 구 식민지 출신 재일코리안들 가운데 1950년부터 변경이 가능해진 '한국'국적자에게만 협정영주자격을 부여했다. 이후 1991년 특별영주자격으로 단일화되기는 했지만, 다시 1965년처럼 분단과 배제를 당하는 것이 아닐까 하는 불안감이 머리에 스쳤다.

헤이트 시위를 벌여온 배외주의자들이 2016년 3월 13일 오사카시의 「헤이트스피치 억제 조례」에 반대한다며 연 집회에서는 재일코리안 전체가 아닌 '조선'적자를 표적으로 삼아 재일코리안들 사이에서 분단을 야기시킬 것을 향후 목표 운운하는 등의 발언이 있었다고 한다. 또한, 2014년 10월 하시모토 도루橋下徹 전 오사카시장이 '특별영주'자격을 '재일특권'이라고 주장하는 재특회 당시 회장과 면담한 다음 날, 특별영주제도를 개편하여 일반영주제도로 단일화할 것을 목표로 삼겠다는 뜻을 밝히기도 했다.

배외주의자는커녕 정치가까지 이러한 제안을 공언할 것을 서슴지 않은 상황에서 거센 반발이 예상되는 특별영주자 전체가 아니라 북조선과의 관계를 구실삼아 '북조선국적 간주제도'로서의 '조선'적으로 표적을 좁혀나간다면 이러한 제도개편은 충분히 가능할 것이며, 일본국민의 지지를 얻을 수 있을 것으로 보는 것은 과연 기우일까.

그것이 기우라 하더라도 일본 정부가 '북조선'과 연관 지을 수 있는 개인이나 집단에 대해서는 애당초 일본 내 외국인 문제가 아니라 외교 문제, 정치 문제로 다루고 있는 것은 사실일 것이다. 이와 관련하여 상징적인 것이 2010년 4월 당시 (일본)민주당 정권이 추진했던 고교무상화 및 취학지원금제도상의 조선학교에 대한 취급이다. 법적으로는 취학지원금 지급 대상으로 규정되는 각종학교의 자격을 갖추며 그 조건을 충족했음에도 불구하고 북조선과의 관계를 굳이 거론하며 불법적이고 부당하게 지급을 계속 미루었다. 더욱이 정권 탈환에 성공한 자민당 정권은 2013년 마침내 성령省令, 시행규칙 개정을 통해 조선학교를 '정식'으로 제외시키는 행동에 나섰다.

일본 정부는 조선학교에 대해 패전 후 일관되게 '각종학교'로서조차 인정해서는 안 된다는 입장을 취해 왔다. 1940년대 말 동서냉전하에서

GHQ의 압력을 배경으로 강제폐쇄로까지 몰고가기도 했다.[12] 1960~1970년대에는 1950년대 중반부터 재건되기 시작한 조선학교를 직접 관리하면서 자의적 탄압을 용이하게 하려는 목적을 담은 외국인학교법안이 몇 차례 국회에 제출되기도 했지만, 여론의 반발로 이 법안은 통과되지 않았다. 도리어 이 시기 각종학교의 인허가권을 가진 지자체들은 정부 방침과 달리 관할지역 내 조선학교를 인가했다.

이에 따라 일본 정부는 1975년 「학교교육법」 제82조 2에서 "아국일본에 거주하는 외국인을 오로지 대상으로 하는 곳을 제외한다"라며 일부러 단서를 붙인 '전수학교'라는 새로운 범주를 규정하여 이를 각종학교의 상위로 올려놓았다. 즉 조선학교를 배제하기 위한 목적을 위해 같은 각종학교 자격을 갖춘 다수의 외국인학교나 국제학교들을 통째로 잘라버리는 일조차 서슴지 않았다. 절차상 그렇게 할 수밖에 없었기 때문이다.

고교무상화·취학지원금제도를 둘러싸고 일본 정부는 이러한 절차주의적 '무늬'마저 걷어내어, 법의 논리로 볼 때 분리하기 어려운 조선학교와 그 외 외국인학교를 억지로 그리고 너무나도 안일하게 분리하고 배제했다. 이를 부당하다며 전국 다섯 곳의 조선고급학교나 졸업생, 재학생들이 일본 국가를 상대로 제기한 소송에서 국가 측은 누가 봐도 분명한 조선학교 배제라는 진정한 이유를 부인한 채 책임을 원고 측 의혹으로 전가시켜 각 법원 또한 일본 국가 측 주장을 추인하는 듯한 판결을 내렸다.[13]

이처럼 조선학교에 대한 취급에서 드러나기 시작한 것은 '북조선과의 연계가능성'이라는 매직워드만 있으면 국민감정을 빌미로 다른 것과 분단, 배제하며 박해할 수 있게 되어 있다는 사실이다.

6. 나가며

이 글에서 다룬 것은 2000년대 백래시 상황에서 '조선'적 코리안들을 향한 '위주로 정부나 제도 측'로부터의 배제 사례다. 이는 '아래배외주의적 국민감정'에 의해 지탱되고 있다. 서두에도 언급했듯이 이러한 백래시시대에 앞서 1990년대의 일본 경제대국화와 1990년 입관법 개정에 의해 외국인이 다양화하면서 증가했다. 비록 국가가 적극적으로 나서지는 않았지만, 지방과 민간 그리고 일반시민들 사이에서 다문화공생 분위기가, 지금 돌이켜 보면, 예외적으로 조성됐던 시기이기도 했다. 이러한 가운데 그동안 재일코리안에 의한 권리획득운동의 성과도 있었고 외국인지방참정권법안[14]이나 국적취득완화법안이 검토된 적도 있었다. 그러나 사실, 이러한 시기에도 그때마다 논란이 있었고, 그 실현에 대한 '걸림돌'이 되어온 것은 '북조선과의 관계'를 빌미로 하는 '조선'적 재일코리안에 대한 처우였다.

2018년 이후 남북 및 북미관계 진전과 한일관계 악화와 같은 외교를 둘러싼 환경 변화 속에서 '위'에서도, 또는 '아래'에서도 그 배외주의의 표적으로서의 북조선의 위상은 상대적으로 낮아지는 듯 보이기도 하다. 2019년 말 시점의 법무성 통계에 따르면 일본 체류외국인 수는 293만 3,127명으로 1990년대에 비해 월등히 다국적, 다문화 현상이 진행된 국가가 되었다. 또한, 앞서 언급한 바와 같이 2012년 말 통계 때부터 분리 집계되기 시작한 '조선'적자 수는 2만 8,096명2019년 12월 시점이다.

이런 가운데 향후 이 글에서 밝힌대로 과연 '조선'적 코리안 배제를 노리는 듯한 움직임에 변화가 일어날 수 있을까. 외교관계 변화나 일본 국내 여론, 재일외국인 동향과 무관하게 당연히 '조선'적 코리안의 인권은 지켜져야 하며, 이들에게 부과되는 부하는 경감되어야 마땅하다. 일본 정부에게는 그 역사적, 도의적 책임이 있다.

본 연구 중 일부는 JSPS 科研費 19K02053 「在日コリアンの「移動権」から見た新たなシティズンシップ研究の構築」(대표 : 필자)의 조성에 의한 것이다.

사상으로서의 조선적을 찾아서

나카무라 일성

조선적을 사는 재일 1, 2세 작가와 시인, 사회운동가, 교육자 등 총 여섯 명에 대한 인터뷰를 바탕으로 펴낸 르포르타주 『사상으로서의 조선적思想としての朝鮮籍』岩波書店, 2017.1을 상재上梓했다.

"당신에게 조선적이란?" 이 물음을 실마리로 '사람'을 그리고 싶다는 생각을 갖게 된 것은 2000년 4월의 일이다. 당시 나는 신문기자 6년 차였다. "자이니치在日 말고는 안 쓰는 놈", "기자가 아니라 인권활동가" 등등 상사나 동료로부터 험담을 들면서도 재일외국인을 둘러싼 인권 문제를 주제로 취재하며 집필해 왔다.

신문기자 시절에 기사로 낸 문제는 대부분 일본국적이 없는 것을 '이유'로 하는 제도적 배제, 사회적 권리 부정 또는 제한이다. 외국적자당시 대상은 대부분 자이니치였다의 공무원 채용을 놓고 "국적이야말로 충성의 징표, 공무원이 되고 싶다면 '귀화'해서 일본국적을 취득하라"고 내뱉는 자위대 출신 지자체 수장이나 "참정권을 얻고 싶다면 '귀화'하는 것이 순리"라며 호언장담하는 지방의원들과도 논쟁을 벌이기도 했고, 때로는 서로 격하게 호통을 치기도 했다.

국적 등을 이용한 제도적 차별은 타인의 아픔에 대한 상상력을 차단하고 가해자의 마음속 깊은 곳에서 피어오르는 '사악함'을 덮어버린다.

코로나 사태 당시 2020년 3월 사이타마시가 조선유치원에 대해 비축해 놓은 마스크 배포를 거부한 문제의 구도 또한 이와 같다. 나중에 철회하여 배포하기는 했지만 핵이나 납치 문제를 계기로 격화된 조선인, 조선학교에 대한 차별이 아무런 관계없는 영유아들의 생명을 분별하고도 수치심이 없는 멘토리티를 공무원들 사이에 조성했다. 제도에 의한 권리 격차는 '합리적 구별'로 인식되기가 쉽다.

내가 경애해온 한 부락해방운동 지역지도자에게 공영주택 입주 등 사회보장제도로부터 자이니치가 배제되는 일을 물었더니 "그건 차별이 아니라 구별"이라는 말을 듣고 깜짝 놀란 적도 있다. 그가 차별의 인정 기준으로 삼는 것은 '의도'였다. 1950년대부터 추진돼온 동화同和 대책사업, 즉 부락민에 대한 복지, 교육, 취업 지원 등등은 노골적 의도나 직접적이고 차별적 언행이 없어도 남을 폄하하는 제도적 레이시즘에 대한 부정이었다. 그러나 보다 명확한 제도적 차별인 '국적조항'은 그에게는 차별이 아닌 '구별'이다. 역사를 더듬으면 알 수 있는 차별이 '구별'로 납득되고 만다. 여기에는 '국민신민(臣民)으로서의 평등'을 요구해온 수평사水平社 이래의 사상적 한계 또한 엿보였다. 그에게 조선인 차별이란 '쫑꼬チョンコ'라며 비웃는 일이며, 부동산 임대차 때 외국인에게 당시 없었던 주민표를 요구하는 일로써 좋게 거절당하는 일 이나 납치나 핵 문제가 대두될 때마다 잇따라 일어나는 치마저고리 찢기 등 노골적이고 직접적인 행위만이 차별이라는 것이다. 패전 후 호적에서 국적으로 재편된 레이시즘의 구조적 장벽을 차별로 보지 못한 그의 몰이해에 나는 이를 갈곤 했다.

그러던 와중에 오사카 이노카이노猪飼野에서 열린 '제주4·3'위령집회에 참여하여 그곳에서 들은 작가 김석범金石範의 말이 이후의 나를 규정했다. 한 참가자가 '조선적'을 고수하는 이유를 묻자 김석범은 사실상의 무국적자로 남겠다는 의지를 밝히면서 지금으로서는 상상도 못할 정도의 긍정적 전망이 있던 북일 수교 가능성을 언급했다. 국교를 맺으면 조선적은 자동적으로 조선민주주의인민공화국(이하 DPRK)국적으로 여겨지게 될 것이다. 그렇게 되면 나는 한국국적도 조선적도 거부하고 완전한 무국적이 될 것이며, 자신은 어디까지나 통일국가를 추구하겠다는 문제제기였는데, 당시 나에게 꽂힌 것은 "무국적이 되다"라는 말, 그리고 우리(鑛)로서의 국적을 거부하며 현실에 순응할 것을 강요하는 정치와 맞서겠다는 의지, 그 실천이었다.

"당신은 왜 조선적을 고수하시나요?" 이 물음에서 엿보이는 삶의 방식을 언젠가 형상화해 보고 싶었다. 이런 마음으로 그때부터 다양한 사람들의 이야기를 청취하기 시작했다. 호적에서 국적으로의 레이시즘 재편과 식민지 제국의 수장이었던 히로히토의 면책, 존재 자체가 차별이자 역사적 책임의 은폐나 다름없는 천황제 계승으로 '전후라는 기만'을 이룩한 일본에서 국적에 근거하는 구 식민지 출신자, 외국국적자에 대한 차별은 사회제도와 국민의 의식 구석구석까지 스며들고 있다. 게다가 조선적은 '= DPRK'라는 인식에 기초한 적대시와 탄압의 표적이다. 이들에게는 해외여행조차 여의치 않다. 그런 이들에게 나는 "그래도 조선적을 유지하는 까닭은?"이라며 뻔뻔한 질문을 되풀이했다.

예비적 청취로 끝난 사례까지 포함하면 조선적을 주제로 대화를 나눈 분은 50명을 넘는다. "분단을 인정하고 싶지 않다", "둘 다 조국이니, 한쪽을 택하지 않겠다", "나중에 생긴 한국국적으로는 바꾸지 않겠다" 등등 다양한 응답이 돌아왔다. 그중에는 긴장하는 마음의 나를 고꾸라뜨리기라도 하듯 "(국적)(옮긴이주) 전환 절차가 귀찮을 뿐"이라고 답한 사람도 있었다.

특히나 2002년 9월 (일본인)납치사건이 발각된 후. DPRK, 총련과 자신 간의 거리를 강조하고 싶어하는 의식이 작용했을 것이다. '사실상의 무국적'으로서의 조선적을 강조하는 사람이 많아졌다고 느끼기도 하지만, 현실 문제로 조선적자 중 상당수가 조선학교에서 교육을 받으며 총련 커뮤니티에서 살아온 이들이다. DPRK여권을 소지한 이들도 적지 않다. 일본 정부만 인정하지 않을 뿐, 이들은 DPRK의 당당한 재외공민이다. 이들 대부분에게 조선적은 민족적 소수자로서 일본에서 살아가는 데 자부심, 자신이 누구인지를 담보하는 정체성의 근간을 이루고 있다. "재외공민이니 조선적이 당연하다"만으로 이야기가 끝나버리는 사람이나 "고향은 남쪽, 조국은 조선DPRK"이라고 답하는 사람도 적지 않았다.

고향에 있는 무덤의 관리나 친인척과의 교제를 원활히 하기 위해 부부 중 한쪽이 한국국적으로 전환한 사례도 여럿 있었다. 한 쌍을 제외하고 전환한 것은 모두 여성 쪽이었다. '긍지'를 관철하는 삶은 남성우위적 가치관에 기대어 지탱되어온 현실 또한 깨닫게 되었다.

국적전환으로 인한 부모 자식, 지역 사회의 알력을 듣는 일은 몹시 괴로웠다. 특히 동포들 간의 분단은 1965년 미국의 세계전략에 힘입어 한일 국교정상화가 이뤄지는 과정에서 첨예해졌다. 1952년 '외국인화' 이후, 줄곧 방치된 자이니치의 체류자격을, 한국국민이 되면 안정시켜 주겠다며 전환을 밀어붙였다. 그러나 실제로는 구 식민지 출신자의 불안정한 법적 지위가 개선된 것은, 협정영주한국국적와 후에 마련된 특례영주늑 조선적가 입관특례법에 근거하는 '특별영주'로 통합된 1991년, 국적 상실로부터 40년이 지난 후였다. 후쿠오카현·다가와田川시 등 혁신세력이 우세했던 자치체에서는 역으로 한국국적에서 조선적으로의 전환운동이 벌어졌을 정도로 총련 조직과 활동가들이 거세게 반발했다.

전환저지투쟁을 벌인 지역도 있다. 교토부 우지宇治시 우토로 지구도 그중 하나다. 주민 대부분이 경상도 출신이지만 해방 후 교토에서 가장 먼저 조선인학교國語講習所가 들어설 정도로 좌파가 강했던 이곳에서 한국 국적 취득이란 당시만 해도 '금기'요 '배신'이었다. 남의 눈을 피해 전환하러 간 어떤 가족이 관공서 앞에서 본 것은 피켓시위를 하는 지역주민들이었다. "이대로 고향에 가지 못한 채 어머니가 죽으란 말이냐, 책임질 수 있겠냐"고 울먹이며 호소하는 아들에게 "분단을 인정하는 것이냐", "조국을 버리는 것이냐"며 이웃 주민들이 노호한다. 이들의 타향살이와 분단대립을 빚게 한 일본 관리들이 모멸을 머금은 눈초리를 보내는 앞에서 재일조선인들끼리 서로 욕설을 퍼부었다. 그 응어리는 오래 갔다. "한동안 따돌림을 당했다……." 눈시울을 적시면서 그때 광경과 감정을 말해준 아들의 모습을 잊을 수 없다.

취재를 거듭하면서 한 한국적 자이니치로부터 "조선적 물신화", "(조선적) 소지자를 영웅시한다" 등 비판을 받은 적도 있다. "국적 따위는 편의, 편리함에 불과하다", "아나키즘적 집착"이라며 당사자들을 비웃는 이도 있었다. 페티시즘도 '영웅시'도 아니라는 것은 그 책을 읽어보면 알테지만, 한편으로 이들의 그러한 발언 속에 국적 전환을 기피하는 의식이 요즘보다 훨씬 강했던 시절에 국적을 전환했음으로 인해 음으로 양으로 '배신자' 취급받았던 시대를 살아온 이들 특유의 반발심을 느꼈던 것도 사실이다. 비록 르포에 등장하지는 않았지만 인터뷰를 한 사람들 중에 자신이 조선적을 간직해온 일을 인간적 우위성으로 말하거나 이를 근거로 한국적이나 일본국적을 선택한 이들의 삶을 따져 묻는 사람도 있었다. 조선적에서 한국국적이 아니라 구 종주국의 국적을 취득한 후에 재판을 통해 민족명을 되찾은 사람들의 싸움을 취재한 경험에서도 국적을 변경한 이들에 대한 동포들의 따가운 시선이나 압력을 상상해 볼 수 있다. 무엇보다 부계가 아닌 일본적 '더블double'인 나 자신이 '민족적 정통성'을 자랑하는 이들로부터 여러 번 모욕을 당한 적이 있다. 확실히 전환한 이들을 비판 / 비난하는 것은 어불성설이다. 그러나 이와 정반대로 조선적을 간직한다는 개인의 '선택'을 '얽매임'이나 '고집'으로 치부하는 일 또한 말이 되지 않는다. 거기에 자신의 삶을 거는 이들도 있으니 말이다.

어떤 할머니가 했던 말이 떠오른다. 혼자 사는 그녀와 단둘이 마주 앉아 함께 술을 먹다가 그녀가 나지막히 중얼거렸다. "난 배신했단 말이지……." 죽기 전에 고향에 한 번 가보고 싶은 마음에 한국국적으로 바꾼 일을 이렇게 고백했다. "누구에게", "뭐에 대해" 미안해 하는지를 알 쉬이 짐작할 수 있는 만큼 "국적은 편의, 편리함", "정치 문제" 따위로 말할 수 없었다. 그녀가 귀적鬼籍에 들어간 지금도 말이다.

당초 세대를 막론하고 취재를 이어갔지만, 인터뷰 과정에서 조선적자를 통해 이 사회가 지니는 퇴폐의 근원을 찾아내고 싶다는 마음이 커져, 대상을 1세와 1세에 가까운 연령대의 2세로 줄어나갔다. 인원수를 좁히면서 더 청취를 거듭했으며, 잡지 연재가 끝난 후에 추가취재를 거쳐 최종적으로 여섯 명으로 좁혀 나갔다. 결과적으로 등장인물은 이데올로기로서가 아니라 양보할 수 없는 선으로서의 조선적을 살아가는 이들이다.

이들로부터 다양한 말을 건네 받았다. "내게 조선이란 아버지다. 그래서 못 바꾼다"고 말한 것은 작가 고사명高史明이다. '국민국가가 버린 자식'임을 자인하는 고사명은 현실에 대한 끊임없는 비판이라고 할 수 있는 불교의 '공空'을 구현하기 위한 틀로서도 '조선적'을 포착하는 듯했다. 석연치 않은 존재, 배제되는 존재로서 '국가'라는 인지人知의 산물을 래디컬하게 따져 묻겠다는 뜻이다. 시지 『진달래』 편집장이자 시인인 정인鄭仁은

"애당초 조선이기 때문에 바꿀 필요가 없지. 저항감이 있다"면서도 "사실 한국과 조선여기서는 DPRK, 일본 세 개를 갖고 싶어. 자유롭고 싶다고" 털어놓기도 했다. 그의 맹우인 시인 김시종金時鐘이 "질 것을 뻔히 알면서도 그들 편에 설 수 있는 남자"라고 평한 정인은 "소수파야말로 옳다는 생각도 조선적을 바꾸지 않는 근거에 있다"고도 말했다. "동포 사회에서 살겠다"고 다짐하여 일본국적에서 조선적으로 전환한 민족강사 박정혜朴正惠는 한국국적, 일본국적으로 바꾸라고 강요하는 정치와 구조에 대한 분노도 고수하는 동기로 꼽았다. 그리고 김석범이다. 분단 부정, 정치와 대치하는 무기로서의 조선적⋯⋯. 간행된 지 4년에 가까운 시간이 지났다. 지복의 시간을 선사해 준 선인들 가운데 이미 두 분이 세상을 떠났다. 2020년 3월에 돌아가신 히로시마현 조선인피폭자 협의회 창설자 이실근李實根에게 조선적이란 일본 공산당 시절 지하활동으로 투옥되어, 한국으로 '강제송환'될 위험을 하루하루 마주하면서당시 좌파 조선인 활동가들에게 반공국가 송환이란 '사형'과 같은 의미를 지니고 있었다 경연硬軟 섞인 당국의 전향 요구을 물리친 '비전향'의 상징이다. 이와 동시에 자신이 청년운동가로서 '조국'으로 보낸 이들, 그중에서도 특히 히로시마에서 피폭당한 재조동포들과 끝까지 함께 하겠다는 '약속'이기도 했다.

2018년 5월에 별세한 박종명朴鐘鳴에게 그것은 '사상'이었다. 그는 몇 번이고 말했다. "사상이란 말이죠. 옷을 입고 벗는 것과는 다른 것 같아요. 저는 사상을 바꾸는 것은 생피를 벗기는 아픔이 따르는 행위라고 생각합니다. 바꾸는 것을 안 된다고 하는 게 아니에요. 왜 자기가 바꿨는지를 분명히 하며 그때까지 주장해온 일에 대해, 경우에 따라서는 사과를 하고 매듭을 지어야 한다고 생각합니다." DPRK의 김일성 절대체제 확립과 총련조직의 자세에 대한 반발 등으로 1960년대 이후 총련계 문화인사들 중 상당수가 조직과 결별했다. 박종명은, 적어도 나에게는, 이탈 자체를 가지고 누군가를 지탄하지는 않았다. 그러나 조직인으로서 스스로의 언동을 총괄하지 않은 채 '친정'을 비판하는 이들에 대한 비판은 차분하면서도 격렬했다.

이들에게 조선적이란 순응에 항거하는 무기이자 기로에 서게 될 때 돌아갈 수 있는 터전이다. 그리고 지금은 없지만 미래에 '있어야 할 것'에 다다르기 위한 문이다. 많은 이들은 이를 '통일조국'이란 말에 위탁했다. '사실상의 무국적'을 살아간 1세, 그리고 이들과 가까운 2세는 스스로에게 여러 처사들을 거듭해온 국민국가가 지니고 있는 문제를 지적하며 거센 목소리로 비판해 왔지만 이른바 '코스모폴리탄'은 아니었다. 농락당해 왔기에 '국가'의 무게와 더불어 그것이 있는 자와 없는 자 간의 차이를 뼈저리게 느꼈을 것이다. 이들이 바래온 것은 어디까지나 '조국'이다. 특히 이를 누구보다 갈망해온 이가 박종명이다. 건국을 거쳐 친일파와 우파세력을 축출시킨 DPRK의 '정통성'에 공감하면서도 일본과 마찬가지로 미국의 '전략거점'으로 탄생한 한국에서 오랫동안 지속된 군사독재에 의해 억압받아 많은 희생을 치루면서도 민주화를 이루어낸 젊은이들의 모습에 자신이 이상형으로 여기는 '조선'의 민중상을 찾으면서도 끝까지 "어느 한쪽을 선택하고 다른 쪽에 등을 돌리"는 일과 더불어 국가가 사람을 분단하고 다른 쪽을 '부족'으로 여기는 현실을 거부했다.

그/그녀들에 대한 내 심정에 살을 붙여준 것은 거의 같은 시기에 시작한 팔레스타인 방문과 팔레스타인 난민과의 만남이었다. 이스라엘 건국으로 난민이 된 채 세대를 거듭해온 이들이 원하는 것 또한 '조국'이었다. 그 '조국'이란 단순히 '국민'으로 보호하고 국제 사회 일원으로서의 발언권을 가진 '국가'라는 데 그치지 않는다. 레바논 난민캠프에서 만난 한 여

성은 이렇게 말했다. "조국이란 우리에게 존엄을 주는 존재입니다." 이 말은 거기서 스스로의 '존엄'을 찾아낼 수 있을 만한 '조국'을 창조하는 일을 의미한다고 생각한다. 이스라엘의 행태와 이를 만들어낸 국민국가체제의 병리를 극복한 끝에 이들이 지향하는 조국이 있을 것이다. 이는 나 그리고 우리가 추구해야 할 조국이기도 할 것이다. 아랍어로 조국은 "وطن 와탄". 영어의 Homeland가 그렇듯 국가와 더불어 고향을 의미하기도 한다. 지역공동체가 근대 이후 국민국가로 확장해나간 역사를 나타냄과 동시에, 이 말은 '그 후その先'를 상상해 볼 것을 우리에게 요구하는 듯하기도 하다.

"당신에게 조선적이란?"이라는 물음은 협의狹義의 정체政體에 그치지 않고 "조국이란 무엇인가?"라는 물음으로 이어졌다. 그러기에 이 '물음'의 중간보고를 김석범의 말로 매듭지었다. "나는 통일조국을 원한다. 실현되면 그곳 국적을 취득하여 국민이 될 것이다. 다만 그때 나는 더 이상 민족주의자가 아니다. 이후에는 필요에 따라 국적을 포기할 생각이다." 이 래디컬한 물음이야말로 '사상으로서의 조선적'을 찾기 위한 다음 이정표가 될 것이다.

'조선적'을 찾아다니는 탐방은 지금도 계속되고 있다. 지난 16년에 걸친 탐방 끝에 내가 도달하게 된 것은 '조국'을 희구하는 삶이었다. 이는 일본과 동아시아 그리고 세계의 현재 상황을 거부하며 '있을지도 모르는' 또 다른 세계의 실현에 희망을 걸어보겠다는 것. 이때부터 다시 역사와의 대화가 시작될 것이다. 새로운 국가는 왕왕하여 과거 체제에 대한 보복과 패자에 대한 숙청으로 시작되었다. 그리고 근대의 산물인 국민국가체제 아래 일어난 두 번에 걸친 세계대전, 신국가 수립이 자국민 학살로 시작되었다는 사실의 연속성.

네이션 스테이트nation state에 대한 갈망으로 태어난 이스라엘의 무수한 포학들……. 인간의 행보란 마치 역사의 천사가 뒤로 날려버림을 당하면서 응시하는 파국의 산더미와도 같다. 이를 밟고서 우리는 어떠한 공동체를 지향하게 되는 것일까. 다른 사람들과 어떻게 함께 살아갈 것인가. 그 시작이자 도달점은 "이러한 모든 일이 일어나지 말아야 할 것"이다. '조국'을 갈망하는 일을 통해 나는 연대하고 싶다. 선인들 그리고 전 세계에 있는 국민이 아닌 이들, 조정措定된 경계 밖에서 '우리의 조국'을 희구하는 이들과 함께.

제4장

한국 입국 문제를 통해 보는

조선적자의 정치적 다양성 간과

김웅기

1. 들어가며

> 해방 후에도 돌아오지 못한 동포들이 많습니다. 재일동포의 경우 국적을 불문하고 인도주의적 차원에서 고향 방문을 정상화할 것입니다.[1]

2017년 8월 15일 일제에 의한 식민지 지배로부터의 해방을 축하하는 문재인 전 대통령의 광복절 기념사 중 일부다. 21세기에 이르러서도 여전히 국적이나 이를 둘러싼 정치적 이유로 대한민국이하 한국에 입국할 수 없는 재일코리안[2]이 존재한다는 사실이 이 글 논의의 출발점이다. 정확히는 국적이 아닌 조선적朝鮮籍이라는 제국 일본에 의한 조선 통치의 잔재로 인해 만들어진 법적 지위이다. 해방 후 한때 모든 재일코리안이 갖게 된 이 일본 내 법적 지위를 현재까지 유지하고 있는 이들을 지칭한다. 제국의 시대, 즉 일제강점기에 일본 신민臣民이었던 조선인에게 조선적이란 '비非일본인'과 무국적의 표징임과 동시에 '국적 미선택'이라는 함의도 지니고 있다. 오늘날까지 조선적을 보유하고 있는 재일코리안은 2019년 6월 시점 28,975명[3]이 존재하며, 일제강점기부터 일본에서 거주해온 자 및 그 후손을 가리키는 이른바 올드커머old comer 재일코리안들 가운데 약 10%를 차지하고 있다.

한편, 한국 사회에서 조선적에 대한 이미지라고 한다면 전무全無하다라는 것이 현실일 것이다. 한국 사회에서 재일코리안이라는 존재 자체가 지극히 불가시적이다. 하여, 조선적자의 이미지 — '조선'이 상기시키는 조선민주주의인민공화국^{이하 북한}과 밀접하게 결합된 존재 — 는 한국 정부에 의해 조성되어 왔다. 한국의 국시^{國是}가 반공이라는 점을 상기해 본다면 이는 지극히 자연스러운 일이다. 한국에서 '조선'이란 개인의 정치적 성향을 가늠하는 리트머스지로서 기능하고 있어 일반 대중이 조선적이라고 들으면 '북·빨갱이'로 인식한다는 것은 그리 상상하기가 어렵지 않은 일이다. 하물며 조선적자 내부의 정치적 다양성을 되돌아보는 일 따위는 북한 및 재일본조선인총연합^{이하 조총련}과 어떠한 연관성을 가진 당사자나 이들을 지지하는 일부 시민운동 쪽에서도 '덤' 정도로 그 존재사실만 언급되는 데 불과하다.

분단국가의 한 측인 한국이 북한을 주적으로 삼는 데 대해서는 문재인 정부에서도 변함이 없었다. 그러나 남북대화를 적극적으로 추진해온 데서 보듯 진보성향의 문재인 정부가 가진 대북 인식이란 '북한 / 조총련 = 대화·포섭 대상'이다. 한편, 전임자인 이명박, 박근혜 전 대통령으로 상징되는 보수정권 아래서는 국시 그대로 '북한 / 조총련 = 주적'이었다. 이러한 양극단의 선택지밖에 갖지 못하고 있는 것이 한국정치의 진폭을 극단적으로 크게 만드는 요인으로 작용하고 있다.

그러나 이 글 논의에서 중요한 것은 진보-보수 간의 '대화·포섭 대상', '주적'이라는 차이가 아니다. '조선적 = 북한 / 조총련'이라는 정치적 이념과 신조의 대립을 초월한 공통인식이야말로 문제가 된다. 일본에 거주하는 재일코리안에게 자신의 뿌리가 있는 한국과의 관계성의 출발점이란 한국 입국을 둘러싼 문제다. 위에서 언급한 문재인 전 대통령의 연설은 전임자가 사실상 조선적자의 입국을 봉쇄해온 문제와 관련하여 대폭

적 정책전환, 즉 국가의 재량에 의한 입국제한 완화를 추진할 의사를 밝힌 내용이다.

그럼에도 불구하고 필자는 문재인 정부의 이러한 정책에 비판적이다. 왜냐하면 한국 사회의 조선적자에 대한 인식 변화가 수반되지 않는 한, 이러한 시책은 결코 '인도적 차원'으로 승화될 수 없기 때문이다. 그 이유에 대해서는 후술하겠지만 먼저 결론을 언급해 둔다면 조선적자를 비롯한 재일코리안 총체가 5년마다 있을 대통령선거 결과에 따라 진보-보수정권 간의 극단적인 진폭에 좌우되는 '정치적 재량'에 지속적으로 휘둘리는 본질적 구도에는 무엇 하나 손을 댄 흔적조차 찾아볼 수 없기 때문이다.

따라서 이 글은 조선적자에 대한 한국 정부나 사회가 가진 공통인식이 조선적자를 포함한 재일코리안 총체에 얼마나 부정적 영향을 미쳐왔는지에 대해 논의하고자 한다. 이 글은 조선적자로 논의 대상을 국한하고는 있으나, 재일코리안 총체가 한국의 내국인 및 여타 재외동포와 마찬가지로 실제로는 정치적 다양성을 지닌 존재이라는 사실을 논의의 전제로 삼고 있다. 문재인 정부를 포함한 역대 한국 정부는 전 세계 750만 명이라는 재외동포들 가운데 유독 재일코리안에 대해서는 '북에의 충성, 남에의 배반'이라는 의심을 지금도 견지하고 있으며, 심지어 이러한 인식 자체가 제도화되고 있다. 조선적자들 사이에 정치적 다양성이 존재한다는 인식에 입각한 제도적 개선은 이러한 의심으로부터의 해방을 의미하며, 나아가 한국에 의한 재일코리안정책을 문재인 전 대통령이 언급한 '인도주의적 차원'으로 진정 승화시키는 데 도움을 줄 것이다.

이 글의 구성은 다음과 같다. 2절에서는 조선적자를 비롯한 재일코리안 총체가 일본에서 역사적으로 어떻게 다뤄져 왔는지에 대해 개관할 것이며, 3절에서는 조선적자 내부의 국가관, 통일관 등과 관련된 정치적 다양성을 논할 것이다. 특히 '남도 북도 아니다'라는 조선적자들 사이에서 공통적인 신조의 내역이 정치적 속성마다 어떻게 다른지에 대해 검토할 것이다. 이와 관련하여 필자는 특정된 조선적자의 주장에 대한 지지 내지 비판을 목적으로 하지 않을 것임을 미리 밝혀 둔다. 4절에서는 한국 정부 및 사회가 조선적을 오늘날까지 어떻게 인식하고 법적으로 규정해 왔는지를 논할 것이다. 5절에서는 여태껏 한국 사회에서 불가시적 존재였던 북한／조총련과 어떠한 연계성도 없는 한 조선적자가 한국의 온라인 청원시스템 국민신문고[4]를 통해 제기한 청원 내용을 검토하여 북한／조총련과의 관계성 혹은 친화성을 가진 조선적자나 이들을 지지하는 한국 시민운동 측 주장과의 차이를 검토해 볼 것이다. 그리고 결론 부분인 6절에서는 정치적으로 다양한 조선적자들의 주장에 대해 한국 사회가 어떻게 응답해야 할지에 관해 논해 볼 것이다.

2. 일본에 의한 조선적자 처우를 둘러싼 역사적 변천

재일코리안 사회는 여전히 식민지 지배와 냉전 속에 갇혀 있으며, 남북 분단으로 인한 첨예한 정치적 대립이 여전히 지대한 영향을 미치고 있다. 구체적으로는 속성이 다른 동포들 사이의 소통이 오늘날까지도 어렵다는 것을 의미하기도 한다. 이러한 정치적 긴장이 일상적인 재외동포 집단은 재일코리안이 유일하며 전 세계적으로 보아도 특수하고 예외적 존재가 되고 있다. 이러한 재일코리안의 특징, 특히 이 글의 논의의 중심인 조선적자를 포함한 올드커머의 특징을 한국의 재외동포라는 관점에서 요약해 보면 다음과 같다.

첫째, 정치적 자유가 남북 분단국가의 간섭으로 제약을 받고 있다. 여태껏 재일코리안끼리의 자발적 교류는 그때마다 국가의 간섭으로 모두 저지되어 왔다. 둘째, 세대교체가 여타 재외동포보다 빠르게 진행되고 있다. 재일코리안의 일본 이주는 중국 조선족이나 구 소련CIS 고려인과 마찬가지로 20세기 초 한민족의 해외 이주사 중에서 비교적으로 일찍 시작된 디아스포라로서의 그것이다. 셋째, 권리로서의 거주국재일코리안의 경우 일본 국적 취득이 불가능하다. 「샌프란시스코강화조약」체제에 따라 국적선택권을 수반하지 않는 일방적 일본국적 박탈과 혈통주의로 현실적으로 민족적 정체성의 포기 또는 은폐를 수반하는 귀화 외에는 사실상 국적을 취득할 길이 막혀 있다. 넷째, 최근까지 한국의 재외동포통계에서 유일하게 거주국일본 국적 취득자 즉 일본국적자가 배제되어온 것으로도 알 수 있듯이 혈통적으로 한민족임에도 불구하고 한국계 일본인Korean Japanese은 한국의 재외동포라는 개념에서 배제되어 왔다.[5] 혈통적으로 한민족이면 재외동포로서의 법적 지위는 한국국적 여부와 관계없이 가질 수 있는 법적 제도와는 모순된 이중잣대가 오랫동안 적용되어 왔다고 할 수 있다.[6]

오늘날 일본국적을 취득하지 않은 재일코리안 중 약 90%가 한국국적을 갖게 된 계기는 1965년 한일협정의 부속조약인 이른바 재일한국인법적지위협정이다. 약간의 변곡이 있기는 하지만 한국 정부는 1951년에 시작된 일본 정부와의 외교교섭에서 초기부터 재일코리안을 자국민이라고 강경하게 주장해 왔다.[7] 일본 정부는 재일코리안에 대한 일본국적 부여와 이에 따른 사회보장 급부를 회피하려는 의도 등으로 이에 동조했다.

1952년 「샌프란시스코강화조약」 발효로 일본이 독립을 회복하자 일본 정부는 즉각 조선인 등 구 식민지 출신자의 일본국적을 박탈했다. 재일코리안을 외국인 — 당시 일본이 남북한 양측과 국교가 없어 '비일본인'이라는 뜻 — 으로 규정한 것은 재일코리안을 일본의 참정권이나 복지수급권은 물론 거주권에서마저 배제하기 위해서다.

그렇다면 한국 정부가 민족애나 동포의식에서 재일코리안을 자국민으로 처우하려 했는가 하면 전혀 그렇지 않다. 주권이 미치지 못하는 일본 땅에서 북한 / 조총련으로부터 분리, 이탈시킬 것을 목적으로 하는 정치적 감시와 통제에 그 목적이 있었다. 한국은 1968년까지 경제적으로 북한에 비해 열세였고 재일코리안 대부분은 북한 / 조총련의 영향 아래 있었다. 15년, 7차에 걸친 외교교섭에서 첨예한 대립을 보였지만 한국 정부 / 민단과 일본 정부는 반공이라는 측면의 이해관계를 공유하고 있었다. 이리하여 두 정부는 재일한국인법적지위협정에 따라 (협정)영주자격을 규정하여 한국국적을 취득 요건으로 정하기로 합의했다.

이것이 세력 저하로 직결된다는 위기감을 가진 조총련은 대대적인 반대 캠페인을 벌였다. 그러나 거주권과 생활기반이 불안정했던 상당수가 단숨에 한국국적 취득으로 방향을 틀었다. 이후 재일코리안 사회에서의 남북 간의 균형은 한국 / 민단 우위로 변모해 가는데, 이들 가운데 한국국적 취득을 줄곧 거부해온 이들의 법적 지위가 바로 이 글의 주제인 조선적이다. 조선적을 유지하는 사람 중에는 남북간의 경합과는 다른 이유로 조선적을 계속 유지해온 이들도 존재한다는 사실 또한 중요하다.

조선적이란 앞서 거론한대로 일제강점기 조선호적에서 유래된다. 내지內地인 즉 일본인과의 호적 차이를 근거로 일본인과는 다른 법적 처우[8]가 이루어져 왔는데, 외지호적을 토대로 패전 후 1948년에 제정된 「외국인등록령」에 의한 관리통제가 시작되었다. 이때 조선인은 국적란에 '조선'이 기재되었으며, 이는 '외국국적자foreign nationals'가 아니라 '비非일본인 non-Japancse national'을 의미한다. 일본 정부는 1950년부터 한국을 지지하는 조선인에 대해서는 「외국인등록령」상의 기재를 본인의 신청에 따라 '한국'으로 표기할 것을 허용하기 시작했지만, 그 시절에는 조총련 및 그 전신인 재일본조선인연맹朝聯이 우세했기 때문에 그 수는 소수에 불과했다. 이러한 상태가 1965년까지 지속되었다.

이후 1990년대 초반 들어 한일 양국 정부 간의 외교협상을 통해 체결된 이른바 재일코리안3세지위협정은 조선적자에 대해서도 (특별)영주자격을 부여하도록 개편된 점에 큰 특징이 있다. 당시 한국 측 협상자는, 의외로 느낄 수도 있겠지만 노태우 정부였다. 당시 한국은 중·소와의 수교가 이루어졌고 1988년 서울올림픽을 성공적으로 마쳐 재일코리안 사회의 남북경합에서도 승부가 결정됐다는 모종의 여유가 있었다. 또한 한국 내 민주화 프로세스가 진전된 것도 영향을 주었다. 그리고 일본 사회 또한 1980년대 중반 이후 경제적 절정기를 맞이하여 이에 따른 인권의식의 고조가 당시에는 존재했다. 1990년대 초반 한일 양국 정부간 외교협상은 이러한 점이 반영된 결과라고 할 수 있다.

그러나 21세기에 들자마자 상황이 달라졌다. 2002년 9월 북일 정상 간의 평양회담 석상에서 김정일 국방위원장은 첩보기관에 의한 일본인 납치를 시인하고 고이즈미 준이치로小泉純一郎 총리에게 공식사과했다. 이것이 오늘날에 이르는 이른바 '북 때리기'의 계기가 된 것은 잘 알려진 바와 같다. 북한 정부를 추종하는 조총련 지지자들 사이에서 극심한 동요와 실망이 확산됐고 이 여파로 인해 조총련으로부터의 대량 이탈과 조선적에서 한국국적으로의 전환이 잇따랐다. 이에 따른 조총련 사회의 위축은 자급자족적 커뮤니티의 축소를 불러왔고, 이것이 추가적인 이탈의 반복을 불러일으킨 원인이 되기도 했다. 조총련 조직 본체뿐만 아니라 조선학교나 금융기관, 예술단 등 일자리의 파이가 현저히 축소했기 때문이다.

이러한 과정을 거치고도 오늘날 약 3만 명의 재일코리안이 조선적을 여전히 유지하고 있다. 오늘날 조선적을 유지하고 있는 이들 중에는 북한 국가에 대한 귀속 의식을 가진 이들이 있는가 하면 북한 및 조총련과는 거리를 두면서도 커뮤니티와의 교류는 계속하는 이들도 있는 등 온도차가 존재한다. 그러나 어찌됐든 이들의 가치관의 중심에는 조총련 커뮤니티의 핵심 이념인 '조국통일'이 있다. 크게 위축했다고는 하지만 조총련 커뮤니티의 강고한 결속력 자체는 이 정치적 이념에 의해 여전히 건재하다.

그러나 통일을 조총련 측 전유물로 단정 짓는 것은 적절치 않다. 왜냐하면 후술하듯이 조총련, 특히 조선학교식 교육에 근거하지 않은 통일논리에 따라 자발적인 정치적 선택에 따라 조선적을 보유하고 있는 이들 또한 적지 않게 존재하기 때문이다. 이처럼 3만 명이라는 소수 속에서도 각기의 신조나 가치관, 정치인식 등의 차이가 존재한다. 다음 절에서는 이에 대해 검토해 볼 것이다.

3. 남북한과의 관계성으로 드러나는 조선적자의 정치적 다양성

조선적자의 정치적 유형은 조총련 커뮤니티와의 관계성에 따라 두 가지로 나눠진다. 이 글에서는 독자의 가독성을 위해 조총련 커뮤니티나 조선학교식 교육의 영향의 다과多寡 차이는 있지만 어떠한 관계성이나 친화성을 갖는다는 의미에서 '친북親北', 이에 대해 비판적 견해를 밝히거나 전혀 연관성이 없는 조선적자를 '비북非北'이라는 편의상의 호칭을 사용하고자 한다. 전자가 열광적인 북한 / 총련 지지자들만으로 구성되는 것이 아니라는 점에 유념하기 바란다. 가령 조총련 조직이나 커뮤니티가 취약 계층의 문제에 대처해 준 의리로 관계성을 끊지 못하고 있는 사례 등도 포함되기 때문이다. 어쨌든 총련 커뮤니티를 배경으로 하는 '친북' 조선 적자들은 집단적이고 실존적이다.

이와 대조적으로 '비북' 조선적자는 지극히 개인적이고 관념적이다. 김 일성 1인 독재체제나 이를 등에 업은 한덕수 초대 조총련 의장의 지배에 반발하여 이탈한 1세 지식인들과 더불어 이러한 배경을 갖지 않은 채 자 신의 의사와 노력에 의한 정체성 모색을 통해 스스로 조선적을 선택한 2, 3세도 존재한다. 이들은 일본 사회에서 자라면서 조총련 커뮤니티와 같 은 재일코리안끼리의 유대관계를 가질 기회를 얻지 못한 경우에 속한다. 한국 사회나 심지어 재일코리안 사회 일각에서는 한민족의 언어나 민족 문화를 모르면 정체성을 가질 수 없다며 문화적 우월성을 앞세우는 일을 찾아볼 수 있는데, 이러한 배타적이고 멸시적 인식이야말로 재일코리안 에 대한 정확한 인식을 갖지 못하게 하는 원인으로 작용하고 있다.

'비북' 조선적자의 존재가 한국 사회에서 제대로 인지되고 정치적 견 해가 표명된 것은 그동안 소설 『화산도』의 저자 김석범金石範이나 시인 김 시종金時鐘 등을 제외하면 전무나 다름없다. '친북' 조선적자의 권리옹호를 주장하는 한국 시민운동에 의해 그 존재 사실 정도만 언급되어왔을 뿐, 이들의 구체적 주장에 관심이 보인 흔적은 소수의 문학 연구자를 제외 하면 거의 찾아볼 수 없다. 이는 조선적 = '친북'으로 간주하는 것이 한국 정부만이 아니라 시민운동 또한 '북'으로 간주하며 보호의 대상으로 삼아 왔음을 반증하는 것이기도 하다.

확실히 문재인 정부의 '인도주의적' 대응으로 이 글의 집필 시점2020년 11월 까지 조선적자에 대한 한국입국 제한조치는 거의 해소되었다. 그러나 그

혜택을 누릴 수 있는 것은 '친북' 조선적자 또는 '북'으로 간주될 것을 마다하지 않는 '비북' 조선적자로 국한되는 것이 현실이다. 그 밖의 '비북' 조선적자들은 그 존재조차 인지되지 못하고 있으며, 이들이 한국 정부에 의한 '친북'이라는 정치적 꼬리표가 붙을 것을 받아들이지 않은 한, 고향 땅을 찾아가기 위한 문호가 열리는 길은 현재로서는 없다. 왜냐하면 한국 정부가 '조선적 = '북''을 제도화하고 있기 때문이다. 이는 다음 절에서 다루게 될 남북교류협력법에 근거하여 한국 정부가 발행하는 여행증명서에 의한 출입국제도를 가리킨다. '비북' 조선적자 3세인 시인 정장丁章은 다음과 같은 이유로 여행증명서에 의한 한국 입국을 거부하고 있다.

> **남북통일의 신조에 따라 분단논리를 추종할 것을 원치 않는 저로서는 임시여권 사용을 거부**할 수밖에 없으며, 따라서 (일본 정부 발행)필자주 재입국허가증에 의한 입국을 요구합니다. 저는 남북 양측의 국가를 모두 국가로 인정하고 있습니다. 그러나 **동시에 남북 어느 하나의 존재만을** 신봉하거나 부정하는 입장에 있는 것도 아닙니다.강조 – 필자, 이하 같음9

이처럼 정장이 여행증명서임시여권 사용을 거부하는 가장 큰 이유는 남북통일의 신조에 따른 것이며, 남북 분단국가 어느 누구의 권위에도 순종하지 않겠다는 의지에서 비롯된다. 이 점에서 마지못해서이긴 하지만 궁극적으로는 여행증명서를 발급하는 한국 정부의 권위를 받아들이고 있는 '친북' 조선적자와의 차이는 뚜렷하다.

정장은 자신의 법적 지위인 조선적을 근거로 일본에서 태어나 자란 사실로 유일하게 발급받을 수 있는 일본 정부 발행 재인국허가증에 대한 한국 입국비자 발급을 주오사카한국총영사관에 여러 차례 신청해 왔다.

그는 한국을 국가로 인정하기 때문에 비자를 발급하는 정부의 권위를 인정하면서도 남북 어느 하나의 존재만을 긍정하거나 부정할 입장이 아니므로 한국의 권위에 따른다는 의미를 지닌 여행증명서 사용을 거부하고 있다. 재입국허가증 사용을 원한다는 것은 그가 '친일' — 대일본제국에 영합하여 동족인 조선인을 착취, 박해함으로써 이익을 누리는 행위 — 이라서가 아니라 식민지 지배라는 역사적 경위의 연장선상에서 일본에서 출생하며 살아온 사실로 발급받을 수 있는 유일한 공적 신분증명수단이기 때문이다. 즉 역사적 사실을 몸서 증명하는 데 목적이 있다.

한편 '친북' 조선적자의 신조에 대한 검증도 필요할 것이다. 한 조선적자는 다음과 같이 자신의 신조를 밝힌 바 있다.

저는 가난하고 하찮은 사람이지만 조선인으로서의 자부심을 가지며 굽히지 않고 떳떳하게 살아 왔다고 생각합니다. 이것이 자랑스럽습니다. 조선인으로 태어나 민족과 조국을 되찾으며 살아왔습니다. 조선국적으로 있는 것은 별 대단한 이유가 아닙니다. 나중에 생긴 한국의 국적으로 바꿀 필요는 없고, 하물며 일본으로 바꾸다니 말도 안 됩니다. **한국으로도 미국으로도 당당히 조선적으로, 조선민주주의인민공화국국적으로** 들어갔습니다. 제 프라이드입니다.[10]

이처럼 자신의 신조를 밝힌 1929년생 히로시마 출신 조선적 재일코리안 2세 이실근李實根. 9만 3천여 명의 재일코리안이 북한으로 송환된 귀국북송사업에서 동포들을 설득하여 귀국시키는 데 매진했던 조총련 활동가였다. 이후 북송된 동포들 가운데 피폭자가 있다는 사실이 밝혀짐에 따라 구호활동에 종사하게 되는 한편, 일본 피폭자운동에서 재일코리안이 계속 배제된 데 대해 문제제기한 인물이기도 하다. 그는 북한에 있는 피폭자의 치료 문제에 일본 정부가 책임질 것을 촉구하는 활동을 벌이는 데 앞장섰다.

'친북' 조선적자라고 모두가 북한국적을 가지고 있는 것이 아니며, 도리어 그 수는 매우 소수인 가운데 이실근은 북한국적 소지자임을 공언하며 미국에 입국한 최초의 인물이다.[11] 북미 간에 국교가 없는 점을 보아 일본 정부가 발행한 재입국허가서에다가 미국 정부가 발급한 비자를 발급받아 입국한 것으로 여겨진다. 필자가 알기로는 이러한 형태에 의한 조선적자의 미국 입국은 이후에도 계속되고 있기 때문이다. 한편, 한국 입국 시에는 여행증명서 발급을 받아들인 것으로 추정되는데, 이는 위에서 언급한 바와 같이 남북교류협력법제10조의 적용을 받은 것으로 보는 것이 합리적이기 때문이다. "한국에도 미국에도 당당히 조선민주주의인민공화국국적으로 들어갔습니다"라는 그의 말에서는 "조선적 = 북한국적"이라는 인식을 엿볼 수 있다.

이러한 인식 차이는 조선적자로서 조국의 통일 과정에 어떻게 관여해 나갈 것인지에 대한 인식에서도 나타난다. 정장은 통일 과정에 관여하지 않는다는 '비북' 조선적자의 통일관이라는 점에서 통일 과정에 적극적으로 관여하며 제 역할을 다하겠다는 의지를 가진 '친북' 조선적자들과는 정반대이다. 또한, 남북에 대해 등거리를 두는 그의 국가관이 민족학교임과 동시에 북한국민교육기관 역할도 담당하는 조선학교식 교육을 받은 '친북' 조선적자들이 "북'은 조국, '남'은 고향"으로 인식하는 것과 다른 점 또한 그러하다. 이러한 차이는 '비북' 3세인 정장으로만 국한되지 않는다. 총련 커뮤니티와의 관계성을 계속 유지면서도 신랄한 비판을 쏟아낸 재일 1세 문예인 정인의 인식은 오히려 정장과 통한다. 조국에 관한 물음에 대해 그는 다음과 같이 말한다.

역시 우선은 통일된 조국이란 말이지. 단도직입적으로 말하면 **북조선 현 정권에도 박근혜 정권**^{당시}**에도 나는 귀속감이 없거든.** 그렇다고 출신이 조선이란 건 틀림없단 말이야. 그런 출신에 대한 애정은 있지만, 그렇다고 국가권력에 대한 귀속감 따위는 없어. 굳이 말하면 나 자신에게 귀속한다고밖에 말할 수 없지. 조선적으로 남아있는 이유도 이것.¹²

정인은 조총련 조직에서 오래 일하면서 시인 김시종 등과 함께 문예지 『진달래』에서 활동하며 편집장도 지낸 인물이다. 그 과정에서 우리말을 못하는 2세들이 일본어로 문예활동을 하는 것을 조총련 조직으로부터 부정당하고 조총련의 승인 없이는 작품의 게재가 허용되지 않는 정치적 개입에 반발하여 조직을 떠난 이른바 '진달래 논쟁'의 중심적 인물이다. 그는 북한 국가까지 개입한 비판에도 불구하고 본국^{북한}에의 종속을 어디까지나 거부했다. 당시만 해도 일본 문단에서 재일코리안이 문예활동을 하는 길이 막혀 있어 정인 등의 행동은 '밥줄' 즉 자신의 생존을 건 투쟁이었다.

이에 비해 조선학교 졸업생인 재일 3세 이정애^{李正愛}의 통일관은 지극히 명쾌하며 정인과 대조적이다. 한국 남성과 혼인한 그는 스스로를 '총련동포'라고 칭하며 "우리학교^{조선학교}를 다닌 동포"이기에 "북도 남도 이해할 수 있고 양측을 사랑할 수 있다"¹³라며 조선학교 졸업생이야말로 조국통일 과정에 이바지할 수 있다는 강한 자부심이 엿보인다. 조국에서 나고 자라다가 몸소 인적 교류 경험을 가진 1세와는 달리 3, 4세가 되면 언어와 문화의 이해가 있는 조선학교 졸업생들이 한국 사회와의 유대관계를 가질 수 있는 재일코리안 중 최대 다수가 되어가고 있는 현상이 갈수록 두드러지고 있다.

"북은 조국, 남은 고향"이라며 인식을 달리한다는 점에서는 '남' 즉 대한민국의 정통성에 대한 의구심을 읽어낼 수 있다. 다른 장의 논의로 확인되듯이 한일 간의 합작품이라고 할 수 있는 조선적자에 대한 '푸대접'을 고려해 본다면 그럴만도 하다는 생각이 드는 것도 부정하기 어려운 사실이다. 그러나 여하튼 '남도 북도 아니다'라고 주장하는 '친북' 조선적자의 자기 인식이란 실제로는 '북이기도 하고 남이기도 하고자 한다'라고 표현하는 것이 정확할 것이다. 한편, 남북 양측에 속하지 않은 채 등거리를 유지하며 통일 과정에도 개입할 의사가 없다는 점에서 '남도 북도 아니다'를 엄밀하게 구현하는 것은 '비북' 조선적자로 보는 것이 정확하다.

'비북' 조선적자가 '남도 북도 아니다'라고 해서 남북의 행방에 관심이 없다는 것은 결코 아니다. 양측에 대해 비판적이라는 점이야말로 이들의 특징이다. 제주4·3사건을 모티브로 한 장편소설 『화산도火山島』 집필에 평생을 바친 재일 1세 김석범은 남북 양측에 대해 다음과 같이 신랄한 비판을 쏟아낸 적이 있다.

북조선이 사람이 살 수 있는 곳인가. 나는 남쪽에 있어도 죽었을 것이고 북쪽에 있었다면 총살당했을 것이다.

친일파, 민족반역자 세력이 중심이 되어 만들어진 이승만 정부가 (상하이) 임시 정부 법통을 계승할 수 있었는가. 여기에 역사의 왜곡, 허위가 드러난 것이며, 이에 맞서기 위해 단독선거와 단독 정부 수립에 대한 반대투쟁이 벌어졌고, 그 동일선상에서 벌어진 것이 4·3사건이다.[14]

한편, 조총련 편에 속하며 평생을 바쳐 민족교육 활동의 견인차 역할을 맡아온 1928년생의 재일 1세 박종명은 2018년에 세상을 떠날 때까지 남북 양측 땅을 밟은 적이 단 한 번도 없었지만, 그의 인식은 앞서 거론한 이정애의 그것과는 달라 세대 차이를 엿볼 수 있다.

저에게는 민족이 먼저입니다. 남이냐 북이냐, 총련이냐 민단이냐가 아니라 민족으로서 어떠해야 하는지를 생각해 달라고 젊은 사람들에게도 말해 왔다. 그 민족이 보다 나은 모습으로 나아가기 위하여 나라를 세우며 그 이념을 현실적으로 운영, 전개하기 위하여 정부가 있다. 예를 들어 대한민국이라는 나라가 있다. 아직도 반공을 국시로 앞세우는 등, 이념적으로 표현되는 부분에는 문제가 있다. 사실 군사독재정권이 이어졌지만, 청년들이 엄청난 피를 흘려 그 몇만의 희생 위에 민중의 힘이 한국을 민주주의 국가로 기본적으로 정착시켰다. 즉 한국에 있는 우리 민족의 상당수가 한국이 어떠한 나라여야 하는가 하는 점에서 민중의 의지를 실현시킬 수 있는 나라로 밀어 올렸다. 이것이 훌륭하다. 지금 정부_{박근혜 정부 - 필자 주}에 대해서는 비판적이지만.[15]

북한 / 조총련과의 어떠한 연관성이 있는 '친북' 조선적자 사이에서도 국가나 통일을 둘러싼 인식에는 위에서 설명한 이실근과 같은 사례도 있다는 점에서 세대 차이에 따른 다양성이 존재하는 것만큼은 틀림없다. 나아가 이러한 차이는 3세의 경우도 마찬가지다. 고등학교까지 조선학교를 다닌 재일 3세 역사학자 정영환은 다음과 같이 한국 언론에서 자신의 신조를 밝힌 바 있다.

한국 사회에서 조선적은 '남북 어느 쪽에도 속하지 않은 경계인'으로 이해되고 있습니다. 물론 그러한 이해가 잘못된 것은 아닙니다. 이 문제는 정말 설명이 어렵습니다만…… (잠시 침묵) (한국)언론이나 진보진영에서 조선적을 '남도 북도 아닌 사람'으로 일단 규정하고 있습니다. 하지만 제가 강조하고 싶은 것은 저는 '북이 아닌 것은 아니다' 라는 것입니다. 재일조선인의 지금까지의 역사를 보면, 북 측과 여러가지 인연을 맺으며 살아왔고, 저는 (고등학교까지) 조선학교를 다녔습니다. 지금도 총련계 인권단체재일본조선인인권협회 이사를 맡고 있습니다. 저의 국가적 정체성을 꼭 북 측에만 두는 것은 아니지만 북도 인정하지 않을 수 없습니다. 지금까지 제가 **스스로 선택하면서 살아왔는데** 그것을 부정하고 싶지는 않습니다.

이러한 그의 신조에 관한 고백은 지극히 진솔한 것이다. 특히 이 인터뷰가 주오사카한국총영사관에 의한 여행증명서 발급을 거부당한 일에 대한 소송이 한국에서 진행 중에 있던 상황에서 이루어진 것은 판결에 부정적 영향을 미칠 수 있었던 점에서 큰 용기를 내어 발언한 것으로 짐작해 볼 수 있다실제로 대법원에서 패소 확정.

이상과 같이, 여태껏 정설이며 한국 시민운동이나 학계에서 수용되어 온 조선적자의 '남도 북도 아니다'라는 자기인식을 상세히 검토해 본 결과, 다양성이 존재하며 같은 속성을 가진 이들 사이에서도 흔들림이나 진폭이 존재하는 것이 확인되었다. 조선적이라는 법적 지위가 탄생한 경위가 남북 분단국가과도 연관이 있다는 점에서 '친북' 조선적자의 자기규정 또한 '남도 북도 아니다'로 이해되기 쉬웠지만 그 주장을 검토해 보아하니 실제로는 '북이면서 남이기도 하고자 하는' 존재라는 점을 확인할 수 있었다. 한편, 법적 지위나 정치적 입지 모든 측면에서 '남도 북도 아니다'인 것은 '비북' 조선적자를 지칭한다는 점 또한 확인되었다. 이러한 검증은 '친북', '비북' 중 어느 한 측에 정통성이 있는지를 묻는 것이 아니라 조선적자 내부에 정치적 다양성이 존재한다는 사실을 제시하는 데 목적이 있다는 점을 재차 강조해 둔다. 왜냐하면 문재인 전 대통령이 말한 '인도주의적 차원'에 따라 조선적자의 한국 입국 문제 해결을 진정 바랐더라면 각기의 정치적 주장에 다양성이 존재한다는 사실을 인지 또는 전제하여 이에 근거하여 정권마다의 재량에 따라 휘둘리지 않는 형태로 모든 조선적자를 재외동포로 수용할 것, 즉 한국 사회 전반이 공유하는 '조선적 = 조총련'이라는 등식을 무너뜨리는 일이야말로 선결되어야 하기 때문이다.

4. 한국은 조선적자를 어떻게 처우해 왔는가?

여기서는 한국의 법과 제도가 조선적자를 어떻게 다루어왔는지에 대해 검토해 볼 것이다. 미리 결론부터 언급해 둔다면 조선적자의 한국 내 법적 지위란 "'국민'인 동시에 '무국적자'이며, 한민족 혈통이 근거가 되는 '재외동포로서의 법적 지위에서 배제'된다"는 복잡하고 황당무계한 괴물과 같은 존재로 규정되어 있다.

조선적자가 한국과 관계를 맺기 시작한 것은 1975년 박정희 정부에 의한 조총련계 재일동포 모국참묘단사업에 의해서다. 이 사업은 당시 중앙정보부 차관보를 거쳐 주오사카총영사관 총영사로 부임한 조일제趙一濟의 아이디어에 따른 것이다. 일제강점기에 일본에서 자란 그의 재일코리안 인식은 실제 체험에 기초한 정보부문 전문가다운 것이었다. 보수언론인 조갑제趙甲濟는 다음과 같이 조일제를 평한 바 있다.

그조일제는 18세 때 오사카에서 해방을 맞은 재일교포 출신이다. 교포 사회의 생리를 잘 알고 있는 그는 조선총련이라고는 해도 골수 공산주의자는 소수에 불과하다고 판단하고 있었다. 또한, 북송동포가 9만 3,000명이나 되니 조총련이든 민단이든 재북동포와 인연이 없는 사람은 거의 없었다. 이런 사정을 무시하고 조총련 가입자 30만 명을 모조리 적으로 돌려세우는 수사식修辭式 접근법에 의문을 품었던 것이 조 총영사다. 당시 대공수사기관은 간첩수사 실적을 올리기 위해 공항에 그물을 쳐 북한과 관련이 있는 재일교포들을 사소한 건으로 연행하여 「국가보안법」 위반 혐의를 걸어 억지스러운 수사를 벌였다.[16]

참고로 여기서 거론된 '재일교포'란 조선적자를 가리키는 것은 아니다. "사소한 건으로 연행하여 「국가보안법」 위반 혐의를 걸어 억지스러운 수사" 대상이 된 것은 주로 모국 수학修學으로 국내 대학이나 대학입학 준비 단계의 한국어 교육기관에 적을 둔 한국국적 2세들이었다. 여기서 이 글의 논의 흐름과는 다소 괴리가 생길 수도 있지만, 배경지식으로서 필요하다는 점에서 이들 한국국적 재일코리안과 모국 간의 연관성에 대해 잠시 언급해 두고자 한다.

도쿄 고다이라小平시에 위치하는 조선대학을 정점으로 유치원부터 초중고에 이르기까지 학교교육 시스템을 정비한 조총련에 맞서기 위해 1960년대 초부터 한국 정부와 민단이 시작했던 것이 모국수학母國修學사업이다. 적지 않은 한국국적 재일코리안 2세 청년들이 한국어 습득과 국내대학 진학 그리고 정체성 회복을 목적으로 한국으로 들어왔는데, 한국 사회에서 인적 네트워크가 희박한 탓에 적게 잡아도 120명 이상이 정보 당국 대공수사부문의 '먹이감'이 되고 말았다. 그 모두가 '북의 간첩'으로 날조되었는데, 한국 사회의 군사독재에 대한 반발의 화살을 재일코리안으로 돌리는 데 목적이 있었다. 가히 희생양이다.

조일제는 이러한 수사가 엉터리임을 알고 있었기 때문에 자신의 오사카 체험을 바탕으로 "앞으로 재일교포를 연행할 때는 반드시 나의 허가를 받도록" 지시했다. 다수의 재일코리안 청년들이 수사당국으로 끌려가 구금과 고문, 강간을 당했을 뿐 아니라 심지어 사형 판결을 받아 구치소에서 24시간 수갑이 채워진 채 감형될 때까지 수 년 동안 지낸 사례까지 있었다. 이러한 사정이 재일코리안 사회에 알려지면서 모국수학을 포기하는 청년들이 속출했고, 인생설계가 바뀌는 등 간접적 영향을 받은 재일코리안들도 적지 않았다. 간첩조작 피해자는 주로 대학생을 비롯한 20대가 많았으며, 이들은 한국 민주화 이후 재심청구에서 잇따라 무죄 및 국가배상 판결을 받고 있다. 이 글의 집필 시점까지 34명 연속으로 무죄를 받아내기는 했지만, 이제 7, 80대가 된 이들의 인생은 국가배상이라는 금전에 의해서는 결코 보상받을 수 없다는 것은 두말 할 필요가 없다.

이 문제를 거론한 이유는 이러한 경위에 따라 비조총련계 재일코리안 사회가 모국과의 가교 역할을 담당할 만한 인재를 일거에 잃게 되고 말았 다는 사실을 제시하기 위해서다. 영장 없이 체포, 구금되었다가 석방된 후에도 이들 대부분이 사회 일선에서 활약할 기회를 얻을 수 없었다. 학생이 대부분이었던 이들이 한국 사회의 교두보를 마련하지 못해 사회생활을 제대로 할 수 없었던 것이 오늘날 비조총련계 재일코리안의 존재 자체가 한국과의 관계성 측면에서 희박해진 원인이 되었다고 할 수 있다.

또한 이러한 사실은 오늘날 한국 언론이 재일코리안이라고 하면 조총련계 혹은 조선학교 출신자인 양 보도하는 현상을 만들어 낸 일과도 연결되기도 한다. 왜냐하면 조선적자가 개인 자격으로 한국 방문이 가능해진 것은 한국 민주화가 이루어진 2000년 6·15남북공동선언 이후의 일이기 때문이다. 즉 그들이 한국 사회와의 관계를 맺기 시작한 것은 정치적 신조으로 인한 위협이 사라진 이후의 일이라는 것이다. 실제로 조총련과의 연관성을 지닌 이들이 오늘날 한국 사회에서 자신의 신조를 자유롭게 밝힐 수 있는 상황이야말로 민주화의 성과라고 할 수 있다. 그러나 이것이 재일코리안 총체의 정치적 자유도가 높아졌음을 의미하는 것이 아니라는 점에 유념해야 할 것이다.

다시 논의를 원점으로 되돌리기로 한다. 조선적자의 한국 입국시 필요한 여행증명서의 근거법은 남북통일 문제에 관한 전담부서인 통일부가 주관하는 「남북 교류 협력에 관한 법률」, 이른바 남북교류협력법이다. 동법 제10조는 다음과 같이 조선적을 동포로 취급하면서도 한국의 외부인으로 정의하고 있다.

> 제10조 (외국거주동포의 출입 보장) 외국국적을 보유하지 아니하고 대한민국의 여권旅券을 소지하지 아니한 외국거주동포가 남한을 왕래하려면 「여권법」 제14조 제1항에 따른 여행증명서를 소지하여야 한다.

문제가 되는 것은 한국 정부가 이 법을 근거로 조선적자를 일률적으로 '북'으로 제도적으로 규정하고 있다는 점이다. 이 조항은 오늘날 사실상 조선적자를 유일한 대상으로 상정하여 만들어졌다고 할 수 있다. 그 이유는 첫째, 태생적으로 외국국적을 보유하지 아니하고, 둘째, 대한민국여권을 소지하지 아니한, 셋째, '외국거주동포' 집단이란 오늘날 조선적자 말고는 존재하지 않기 때문이다. 과거에는 일제강점기에 오늘날 사할린에 징용된 조선인들이 해방 후 구소련 또는 북한국적 취득을 끈질기게 거부함에 따라 무국적자로 남았던 사례가 있었지만, 한소 간 국교가 정상화되면서 한국국적 취득 길이 열리게 됨에 따라 왕래가 가능해졌다.

더욱이 제10조 조항이 왜 굳이 남북교류협력법에 포함되느냐는 점이 문제가 된다. 이 법을 읽어보면 나머지 44개 조문은 모두 한국인의 북한과의 인적 교류나 투자 등에 관한 사항이며, 뜬금없이 제10조에서 조선적자 문제가 거론되는 점을 알 수 있다. 여타 법률에 들어갈 곳이 없어 억지로 밀어넣은 듯한 인상마저 든다. 여하튼 남북교류협력법이야말로 한국 정부가 조선적자들을 '모조리 '북''으로 간주하고 있다는 증거다.

게다가 한국 정부는 다른 법률로 조선적자를 '대한민국국민으로' 규정하고 있다.[17] 3절에서 언급한 '친북' 조선적자 이정애는 한국인 남편과 혼인한 뒤 한국 외교부에 의해 여행증명서 발급을 거부당해 입국 길이 막히는 일을 겪었다. 이에 그는 2010년 한국 법무부에 외국인에게 발급되는 배우자 비자를 신청했는데 이는 한국 외교부 영사과가 거듭 조선적자를 무국적자라고 설명해온 데 따른 것이었다. 그는 비자를 발급받을 수 있을 것으로 기대했지만 법무부는 그를 한국국적 소지자, 즉 자국민으로 판단하여 신청을 각하했다. 그 근거가 된 것은 그녀의 아버지가 혈통적으로 한민족이라는 사실이다.이와 관련된 자세한 논의는 제1장 참조

법무부의 판단을 근거로 이정애는 다음으로 외교부를 찾아가 한국여권 발급을 신청했다. 그러나 외교부는 그의 신청을 끝내 거부했다. 왜냐하면 외교부가 조선적자를 대한민국국민으로 간주하되, 어디까지나 여행증명서에 의해서만 신분증명이 가능하다는 기존 입장과 제도를 고집했기 때문이다. 그 목적은 즉 '조선적자 = 모조리 '북''이라는 등식의 고정화에 있다고 할 수 있다. 이러한 상황은 문재인 정부가 조선적자의 한국 입국 기회를 '인도적 차원에서 보장하겠다'라고 밝힌 이후에도 여전히 변함이 없다.

한편, '친북' 조선적자의 입장을 옹호하는 한국 시민운동의 활동은 외교부의 재량권 행사 폭 축소를 받아낸 것으로 소강상태가 되었다. 그러나 이러한 이해나 운동방식으로는 정권이 바뀔 때마다 정치적 재량에 따

른 포용적 입국 허용과 배타적 봉쇄가 되풀이되는 구도에 변화를 줄 수 없다. 즉 이들 또한 어떠한 인식에서 비롯되든지 간에 정부와 마찬가지로 조선적자의 한국 입국 문제를 보편적 인권이나 인도주의적 차원이 아니라 정치적 논리에 따라 활동을 벌여 왔다고 해석될 수밖에 없다.

더욱이 조선적자의 모호하고 취약한 지위는 남북교류협력법에 의해서만 규정되는 것이 아니다. 통일부 관할 남북교류협력법이 조선적자는 일단 '외국거주동포'로 정의하는 것과는 달리 외무부 관할 「재외동포의 출입국과 법적 지위에 관한 법률」^{이하 재외동포법}은 조선적자를 재외동포 범주에서 아예 배제하고 있다. 그 근거가 되는 것이 동법 제2조이다.

> 제2조 (정의) 이 법에서 "재외동포"란 다음 각 호의 어느 하나에 해당하는 자를 말한다.
>
> ① 대한민국의 국민으로서 외국의 영주권永住權을 취득한 자 또는 영주할 목적으로 외국에 거주하고 있는 자^{이하 "재외국민"이라 한다}
>
> ② 대한민국의 국적을 보유하였던 자^{대한민국 정부 수립 전에 국외로 이주한 동포를 포함한다} 또는 그 직계비속直系卑屬으로서 외국국적을 취득한 자 중 대통령령으로 정하는 자^{이하 "외국국적동포"라 한다}

외교부가 재외동포의 요건으로 한국이든 외국이든 어떠한 국적 소지를 규정하고 있는 것이 국적이 없는 조선적자의 배제로 이어지고 있어 재외동포법 제2조는 조선적자를 배제하기 위해 의도적으로 설계되었다는 의심마저 들게 한다. 이는 또한 조선적자와 일상적인 관계를 맺을 수밖에 없는 여타 재일코리안에 대한 한국 사회의 의구심을 제도화하여 이러한 인식을 고착화 시키는 요인으로도 작용하고 있다.

지금까지 검토해온 조선적자의 한국 내 지위를 다시 요약해 보면 한국 국민으로 정의함을 통하여 주권이 미치지 못한 일본에서도 엄격한 관리 통제를 가하는 한편, 내국인에게 부여되는 한국에서의 거주권이나 시민권에 대해서는 이를 보장하지 않는다. 또한, 조선적자는 해외에 거주하며 한민족의 혈통을 가짐에도 불구하고 법적 지위로서의 재외동포 범주에서 배제된다. 이러한 터무니 없는 지위는 가히 법조전문 언론인 이범준이 '국제미아'라고 평한 상황 그대로다.[18]

이와 더불어 여기서 부각되는 것은 한국의 정부, 시민운동 모두가 '친북' 조선적자를 정치의 영역에서 인식하고 있다는 사실이다. 한국 정부 및 사회에서 남북 분단이 얼마나 큰 문제인지를 시사하고 있다. 이 근저에는 3절에서 거론한 조선적자의 정치적 다양성에 대한 의도적 또는 무의식적 인식 결여가 있다. 왜냐하면 만약 조선적자 내부의 정치적 다양성을 인지하게 된다면 애초에 남북교류협력법 제10조의 근거인 '조선적 = 모조리 '북''이라는 등식이 파탄 나기 때문이다.

5. '비非북' 조선적자의 남한 사회를 향한 정치적 주장

여기서는 한 조선적자가 한국 온라인 청원시스템인 국민신문고에 호소한 청원 내용전문은 자료 1 참조을 검토해 볼 것이다. 이는 '비북' 조선적자에 의한 정치적 주장이 한국 정부를 향해 행해진 데 의의를 찾을 수 있으며, 그의 주장에 무엇이 포함되고 어떠한 대안이 제시되었는지를 살펴보게 될 것이다. 결론부터 말하면 그가 제시한 대안은 한국 정국이 어떻게 변용하든 '인도적 차원'에서의 대응을 가능케 하는 방안이다.

제3절에서 거론한대로 재일 3세 '비북' 조선적자인 시인 정장은 대학까지 모든 교육 과정을 일본학교에서 이수했으며, 그의 부모를 포함하여 조총련 커뮤니티와는 일절 관계가 없다. 한국어나 문화를 배울 기회는 거의 없었고, 그가 다니던 오사카 교외에 위치하는 공립 초등학교에 설치된 민족학급이라는, 재일코리안 학생들을 대상으로 하는 정체성교육을 주 1시간 받은 것이 전부다.

일본 지역 사회에서 자신의 노력으로 정체성을 회복하고 조선적이라는 법적 지위를 후천적으로 스스로 선택한 그의 작품 중에는 남북 분단 국가와의 연관성이 드러난 작품도 적지 않으며, 남북 양측에 대해 등거리를 유지한다는 그의 신조가 작품 속에도 녹아 있다. 이 점은 비록 세대와 배경이 다르기는 하지만, 조총련을 이탈하여 일본 사회에서 민족과 통일을 주제로 문예활동을 펼쳐온 '비북' 조선적 지식인들과 상통한다. 그리고 무엇보다도 고향인 분단 이전의 조선을 뿌리로 여기며 분단국가 어느 한 측을 추종할 것을 받아들이지 않는 점에서 공통적이다.

그의 인생에 영향을 준 것은 이러한 재일 지식인들과 같은 지역에 살았던 시바 료타로司馬遼太郎의 존재다. 재일 지식인들 중 상당수가 조총련 조직에서 이탈함으로 인해 문예활동의 터전을 잃었던 가운데, 시바를 비롯한 일본 문화인사들의 도움으로 일본 문단에 발판을 마련할 수 있었다. 이들 중 상당수가 조선적을 통일의 상징으로 여기며 간직했다.

'비북' 조선적자는 수적으로 극히 소수에 불과인 것이 현실이다. 그러나, 그 대부분이 일본 사회에서 표현활동에 종사하고 있어 이들의 영향력은 결코 작지 않다. 대표적 인물인 소설가 김석범은 1948년경부터 제주도에서 시작된 이승만 정부에 의한 민중학살사건인 제주4·3사건을 피하기 위해 일본으로 건너갔다. 이후 조총련의 전신인 조련, 민전 등에서 문예활동에 종사하다가 김일성 1인 독재와 이를 지지하는 조총련에 반대해 조직을 이탈했다.

하여, 그는 분단국가로서의 남북 양측에 대해 비판적이며, 위에서 언급한 제주평화상 수상 연설 중 다른 부분에서는 그의 국가관이 다음과 같이 여실히 드러나 있다.

남과 북으로 두 동강 난 편 가르기가 아니라, 통일조국의 국적을 바라는 나는 국적에 의해 지탱받은 조국은 없는 거나 다름없다. 원래 조국은 하나였고 식민지시대에도 남북은 하나였다.[19]

김석범에 의한 이들 발언은 제주4·3사건이라는 민간인 학살사건이 반공논리에 의거한 공산주의자에 대한 징벌이라는 입장을 견지하는 한국 보수층을 격앙시키기에 충분했다. 이처럼 제주4·3사건에 대한 재평가와 한국의 국가정통성에 대한 의구심을 제기한 김석범은 '친북'론자로 간주되어 검찰에 형사고발되었다. 그가 조총련에 반기를 든 신랄한 비판자라는 사실이 고려된 흔적은 전혀 찾아볼 수 없다. 그 후 김석범은 문재인 정부가 들어설 때까지 한국에 입국할 기회를 가질 수 없었다. 여권 업무를 주관하는 외교당국이 어떠한 명확한 이유를 제시하지 않은 채 재량으로 계속 여행증명서 발급을 거부했기 때문이다.

한편, 박근혜 전 대통령 탄핵에 따른 2016년 대선에서는 문재인을 비롯한 많은 후보들이 정보계통을 담당하는 국가정보원의 국내사찰 기능, 즉 국민감시 기능 폐지를 공약으로 내걸었다. 민주화를 보다 진전시킨다는 점에서 한국 사회는 대체로 이를 환영했다. 그러나 이는 국내 한정일 뿐, 해외에서의 국민감시 기능을 유지한다는 데 대한 관심의 흔적은 거의 찾아볼 수 없었다. 이는 재일코리안에게는 군사독재 시절과 마찬가지로 공관을 통해 동포들 간의 자유로운 교류나 소통에 종전과 마찬가지로 제약이 가해질 것임을 의미했다. 통일을 전면에 앞세워 남북대화에 대한 적극적 의지를 보인 문재인 정부조차도 이 정도였다. 분단국가의 한계라고 할 수 있을 것이다.

이러한 가운데 정장은 2018년 11월 한국 정부의 조선적자 처우 개선을 촉구하며 온라인신문고에 문제제기했다. 한국어 구사가 어려운 그가 이러한 청원을 일본어로 할 수 있었던 것은 다국어를 지원하는 시스템 덕분인데, 이는 한국의 다문화 사회나 재외동포에 대한 관심이 고조된 영향이라고 할 수 있다. 이하, 그의 청원서[20] 내용에 따라 논의를 이어나가기로 한다.

먼저 정장은 자신의 지위에 대해 "나는 귀국의 국민으로서가 아니라 일본에 특별영주하는 재일동포"라고 소개한 뒤 "남북 어느 쪽 국가 구성원도 남북 어느 재일 조직 구성원이 된 적도 없다"라고 밝힌다. 이 점에서 그의 입장은 '친북' 조선적자와 다르다. 그 이유에 대해 정장은 "내 의지에 따라 국적선택을 보류하고 있기 때문"이라고 밝힌다.

이어서 국적선택 보류 이유에 대해서는 '장차 제가 국적선택을 하게 될 경우, 그 선택 대상이 되는 국가란 남북 국가의 논의를 통하여 합의된 민주적이고 평화적인 방법으로 이루어지는 통일국가라고 생각하기 때문'이라고 밝힌다. 이러한 국가관은 언뜻 '친북' 측의 그것과 유사해 보일 수도 있다. 그러나 남북 어느 쪽에도 속하지 않은 입장에서 표명된 것이라는 점에서 역시 근본적으로 차이가 있다.

또한, 여행증명서 사용 거부에 대해서는 법적 근거가 남북 분단 논리에 있는 점을 이유로 들었는데, 이는 "자신의 지조를 굽혀서까지 받아들일 수 없기 때문"이며, 이로 인해 그는 한국 입국을 이루지 못하고 있다. 정장이 줄곧 요구해온 것은 "일본 법무성이 발행한 '재입국허가서'를 사용하는 것"이며, 일반 외국인과 마찬가지로 한국 정부가 발급한 비자 교부를 재입국허가서에 받는 일이다. 이는 한국 정부가 조선적자 외 무국적자에 대해 실제로 시행하고 있는 일이다. 한국 정부가 그의 청구를 계속해서 각하하고 있는 것은 앞서 살펴본 바와 같이 한국 정부가 제도적으로 모든 조선적자를 '북'으로 간주함과 동시에 대한민국국민으로 법적으로 규정하기 때문이다.

하여, 그는 대안으로 남북교류협력법이 아니라 재외동포법 개정을 청원하기에 이르렀다. 앞서 언급한대로 한민족 혈통을 근거로 하는 재외동포라는 통념적 개념과는 달리 재외동포법은 국적이 없는 한민족, 즉 조선적자를 법적 지위로서의 재외동포에서 배제하고 있는 것이 특징이다. 이에 그는 "저와 같은 '재외국민'도 '외국국적동포'도 아닌 재외동포가 간과"되고 있는 점을 지적하는 한편, "'여행증명서' 사용에 동의한다는 것은 스스로 '재외국민'이나 '외국국적동포'임에 동의하는 것"을 의미하게 된다며 이러한 행위를 "나의 지조"에 어긋나는 일로 보았다.

이러한 이유로 정장은 "제가 '여행증명서'를 사용하여 귀국^{대한민국에 입국}하기 위해 「해외동포법」 정의 개정을 귀국에게 제안하고 싶다"며 다음과 같이 재외동포법 제2조에 조선적자를 전제로 하는 무국적동포 또는 국적 미선택동포를 재외동포 정의에 포함시킬 것을 촉구했다.

[추가안]

제2조 제3항 대한민국국적을 보유한 자^{대한민국 정부 수립 전에 국외로 이주한 동포를 포함한다} 또는 그 직계비속으로서 어느 국적도 취득하지 아니하고 (무국적

상태에서) 외국의 영주권을 취득한 자 또는 영주할 목적으로 외국에 거주하고 있는 자^{이하 '무국적동포 또는 국적 미선택동포'라 한다}.

한국 사회에 인적네트워크가 없는 정장이 이처럼 청원을 하며 한국을 찾고자 하는 이유는 "한 집안의 아버지인 나의 조부모 땅을 온 가족이 함께 여행해 보고 싶은 소박한 마음"에서 비롯된다. 이러한 소소한 바람을 이루고자 하는 데 대해 그는 "한국「헌법」제4조 '대한민국은 통일을 지향하고 자유민주적 기본질서에 입각한 평화적 통일정책을 수립하고 이를 추진한다'라는 정신에도 결코 위배되지 않을 것"이라고 주장한다.

이처럼 정장의 청원을 살펴보니 그는 재외동포법상의 재외동포 정의에서 배제된 채 조선적자의 한국 입국 시에 요구받는 '여행증명서' 사용에 동의할 수 없다는 입장을 가진 것으로 이해할 수 있다. 그런데 필자는 위에서 언급한 바와 같이 '조선적 = 북 / 조총련'을 법적으로 규정하는 역할을 하는 남북교류협력법 또한 문제의 근원인 것으로 인식하고 있다. 조선적자에 대한 여행증명서 발급의 근거법을 남북교류협력법에서 재외동포법으로 변경하거나 별도의 법률로 규정하는 일이 '인도적 차원'의 접근을 이룩하기 위해서도 빼놓을 수 없을 것이다.

조선적자를 둘러싼 한국 법체계가 이렇게 정비될 경우. '조선적 = 모조리 '북''으로 간주할 수 없게 된다. 한국의 정국이 보수, 진보 어느 쪽으로 기울든 정치적 재량이 개입할 여지를 적어도 논리적으로는 차단할 수 있게 되기 때문이다. 여태껏 한국 정부와 시민운동 양측에 의한 해석에 따른 '인도주의 차원'이란 어디까지나 레토릭에 그치고 있다고 평할 수밖에 없다. 재량이 아닌 법이나 제도, 인식 틀 중 어느 것 하나 변화가 일어난 흔적을 찾아볼 수 없기 때문이다. 이들 사이에 존재하는 정치적 다양성을 사실로 받아들여, 이를 전제로 정치 상황에 좌우되지 않은 구도 즉 대한민국이 분단과 대립이 아니라 국민국가의 한계를 극복하여 내국인과 재외동포 그리고 재외동포들 간의 계층적이고 차별적 구도를 허물어뜨리는 일이야말로 진정 민주화된 사회로 나아가기 위한 실천이 될 것이다.

6. 나가며

이 글에서 필자는 재일코리안, 그중에서도 약 10%에 불과한 조선적자들 사이에서도 이분법으로 재단할 수 없는 정치적 다양성이 존재한다는 점을 논의해 왔다. 이러한 불가시적 존재가 그동안 한국, 일본을 막론하고 인지된 흔적은 전무나 다름없었다. 정치적 다양성에 대한 인식은 조선적 당사자나 한국 시민운동이 제기하는 주장이 인권 논리에 입각하여 보편성을 담보하여 설득력을 높이기 위해서도 빼놓을 수 없다. 그리고 이들의 주장이 적어도 '친북' 조선적자 외 재일코리안의 이익에 역행하는 일만큼은 피할 수 있게 될 것이다.

이 글은 또한 남북 양측에서 누락되는 존재로서의 '비북' 조선적자가 통일을 희구하며 남북 양측에 등거리를 두고 있는 점에 대해서도 살펴보았다. 정장은 이러한 정치적 신조로 인해 여전히 한국 입국을 이루지 못하고 있다. 만일 그가 현 상태에서 '여행증명서'를 받아들여 한국으로 입국하게 되면 그에게 아무 연관도 없는 '북'이라는 주홍글씨를 받아들여야 한다는 것을 의미하게 된다. 이는 인격적 훼손이다. 문재인 정부는 이제 역사 속으로 사라졌지만, 조선적자에 대한 '인도주의'를 진정 이룩하기 위해서는 '조선적자 = 북 / 조총련'이라는 등식을 무너뜨린 후에 새로운 제도설계를 추진해야만 비로소 일제의 유제遺制이자 사실상의 무국적자로서의 조선적자를 진정으로 포용할 수 있게 될 것이다.

끝으로 여기까지의 논의를 통해 필자가 갖게 된 또 다른 인식이란 재일코리안 측 또한 각기의 정치이념을 초월한 총체의 이익, 이를테면 '공익'이라고 표현할 수도 있는 인식이 희박했다는 점이다. 그동안 공익으로 여겨진 많은 일들이, 실제로는 조직이나 신조를 같게 하는 이들끼리의 이익에 머물러 왔던 것이 아닐까. 재일코리안에게 통일이란 실은 머나먼 분단조국에 앞서 일상을 함께 하면서도 신조가 다른 이웃의 존재에 대한 상상력을 갖는 일로부터 출발해야 할지도 모른다.

해외에 있는 '무국적자' 한인

이리카

해외로 떠나 있는 사이에 내 나라가 사라진다면 어떻게 될까요? 무슨 일이 일어날까요? 톰 행크스 주연의 영화 〈터미널〉스티븐 스필버그 감독, 2004은 여행지 공항에 도착했지만, 비행기 안에 있는 사이에 조국이 쿠데타로 소멸된 탓에 입국도 귀국도 못한 채 공항터미널에서 몇 년을 지낸 한 남성의 이야기입니다. 영화에서는 그가 공항에서 일자리를 얻기도 하고 사랑에 빠지기도 하며, 공항 직원들과의 우정 등 코믹한 묘사로 그려졌지만, 이 영화는 실제로 1988년 이후 18년 동안이나 파리 샤를 드골공항에서 살았던 이란 남성을 모델로 제작되었습니다.

유효한 여권과 비자가 없으면 '합법적으로' 국경을 넘나들거나 거기에 머물 수 없습니다. 영화의 주인공처럼 어느 날 갑자기 당신의 나라가 사라졌다면 어떻게 해야 할까요?

하와이로 돈을 벌기 위해

20세기 초 한반도에서 하와이로 건너간 사람들은 목적지에서도 비슷한 상황에 처하게 되었습니다. 이들은 1903년부터 1905년까지 하와이 사탕수수 농장에서 일했던 이주 노동자입니다. 하와이에는 이미 1852년부터 중국에서, 1868년 일본에서 건너간 이주 노동자들이 있었는데, 일본인 노동자 수가 1900년 6만 명에 이르러 인구의 40%농장 노동자 중 약 70%를 차지하게 되자 경영자들은 일본인 노동자들이 단결하여 파업을 일으키지 못하도록 일본이 아닌 나라에서 노동자를 물색하기 시작했습니다.[1] 여기에는 노동자들 사이에 경쟁의식을 싹트게 하여 생산성을 높이려는 노림수도 있었습니다. 이에 조선에서 약 7,800명의 노동자가 태평양을 건넜습니다.[2]

조선인 노동자들은 돈벌이를 목적으로 한 젊은 독신 남성이 중심이었습니다. 다만 초기에는 서양에서 신앙의 자유를 이루려 했던 기독교인과 그 가족들이 노동자가 되어 하와이로 떠났습니다. 또한, 당시 조선에서 영어를 구사할 수 있었던 것이 기독교 목사였기 때문에 그들모두 남성이었습니다이 통역자가 되어 노동자와 함께 이주했으며, 현지에서도 지도적 역할을 맡았습니다. 이러한 배경으로 조선인 노동자들은 혈연·지연 관계가 거의 없는 사람들로 구성되었는데, 현지에서 기독교를 중심으로 하는 자조조직이나 커뮤니티를 형성해 나갔습니다.

당시 조선인 노동자들은 뱃값을 중개업체로부터 대출받아 현지에서 일하면서 얻은 임금으로 매달 갚기로 '합의'한 사람들이었습니다. 그러나 노동을 조건으로 도항비를 빌려 미국으로 건너간다는 것은 미국 정부가 노예제 폐지와 함께 금지했기 때문에 조선인 노동자들은 사전에 '계약'은 하지 않은 채 '합의'하여 하와이로 건너갔습니다. 다만 도항비라고 해도 당시는 한반도에서 일본까지 이동한 후, 태평양 항로로 갈아타 하와이까지 며칠에 걸쳐 배로 이동하는 시대였습니다. 비용을 갚고 충분한 돈을 벌어 귀국길에 오르기까지는 2년에 가까운 많은 시간이 소요되었습니다.

체류가 장기화되면서 가족을 불러들이는 사람도 있었지만, 도항 당시에 독신자였던 경우가 많아 미일신사협정1908~1924년에 따라 일본인 노동자들 사이에서 행해지던 '사진결혼'이라는 제도를 통해 결혼한 남성들도 있습니다.³ 이는 남녀가 중매인을 통해 사진을 교환하여 중매로 결혼하는 구조였습니다. 1924년까지 951명의 조선인 여성들이 '사진신부'로 태평양을 건너갔다고 합니다.⁴ (이후 하와이의 한반도 출신자 및 그 후손을 '코리아계이민'라고 표기합니다.)

'무국적'이 되다 조국독립운동의 발전과 조락

한일합병1910년으로 한반도가 일본제국의 지배하에 놓이게 되자 호놀룰루에 있는 일본 영사관은 하와이에 체류하는 코리아계 주민에게 제국신민으로 등록을 필할 것을 통보합니다. 그러나 코리아계 주민들은 자신들이 대한제국여권을 가지고 하와이당시 하와이는 미국 영토로 입국했다는 점을 들어 이 요구에 응하지 않았습니다.

그렇다고 당시에는 미국국적을 취득할 길도 열려 있지 않았습니다. 일제강점기 미국에서는 아시아 태생 이국인을 '귀화불능' 외국인으로 분류하여 미국국적 취득이 허용되지 않았습니다. 출생지주의에 따라 미국에서 태어난 2세는 미국국적을 자동으로 취득할 수 있었지만, 1세는 어느 나라에서도 보호를 받을 수 없는 '사실상의 무국적'이 되어 버린 것입니다.'사실상의 무국적'에 대해서는 제1장 참조

이때 사람들은 어떻게 했을까요? 당시 급속히 고조됐던 것은 조선 독립을 지원하는 운동이었습니다. 미국에는 이미 조선 독립운동을 이끄는 리더들이 망명해 있었는데, 이들이 이 무렵부터 활동의 거점을 하와이로 옮기기 시작했습니다. 나중에 대한민국 초대 대통령이 될 이승만도 이때 하와이 땅을 밟은 이들 중 한 사람이었습니다. 독립운동의 기운이 고조되

는 가운데 정치조직과 교육기관을 조직하며 군사훈련도 실시했습니다. 코리아계가 모이는 기독교 교회나 부속학교 또한 중요한 활동 거점이 되어 여성과 아이들도 운동에 참여하면서 조국에 대한 내셔널리즘을 급속히 높여 갔습니다. 그러나 한반도에서 독립운동인 3·1운동[1919년]이 일어나자 상하이에 대한민국 임시 정부가 수립되어 독립운동의 리더들과 지지자들이 차례로 하와이를 떠나 상하이를 향합니다. 하와이에 있던 사람들은 상하이의 활동을 계속해서 지원했지만 독립운동가들이 하와이에 남기고 간 정치적 갈등이나 커뮤니티 분열에 농락되면서 독립운동에 대한 열렬한 관심을 점차 잃어갔습니다. 이러한 모습은 당시 호놀룰루 일본 영사관이 "하와이 방면의 독립운동은 점차 쇠약해지는 추세"[1925년]라고 본국 정부에 보고할 정도로 두드러진 변화였습니다.[5]

2세의 대두 코리아도 미국도 아니다

다음으로 대두한 것은 미국에서 태어난 2세들에 의한 활동입니다. 1930년에는 코리아계 중 미국 태생 인구가 집단의 54%를 차지하게 되어 세대교체가 진행됩니다.[6] 2세들은 조국 독립에 분주한 부모의 등을 보며 자랐지만, 영어를 모어로 '미국인' 교육을 받은 세대입니다.

이에 따라 새로운 세대 사이에 귀속을 둘러싼 두 가지 주장이 펼쳐지기 시작합니다. 하나는 자신들이 "코리안이기도 하고 미국인이기도 하다"라는 주장이었습니다. 이중적 귀속의식을 지니는 것을 적극적으로 평가하고자 하는 이러한 주장은 코리아계뿐만 아니라, 세대교체를 겪고 있던 일본계 등 다른 이민 커뮤니티에서도 대두된 젊은이들의 주장이기도 했습니다. 당시 하와이에서는 "어느 나라를 출신으로 삼을 것인가?" 하는 '출자국出自國, national origin'에 근거하여 커뮤니티가 형성됨에 따라 자신과 타자를 가르는 경계선이 만들어졌습니다. '코리안'과 '재패니즈', '차이니즈' 등으로 나누어져 출신국에 따라 분류되는 상황에서 2세들은 '출자국'에 소속하는 것도 미국에서 태어난 '미국인'으로서의 귀속도 긍정적으로 받아들이려 했습니다.

그러나 코리아계 2세들은 '출자국'에 대해서도, '미국'에 대해서도 복잡한 심정이었습니다. 먼저 '코리아'가 실제 국가로 존재하지 않은 데 대한 갈등이 있었습니다. 게다가 부모 세대는 '무국적'인 채로 남아 있었습니다. (이들 중에 일본제국 신민으로 등록한 경우도 있었지만, 거기에는 다양하고 복잡한 사정도 있었습니다.) 한편, '미국인'으로 불리며 자랐지만, 아시아인이라는 이유로 2등시민으로서의 대우를 받아 '이민국가' 미국의 이념과 현실과 괴리되는 현상에 직면하기도 했습니다. 이에 2세들 사이에서는 자신들이 귀속하는 나라가 없는 게 아니냐는 목소리가 대두했습니다. '나라가 없다'는 생각을 품은 사람 중에는 어디에도 귀속되지 않는다고 생각하는 경우도 있었고 하와이 태생이라는 점에 귀속 의식을 찾으려는 사람도 있었습니다. 그리고 신앙의 세계에서 자신의 존재를 찾으려 했던 이들도 있었습니다. 이들 모두가 자신들의 귀속의식이 꼭 코리아 아니면 미국 어느 한쪽에 있는 것이 아니라고 생각했던 점에서 공통적이라고 할 수 있습니다.

전시 하에 '적성외국인'이 되다

코리아계 이민들의 상황은 진주만공격과 미일 개전으로 큰 변화를 맞이하게 됩니다. 계엄령이 내려진 하와이에서 일본인 이민이 '적성외국인'으로 범주화되었는데, 여기서 말하는 '일본인' 중에는 코리아계도 포함되어 엄밀히 말하면 계엄령 정부는 일본인 이민과 코리아계 이민을 구별해야 한다는 인식이 없었다 코리아계 이민 또한 '적성외국인' 대상이 되었습니다.[7] 하와이는 일본인 이민 인구가 많아 미국 서해안에서처럼 대규모 강제이주가 추진되지는 않았지만 시민생활이 엄격한 감시를 받아 일상생활과 경제활동 등에서 많은 제약이 가해지는 형태로 전시하 생활이 시작되었습니다. 코리아계 사람들은 당초 자신들이 '일본인이 아니다'라고 주장하며 이를 증명하기 위해 조국 독립운동으로 일본의 제국주의와 싸워온 역사를 강조합니다. 그러나 전시 상황에서 이러한 주장이 일본계 이민이 많이 사는 하와이에서 '시민의 조화'를 심각하게 어지럽히는 행위로 간주되어 도리어 계엄령 정부가 위험시하게 됩니다. 코리아계가 이에 맞서 주장했던 것은 미국에 대한 충성과 전시 협력을 다짐한다는 것이었습니다. 미국의 '우호적 외국인'임을 강조함으로써 코리아계 사람들은 자신들이 '적성외국인'이 아니라고 주장하려 했던 것입니다. 그러나 계엄령 정부는 이러한 코리아계의 목소리에 귀를 기울여 주지 않아 1943년까지 이들은 '적성외국인'에서 제외되지 않았습니다.

기억되는 역사와 망각되는 역사

해방 후 한국에서 미국으로 이주하는 사람이 급증함에 따라 미국에서는 코리아계에 뿌리가 있는 사람이 약 182만 명2015년에 이르렀습니다. 하와이도 1970년대부터 한국계 이민이 늘어 2010년에는 그 수가 2만 4천 명코리아계에 뿌리가 있는 하는 다민족적 배경을 가진 이들까지 포함하면 4만 8천 명에 달했습니다.[8]

코리아계의 뿌리가 있는 사람들이 미국에서 늘어나면서 일제강점기 하와이 한인 이민사는 '파이오니아pioneer'의 역사로 기억되고 있습니다. 2003년 이민 100주년 축제에서는 하와이 한인 이민사라는 주춧돌이 있기에 오늘날 코리안 아메리칸이 이루어낸 아메리칸 드림이 있다며 하와이 한인 이민자들의 발자취를 기리며, 「미국 한인 이민의 100년 역사를

〈그림 1〉 2003년 이민 100주년 이후 매년 1월 13일을
'코리안 아메리칸의 날'로 기리며 그 역사를 기념하는 움직임이 활발해졌다.
사진은 2004년 기념엽서. "킹 목사의 날, 세자르 차베스의 날, 싱코 데 마요…"
이제야말로 미국에 대한 코리안 아메리칸의 기여를 경하하자라고 적혀 있다.

인정하는 선언서「Historical Significance of 100th Anniversary of Korean Immigration to the United States」가 미국 연방의회에서 승인되면서 공적 기억이 되었습니다.

또한, 하와이에서 전개된 독립운동 역사에 대해서도 요즘 들어 관심이 모이고 있습니다. 제국주의시대에 나라를 잃은 고난의 역사를 더듬은 것은 하와이 코리아계뿐만 아니라 한반도 사람들도 더듬은 길이기도 합니다. 2003년 이민 100주년을 맞이하여 독립문화원이라는 조국독립운동에 관한 자료관이 개관했으며, 조국 독립에 지대한 이바지를 한 '무명' 지사들을 기리는 위령비도 건립되었습니다. 이러한 일련의 기념행사에 한국 정부로부터 81만 달러 상당의 재정적 지원이 제공되었습니다. 이러한 가운데 100주년축제 위원장은 다음과 같이 말했습니다. "1903년 1월 13

일은 모든 코리안에게 상징적인 날입니다. 이날은 코리안들이 글로벌 커뮤니타 일원으로 탄생한 날입니다."[9]

그런데 기억되는 역사가 있는가 하면 잊혀지는 역사도 있습니다. 독립운동이 발전한 역사에 초점을 맞춘다고 해서 왜 이것이 쇠퇴했는지에 대해 주목하는 일은 거의 없습니다. 또한, 내셔널리즘에 동분서주한 모습을 조명하기는 해도 스스로의 터전을 국가와 다른 차원에서 구축하고자 했던 모습을 되돌아보려는 일은 드뭅니다. 즉 아메리칸드림을 이룬 이민자들의 성공 스토리나 민족 해방, 국가 독립을 위해 헌신한 이야기는 미국과 대한민국의 내셔널히스토리 속에서 조명되지만, 거기에 등장하지 않는 역사에는 거의 빛을 비추지 못한 채 묻혀버리고 마는 탓에 잊혀지는 경우가 많다는 것이 현실입니다.

잊혀진 역사에 주목하다 보면 해외에서 살다가 어느 날 갑자기 귀속하는 나라를 잃어 세계 어느 곳에서도 보호를 받지 못한 채 스스로 살아갈 기반을 마련하려 했던 사람들의 모습이 떠오릅니다. 또한, 그들 / 그녀들이 직면해온 것은 '무국적'이라는 상태로 30년 가까이 놓이면서도 '출신국'에 따라 사람들이 분류되고 전시 상황에서 '적성외국인'으로 범주화되고 마는 '국가'나 '국적'이 지배하는 세상이었습니다. 즉 역사를 꼼꼼히 풀어나가다 보면 그들 / 그녀들이 살았던 또 하나의 세계가 보이기 시작합니다.

디아스포라이산(離散)하는 사람들은 세계 각지에 살고 있습니다. 한반도에 뿌리를 가진 코리안 디아스포라는 749만 명이 존재하는 것으로 알려지고 있습니다.[10] 이 안에는 하와이의 코리아계 이민처럼 '무국적'이 된 사람도 있고 국가 경계선이 바뀌면서 국적이 바뀐 사할린이나 중앙아시아의 코리안 디아스포라도 있습니다. 더욱이 시야를 넓혀보면 같은 아시아에 뿌리가 있는 일본계나 인도계, 화교 등의 디아스포라들도 존재하며, 인류의 역사가 시작된 이후 사람의 이동 역사가 이어져 왔음을 깨닫게 됩니다. 그런데 여기서 중요한 것은 이들의 이동을 둘러싼 역사 속에서 아직도 1,000만 명 가까이가 '무국적'으로 남는다는 사실입니다.^{자세한 내용에} 대해서는 「칼럼 5」 참조

오늘날까지 이어지는 이러한 역사의 흐름을 우리는 어떻게 생각할 수 있을까요? 우선은 여태껏 역사의 무대에 등장하는 일이 거의 없었던 '나라가 없는 세상'이나 '나라가 없어진 사람'에 대해서도 생각해보는 일부터 출발해 보면 어떨까 합니다. 나라가 있는 사람도 없는 사람도, 여권이나 비자를 가진 사람도 없는 사람도 함께 희망을 품을 수 있는 세상을 열어가는 일이야말로 오늘날 우리에게 요구되고 있는지도 모릅니다.

제5장

제주도, 미카와시마三河島 그리고 조선적

문경수

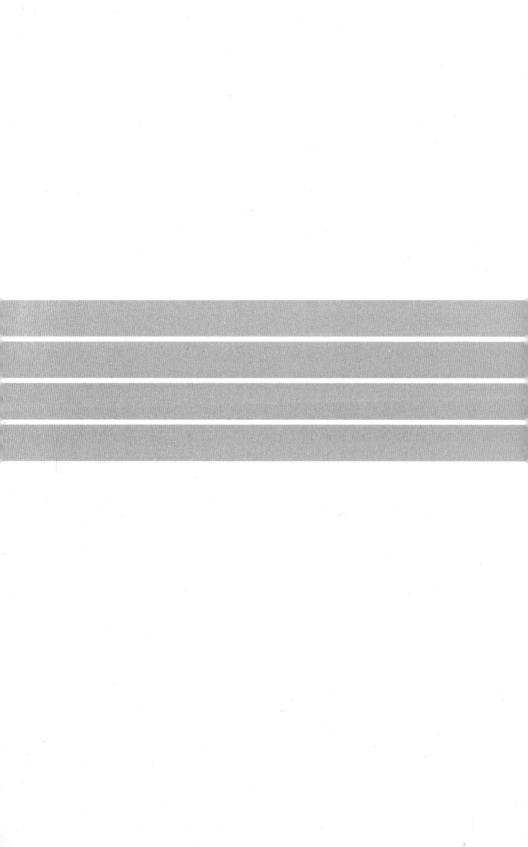

1. 1세와 2세

내 직업의 성격상 1세 또는 이에 가까운 세대의 연구자나 문학자들과 어울리는 일이 적지 않다. 과거에 『계간 청구季刊青丘』라는 잡지가 있었는데, 1989년부터 1997년까지 25호까지 발행했다. 나는 이 잡지의 후반기에 편집위원으로 관여하게 되어 김달수金達寿, 강재언姜在彦, 이진희李進熙와 같은 분들과 함께 지냈다. 그리고 그즈음부터 제주4·3사건과 관련되는 활동, 주로 제주도 출신자이하,제주인로 구성된 네트워크에 몸을 담기 시작하며 오늘날에 이르렀다. 『화산도火山島』로 알려진 김석범金石範 씨와 4·3사건을 몸소 겪은 시인 김시종金時鐘 씨와는 4·3사건의 기억과 문학을 둘러싼 이틀에 걸친 두 분간의 대담[1]에서 진행 역할을 맡기도 했다.

두 분께서는 잘 알려진 대로 한때 총련계 조직 활동이나 민족교육에 종사해 오셨다. 국적은 두말할 필요 없이 조선적이다. 이는 정확히는 국적이 아니라 한국의 군사정권 시절에는 '모국한국 방문' 문제와도 맞물려 '조선적'이란 '양보할 수 없는 일선', 나아가 '귀문鬼門'이나 '후미에踏み絵'[1)] 등으로 표현되는, 모종의 잣대로서의 의미를 지니고 있었다. 2003년 국적을 한국으로 바꾼 김시종 씨에게 김석범 씨가 말한 한 구절을 통해 이

---

1) 에도시대 일본에서 천주교 신자를 색출하기 위해 사용한 물건을 가리킨다. 종이나 나뭇판에 예수, 성모 마리아 등 성인의 그림이 그려지거나 새겨졌다. 기독교 신자를 색출하기 위한 방법 그 자체를 가리키기도 하며, 사상조사 등의 함의도 지니고 있다.

세대 조선적을 둘러싼 상황이나 생각의 일단을 엿볼 수 있을지도 모른다.

> 과거에는 '재일' 작가 중 다수가 정치공작이나 뒷거래로 국적을 바꾸곤 했
> 어요. 내가 보기엔 '완전 붕괴総崩れ'죠. 딱히 한국국적을 취득하거나 한국에 가
> 는 일 자체를 뭐라 하는 것이 아니에요. 그러나 '재일' 작가에게 '한국'이란 '귀
> 문'이었단 말이에요. 과거형이지만. '귀문'이라는 것은 그 문을 통과하면 대체
> 로 결과적으로 문학을 망치고 말지요. 시종이로부터 처음 (…중략…) 국적을
> 바꾸겠다는 말을 들었을 때, 나는 울었거든. 이제 '조선'적이 나 혼자가 되는 게
> 아닐까 해서 말이에요.[2]

나 자신은 전후 태생의 2세지만, 그동안 이러한 1세 분들의 조선적를
둘러싼 이야기와 생각을 자주 접해 왔다. 나카무라 일성中村一成이 펴낸
『사상으로서의 조선적思想としての朝鮮籍』이와나미서점을 읽어봐도 1세들의 '조선
적'에 대한 뜨거운 열망에 눌려 좀처럼 끼어들기 어려운 시대적 성역을
깨닫게 되곤 한다. 재일 1세가 청년기를 지낸 전시부터 전후까지의 시대
는 뭐니해도 개개인의 인간 해방이야말로 '민족' 해방의 문제로 여겨졌던
시대다. 조선적이란 이 '민족', 더 나아가 '통일'에 대한 비원을 표상하며
개개인이 존재증명을 거기에 걸기도 했다.

그런데, 일본 고도경제성장기에 인격을 형성한 우리 전후 태생 2세들
은 '민족'이나 '국민국가'라고 하는, 그때까지 자명시되어온 가치나 규범
이 흔들리기 시작한 시대를 살아 왔다. 물론 2세라고 해도 사람마다 다르
지만. 김석범 씨의 이야기에 담긴 조선적에 대한 심정을 공유할 수 있는
2세는 그리 많지 않다. 나 자신도 도쿄 미카와시마三河島라는 제주인 커뮤
니티에서 총련계 민족학교를 다니며, 40대가 될 때까지 '조선적'을 유지

했다. 그러나 국적을 바꾼 1990년대에 이르자 한국국적에의 변경이나 일본국적 취득을 '배신'으로 여기는 풍조는 상당히 사그라들었다. 글로벌화가 진행됨에 따라 정체성이나 귀속의 근거로서의 '국적'이라는 사고 틀이 예스럽게 느껴지는 시대가 되기도 했다.

한국국적이든 조선적이든 내게 중요한 것은 이제 더 이상 '민족'의 일원이라는 증거로서의 그것이 아닐지도 모른다. '미카와시마'나 '제주도'처럼 생활세계의 일상에 근거를 두는 사람들과의 관계성이 아닐까 하는 생각이 이제는 강해졌다. 내게 '조선적'이라는 말로 촉발되는 것은 제주인이 일본에 살며 국적이라고 하면 대부분이 '조선'이었던 과거 미카와시마의 가난했던 일상의 기억이다. 그것이 좋든 나쁘든 이제 칠순을 앞둔 나 자신의 사람 됨됨이를 키워준 세계이기도 하다.

2. 미카와시마의 제주인 이즈미 세이치泉靖—의 조사에서

제주인의 일본 도항이 본격화된 것은 오사카·제주도 간의 직통항로 '기미가요마루'아마가사키기선가 1922년1923년이라는 설도 있다에 취항하면서부터다. 일본으로의 연간 도항자 수는 1922년 3,500명에서 절정기1933년에는 3만 명 가까이로 늘었다. 재일제주인은 1만 명에서 5만 명으로 불어나 1930년대 중반에 이르러서는 실로 제주도 인구 중 4분의 1이 일본에서 거주한다는 비장한 사태가 벌어졌다.[3] 제주인들의 일본 주요 행선지는 오사카였지만, 1930년대 중반에는 오사카 말고도 북쪽은 홋카이도·가라후토사할린, 남쪽은 대만·남양군도까지 미치게 되었다.[4] 도쿄에도 약 2,000명의 제주인이 거주했고, 소규모이긴 했지만 각지에 커뮤니티가 생겨났다. 도쿄의 제주인 커뮤니티로 가장 잘 알려지게 된 곳이 바로 미카와시마다.

이 미카와시마를 포함한 아라카와구荒川區는 1932년 도쿄시 북동부 외곽에 있던 기타토요시마군北豊島郡의 미나미센주쵸南千住町, 미카와시마쵸三河島町, 오구쵸尾久町, 닛포리쵸日暮里町가 합병하여 만들어졌다.[5] 1978년 '미카와시마'에서 '아라카와'로 지명 변경이 있었고, 오사카 '이카이노猪飼野'도 그러듯이 오늘날 '미카와시마'라는 행정구역 명칭은 더 이상 존재하지 않는다. 따라서 흔히 '미카와시마'라는 이름으로 불리는 지역은 대략 오늘날 JR 미카와시마역을 중심으로 한 '아라카와'와 '닛포리현 히가시닛포리와 니시닛포리' 두 지역을 지칭한다고 생각하면 될 것이다.

오늘날 아라카와구 인구는 20만여 명, 그중 5천여 명이 한국·조선적으로 도쿄에서는 아다치구足立區 다음으로 많다. JR 조반선常磐線 미카와시마역을 중심으로 자이니치在日가 운영하는 병원, 총련과 민단의 지부, 한국교회대한예수교 도쿄복음교회 그리고 뒤에서 자세히 언급하겠지만 일본 최초의 민족학교라고 불리는 조선학교 등이 있다. 이제 뉴커머 한국인들이 늘어 한글 간판을 단 고깃집이나 미용실, 여행사, 식자재점, 잡화점 등이 곳곳에 즐비하다. 미카와시마역을 내려서 동쪽으로 2, 3분 정도 걸어가다 보면 왼쪽으로 들어가는 골목을 따라 식자재 가게들이 여러 개 모여든 조선시장이 있는데, 왠지 이유를 알 수 없지만 '시장'이 아니라 조선 '마켓'이라고 불려 왔다. 현지 제주인들은 물론 먼 곳에서 찾아오는 타지역 손님들도 많아 최근에는 김치, 족발, 장자, 자리 등 본토의 맛을 아는 일본인 손님도 적지 않다고 한다.

이 지역의 시가지화는 우에노·아사쿠사 등 중심지역에 있던 신발 제조업이나 가방 등 피혁산업, 도축장 등이 옮겨오기 시작한 1890년대까

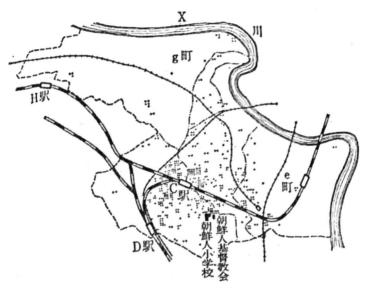

〈그림 1〉 X川(아라카와), g町(마치야), C駅(미카와시마),
e町(미나미센주), D駅(닛포리), H駅(다바타)

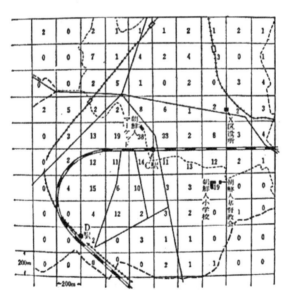

〈그림 2〉
주요도로
숫자는 200m 사방에 거주하는 조선인 수

구획선(區劃線)
정계선(町界線)

지 거슬러 올라간다고 한다.[6] 신발도 가방도 영세한 가내공업을 하는 재일제주인과 인연이 깊은 산업이었고, 도축장에서 배출되는 돼지 귀, 꼬리, 내장 따위는 재일제주인들에게 최고의 식재료가 되었다. 아라카와구에도 제1차대전 이후 급격한 인구 유입1910년 4만 명에서 1925년 20만 명 이상으로 늘었다이 일어나, 조선인 인구도 1928년 3천 명에 육박하면서 아라카와구의 탄생을 거쳐 1937년에는 5천 명 선까지 규모가 커졌다. 이 중 절반 가까이가 제주인이었고, 미카와시마에서는 특히 고내리高內里, 애월면 출신자가 많았다. 군수관계 관영공장의 하청기업으로 성공한 고내리 사람이 고향 친구나 친척을 불러들인 것이 계기가 되었다고 전설처럼 전해지고 있다.

미카와시마의 제주인 커뮤니티 확대는 해방 이후에도 계속되었다. 제주4·3사건, 남북 분단 그리고 한국전쟁으로 이어지는 혼란기에 이 지역은 오사카 이카이노猪飼野와 함께 제주도에서 일본으로 도피해오거나 해방 후 한 번 귀향했다가 다시 돌아온 수많은 제주인들의 거처가 되었다.

일본이 패전한 지 얼마 지나지 않은 시기의 미카와시마에서 거주하는 제주인들의 상황을 파악하기 위한 매우 흥미로운 조사가 제주도 연구로 알려진 문화인류학자 이즈미 세이치泉靖一에 의해 이루어졌다. 조사[7]는 한국전쟁이 발발한 1950년 미카와시마를 중심으로 하는 아라카와구논문에서는 X지구에 거주하는 제주인을 대상으로 실시되었다. 이 조사에 따르면 당시 아라카와천구에 거주했던 제주인 가구 수는 481가구약 2천 명로 아라카와구 전체 조선인 921가구의 약 52%를 차지했다. 〈그림 1〉은 이 제주인 가구의 분포를 흑점으로 나타낸 것이며, 〈그림 2〉는 200m 사방 구획에 사는 제주인의 가구 수를 나타내고 있다. 참고로 〈그림 2〉에서 파선으로 나타난 정계선의 북동쪽이 미카와시마현 아라카와, 서남쪽이 닛포리현 니시닛포리 및 히가시닛포리다.

언뜻 보아 미카와시마역을 둘러싼 지대에 제주인의 집주 밀도가 높으며, 그중에서도 '조선마켓'을 포함한 구획이 38가구로 가장 많다. 우리 가족의 집도 이 구획 안 조선마켓 서쪽에 있었다. 이즈미의 조사는 이 아라카와구의 제주인 가구 중 250가구를 대상으로 실시할 계획이었으나, 한국전쟁 발발로 실제로 조사했던 것은 73가구에 그쳤다. 조사는 다방면으로 이루어졌다. 눈에 띄는 내용을 소개해 본다면 한 가구 당 4.3명의 핵가족 위주이며 직업에 관해서는 흔히 조선인은 토공·인부가 많았던 것으로 알려지고 있지만, 조사에서는 고무가공과 재봉틀 가공이 대부분이었다고 한다. '남녀의 생활'에 대한 조사에서는 "제주도인의 성품은 매우 격하다, 특히 일본인과 비교해볼 때 제주도 여성의 기질이 격한 것이 눈에 띈다"라는 기술이 있다.

교육 측면에서는 "남자 중에 전혀 수학 경력이 없는 사람은 전체 중 3.1%에 불과한 반면에 여자는 63.2%에 이른다". '자녀교육 수준'에 대해서는 "자녀 154명 중 이미 교육을 마치거나 학력이 신제[6·3·3·4제] 중학교 이상인 자는 남자 36명, 여자 41명", "학교를 다니지 않은 자는 남녀 각 1명밖에 되지 않는다"며 제주인의 교육열이 높은 수준인 것을 짐작할 수 있다.

〈그림 1·2〉에 있는 '조선인초등학교'란 해방 직후 1945년 12월 '국어강습소'로 시작하여 도쿄에서 가장 먼저 세워진 조선인 초급학교다. 한신교육투쟁[1948년] 이후 학교폐쇄로 아마도 당시 도쿄도립 조선인학교가 되었고, 이즈미에 따르면 교원은 조선인이 대부분이었으나 교장은 일본인이었다고 한다. 이후 조선인에 의한 무인가 '자주학교'가 되었고, 1959년에는 중급부도 병설하게 되어 오늘날 '도쿄조선제1초중급학교'가 되었다. 이즈미가 조사한 1950년 당시에는 이 조선인 초급학교에 300명이

다녔으며, 그중 절반이 제주 출신이었다. 조사 대상 가구로 치면 4분의 3이 조선학교에 다니고 나머지 4분의 1이 일본학교에 다녔다고 한다.

한국전쟁이 발발한 1950년은 1949년 「단체등규정령」으로 해산으로 몰린 조련재일본조선인연맹과 민단대한민국거류민단이 첨예하게 대립하는 시대였다. 그러나 이즈미의 조사는 이러한 정치와 관련된 문제나 국적에 대해서는 전혀 언급하지 않았다. 당시 미카와시마에서는 조련계가 민단계를 압도했으며, 아사노 준浅野順에 의한 조사는 "당초총련 결성 후인 1950년대 후반 이 지역의 90%가 총련에 속해 있었다"[8]고 한다. 국적에 대해서도 당시 자이니치 전체 가운데 조선적이 90% 내외1950년 3월 : 92.5%, 12월 : 85.8%[9]를 차지했던 시절이었고, 미카와시마에서는 조선인 주민 중 거의 대부분이 '조선적'이었다고 해도 과언이 아니다. 주로 제주인으로 구성된 '조선적' 주민의 세계, 이것이야말로 당시 미카와시마의 모습이었다.

1962년 5월 내가 조선학교 중급부에 막 올라갔을 무렵 미카와시마에서는 일본 철도 사상 최대의 처참한 사고가 일어났다. '열차탈선다중충돌사고'라는 무시무시한 이름으로 사망자는 160명에 달했다. 사고 현장은 〈그림 1·2〉로 볼 때 바로 조선학교 북쪽 지점에서 일부 차량이 고가 아래 남쪽으로 추락하는 것을 우리는 조선학교 4층짜리 교사 옥상에서 볼 수 있었다. 같은 선로의 고가 아래 북쪽에서는 대부분 집이 막걸리 제조를 생업으로 하는 조선인 부락이 고가를 따라붙듯 늘어서 있었다. 아마도 전후의 어수선함 속에서 불법적으로 점거하다가 거기에 정착하게 된지도 모른다. 따라서 〈그림 1〉에서 조선학교 인근 선로변 북쪽에 흑점이 많이 늘어서 있을 만도 하지만, 대부분 공백으로 되어 있다. 아마도 정규 주민으로 취급받지 못했기 때문일 것이다. 이즈미의 조사에서도 막걸리나 고철 줍기와 같은 반半합법적 직업에 대해서는 카운트된 바가 없다. 이

부분에 대해서는 아무리 그가 문화인류학 대가라 할지라도 한층 더 깊이 검증해 보아야 했을지도 모른다.

3. 조선적을 살며

내가 부모님과 함께 미카와시마에서 살게 된 것은 1954년의 일이며, 만으로 4세 때였다. 1913년생인 아버지께서는 10대 중반에 같은 고향 사람을 의지하며 오사카로 건너가 인쇄소에서 활자 줍기 직공이 되셨고 같은 김녕리제주도 북부 해안 마을 출신으로 한 살 연하인 어머니와 함께 해방 때까지 오사카에서 사셨다. 해방에 따라 제주도로 돌아가긴 했지만, 아버지께서는 원래 밭일이나 고기잡이를 할 줄 모르기 때문에 1946년에 일찌감치 오사카로 다시 떠났으며, 이듬해 어머니께서도 세 자녀나의 형과 두 누나를 외할머니에게 맡기고 아버지를 따라갔다. 하여, 아버지와 어머니께서는 1948년에 일어난 4·3사건의 참화를 겪지 않으셨다. 식민지 시기부터 해방, 4·3사건으로 향하는 역사의 대하 속에서 마치 나뭇잎처럼 감돌다가 오사카로 되돌아간 셈이다. 익숙한 오사카에서 잠시 돈을 벌어 보겠다는 정도의 마음으로 밀항했을지도 모른다. 그러나 그 후 아버지께서는 1989년 조선적으로 남은 채 돌아가실 때까지 다시 제주 땅을 밟지 않으셨고, 어머니께서 고향 땅에 서게 된 것은 반 세기를 넘는 세월이 흐르고 난 뒤였다.

오사카에서도 생활이 어려우셨는지 부모님께서는 먹을거리를 찾아 멀리 이와테岩手로까지 옮기셨다. 그곳 암시장에서 유통되던 막걸리용 쌀을 가지고 장사하셨던 것 같다. 나는 이와테하나마키에서 태어났지만, 후술하듯이 등록상으로는 다이토구의 아사쿠사 가미나리몬台東区浅草雷門에서 태어난 것으로 되어 있어 정확히 이와테의 어딘지는 확실치 않다. 아버지, 어머니께서는 이와테 시절 이야기를 거의 말씀하지 않으셨다.

하여, 이와테에서 미카와시마로 옮겨 살게 된 사정에 대해서는 알 수 없다. 재봉틀 가공으로 작은 성공을 거두었던 어머니의 여동생이모 부부가 역시 미카와시마에 살고 있어서 그랬을지도 모른다. 미카와시마에서는 임대인과 임차인 모두가 제주인으로 스무 가구 정도가 입주하던 O아파트에서 살았다. 아파트는 앞서 언급한대로 〈그림 2〉의 조선마켓이 있는 38이라는 세대수가 적혀 있는 구획에 위치했다. 조선마켓에는 설이나 추석 무렵이면 이 지역뿐만 아니라 멀리 지바와 가나가와에서도 동포들이 찾아와 북적였다. 가난했지만, 비를 맞지는 않았고 적어도 매일 먹을 음식이 궁하지도 않았다. 인근 제주인 사회에서는 집안끼리 벽이 낮아 서로 빈번한 왕래가 있어 향리에서의 생활을 재현하는 공동체적 유대관계가 유지되고 있었다. 이즈미의 조사에서도 미카와시마 제주인의 공동체적 생활방식이 다음과 같이 표현되고 있다.

이들은 여타 조선 본토 사람들과는 또 다른 단결 양식을 가지고 있다. 예를 들어 도쿄 제주인들은 그 출신 향리 또는 본관 성씨가 다르다 하더라도 서로 친척처럼 왕래를 한다. 말도 없이 서슴지 않게 남의 집으로 들어가는 일이 상당히 넓은 범위에서 암묵리에 허용되고 있다.[10]

이즈미의 조사에 따르면 제주인의 직업은 고무나 재봉가공이 대부분이었다고 하는데, 아파트 주민 대부분은 밀조나 파칭코 경품매입업 혹은 당시 '니코연=ニコヨン'[11]이라고 불리던 일용직이었다. 게다가 이즈미의 조

사에서 언급되지 않았고, 나 자신도 당시 깨닫지 못했지만 생활보호 수급자도 많았을 것이다. 1955년 재일조선인의 생활보호 수급자 비율^{보호율}은 24.1%로 일본인 2.2%보다 훨씬 높았다.[12] 1950년 재일조선과학기술협회가 도쿄의 또 다른 재일조선인 집주지역이었던 에다가와초^{枝川町}, 고토구(江東區) 소재에서 실시한 조사[13]에서는 116세대 중 89세대^{약 77%}가 생활보호 수급세대였다.

아버지께서는 1960년대 들어 폴리에틸렌 가공 기계를 한 대 매입해서 겨우 생활을 꾸렸다. 그때까지는 오로지 어머니께서 파칭코 경품매입업으로 생활을 지탱했던 것 같다. 1950년대 중반의 일본은 대중 사회 문턱에 있어 음식이나 오락과 관련된 신흥산업들이 생겨나, 그 대부분이 조선인에게도 열려 있었다. 특히 파칭코는 누구나 편하게 즐길 수 있는 오락거리로 1953년에 일대 붐을 일으켰다. 파칭코점^店은 물론 파칭코 기계 제조 및 경품매입업에 뛰어드는 조선인들이 늘어났다. 담배를 매매했을 당시의 경품매입업은 「전매법」 위반으로 단속되어 끊임없이 체포자가 생겨났으며, 흥하든 망하든의 위태로운 벌이였다. 어머니께서도 몇 번 경찰에 유치 당했고, 나는 아버지나 주변 어른들이 시켜 '엄마 하나밖에 없는 불쌍한 아이'인 척을 해서 경찰에서 어머니를 인도받은 적도 있다.

O아파트 아이들은 학령기가 되면 대부분 조선학교를 다녔다. 내가 입학했을 당시 "조선학교는 너덜너덜, 막상 올라가보니 좋은 학교"라는 장단이 생길 정도로 매우 노후된 목조건물이었다. 그러나 당시는 민족교육의 전성기로 중학교가 병설된 1959년에는 3층 철근 교사, 1961년에는 4층 철근 교사도 준공되어 인근 일본학교와 비교해봐도 결코 뒤지지 않는 교사가 되었다. 1960년대 초는 북한으로의 귀국 붐으로 일본에서 조선학교를 다니는 학생은 4만 명을 넘어섰다.^{1960년, 46,294명}[14] 미카와시마 조선학

교도 1,500여 명의 학생들로 넘쳐났고, 교사 개축 시에는 임시의 조립식 건물에서 오전과 오후 2부 수업이 실시되었다.

미카와시마에서 조선 아이들은 학교는 물론 지역 사회에서도 자신들만의 놀이집단을 형성했으며, 때로는 일본 아이들이 왕따와 차별의 대상이 되기도 했다. 당시 미카와시마는 도쿄 변두리에 위치한 가난한 동네였지만 어딘가 목가적인 모습이 남아 있었다. 아이들은 공터나 골목에서 부모들이 드나들 수 없는 자립적인 시간과 공간을 가지고 있었고, '골목대장'이 이끄는 놀이집단으로 어른 사회 못지않은 '사회관계'를 맺었다. 시대적 상황으로 학원이나 TV처럼 아이들을 시간이나 공간 양면에서 어른 사회의 학력주의나 소비 논리에 묶어두는 장치는 거의 찾아볼 수 없었다. 덕분에 '자유'만큼은 아직 배고픔이 남아 있던 조선 아이들도 한결같이 누리고 있었다.

1959년 12월 북조선으로의 귀국길이 열려 그런 미카와시마에서도 적지 않은 제주인 가족들이 귀국했다. 숙모 부부도 나와 동급생이었던 딸이나 그의 쌍둥이 오빠들과 함께 귀국했다. 소학교 고학년 때쯤의 일이었는데 반에서 하나 둘씩 이가 빠지듯 귀국길로 올랐다. 반에서 귀국하는 학생들이 나올 때마다 교실에서 책상을 차좌에 둘러싸고 과자와 주스로 송별회를 했다. 그 광경은 지금도 잊을 수 없다. 그 무렵에는 아버지께서 총련 조직의 말단인 '분회장'[15]을 맡고 계셔서 우리 집에서도 귀국 이야기가 나왔던 것 같지만 결국 미카와시마에 남기로 했다. 제주 땅에 외할머니와 아이들을 남겨둔 영향이 있었을지도 모른다. 그 무렵 북으로 돌아간 사촌 여동생이나 동급생을 떠올릴 때마다 사람의 일생의 갈림길이 '종이 한 장' 차이라는 생각을 금할 수 없다.

한편, 앞서 언급한 바와 같이 나는 이와테도 미카와시마도 아닌 도쿄

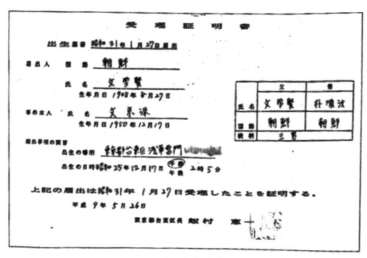

〈그림 3〉 다이토구청 발행 출생신고 수리증명서

다이토구 아사쿠사 가미나리몬東京都台東區淺草雷門에서 태어난 것으로 되어
있다. 〈그림 3〉은 1990년대 한국호적을 정리하기 위해 다이토구청에서
취득했던 출생신고 수리증명서이다. 수리된 날짜가 1956년 1월 27일로
적혀 있다. 아버지와 어머니께서는 밀항으로 오사카로 되돌아간 다음, 가
짜 외국인등록증을 소지했던 것 같다. 나의 조선학교 입학을 앞둔 무렵이
되면서 그제서야 숙모 부부의 도움으로 등록을 작성하여 출생신고도 마
쳤다. 이로 인해 내 출생지뿐만 아니라 아버지의 생년월일실제로는 1913년이
나 어머니 이름도 한국호적과는 다르게 기재되어 있다. 내 출생일시에 대
해서도 오전 2시 5분이라고 그럴싸하게 기재되어 있지만, 음력으로 기억
한 날짜를 신고했던 것으로 보여 정확한 것인지는 알 수 없다.

　해방 후 얼마 지나지 않은 시기의 조선인 신원 확인서류는 이처럼 허술
한 것이 적지 않았다. 이즈미의 조사에서도 인터뷰한 73개 가구 세대주
의 주소와 성명을 구청의 등록원표外國人登錄申請票와 대조해 본 결과, "불과
40%만이 등록자료와 일치하는 데 불과하다. 게다가 생년월일, 직업, 기

타 기입된 항목이 완전히 일치한 것은 73개 가구 중 30%에도 미치지 못했다"라고 할 정도이었다. 당시는 한반도 분단에서 전쟁으로 이어지는 혼란기로 불법입국자가 대량으로 유입되는 등 지극히 유동적인 시기였다.

해방에 따라 일본에 있던 제주인 상당수도 해방된 조국으로 귀환하게 되는데, 아버지와 어머니가 그랬듯이 한 번 귀환한 제주인 중 상당수가 4·3사건을 전후한 혼란기에 다시 오사카 등 일본으로 돌아갔다. 일본 점령군GHQ이 한 번 귀환한 조선인의 일본행을 금지했기 때문에 이 시기 조선인의 일본행은 밀항이라는 수단을 택할 수밖에 없었다. 2000년대 이후 발굴된 자료나 연구[16]에 따르면 1946년에 1만 7천여 명에서 2만여 명 정도의 조선인 밀항자가 있었으며, 「외국인등록령」이 시행된 1947년 5월에 6천여 명으로 감소했다가 1948년 8천여 명, 1949년 8천대 후반까지 늘어났다. 이들은 해변에서 체포된 검거자로 대부분 한국으로 강제송환되었다. 다만 1949년 지방 군정을 지휘했던 미8군은 검거자가 실제 밀항자 중 50%로 추정했기 때문에 4·3사건 전후 3년간에 2만여 명이 밀항에 성공한 셈이다. 이들 중 적어도 과반이 제주 출신이라고 기록되어 있어 4·3사건을 전후한 시기에 적어도 1만여 명이 재화를 피해 일본으로 건너갔다.

이 시기 밀항자 중 상당수는 재일 시인 김시종 씨가 그렇듯[17] 총련계 생활세계에 몸담으면서 재일조선인 사회 일각을 차지하게 된다. 조선적의 세계란 이렇듯 그 일각에 '난민'이라고도 할 수 있는 집단을 내포하게 된다. 이들의 법적 지위는 「샌프란시스코강화조약」 이후 "계속해서 체류자격을 갖지 아니하면서 일본에 체류할 수 있다"라고 규정된 법률 제126호 제2조 6에 해당하는 이들보다도 불안하였다. 우리 가족의 경우, 부모의 전전 시기 체류자격이 인정되지 않아 부모와 나는 이른바 특재特在, 재류

특별허가라는 '법무대신의 재량적 처분'으로 일본 체류가 허용되었을 뿐, 당초 1년마다 한 번후에 3년에 한 번씩 우리 셋 모두가 시나가와品川에 위치하는 입국관리국에 출두해야만 했다. 입국관리국은 체류를 원하는 이유와 가족구성, 생활 상황, 행실 등을 일일이 확인했으며, 우리 가족은 과연 일본 체류가 허용된 '외국인' 그 자체였다.

시나가와의 입국관리국도쿄입국재류관리국은 시나가와역 동쪽 출구港南口에서 버스로 5, 6분 정도 소요되는 시나가와부두에 위치해 있었다. 시나가와역이 지금처럼 교상역사가 되어 동서를 연결하는 통로레인보우로드가 생긴 것은 1998년의 일이다. 당시 야마노테선山手線이나 게이힌선京濱線 승강장과 동쪽 출구 사이에는 커다란 조차장이 가로놓여 있어 역 구내에서 나오려면 그 밑을 빠져나가는 긴 지하터널을 뚫고 나와야 했다. 더구나 터널을 빠져나와 펼쳐지는 동쪽 광경은 공장과 창고가 즐비한 매립지로 지금처럼 타워맨션이나 고층빌딩 군도 없었고 레인보우브릿지나 모노레일도 없는 황량한 세계였다. 입국관리국 직원들의 태도는 예외 없이 거만하기 그지 없고 생활 상황을 꼬치꼬치 캐내려 했다. 부모님도 한결같이 저자세로 그 자리를 모면하려 애를 썼다. 우리는 모든 역사적 경위를 무시당한, 오로지 '외국인'으로서의 처우를 감내해야만 했다. 그러던 우리 가족에게도 1982년 「입국관리법」이 「출입국관리 및 난민인정법」으로 개정되었을 때를 즈음하여 법률 제126호 제2조 6에 해당하는 이들과 함께 (특례)영주가 인정되기 시작했다. 또한, '91년 한일각서'가 교환됨에 따라 「특례법일본국과의 평화조약에 의거하여 일본국적을 이탈한 자 등의 출입국에 관한 특례법」에 의해 식민지 지배에 유래되는 재일조선인의 법적 지위가 '특별영주'로 일원화됨에 따라 우리도 이를 얻어 오늘날에 이르고 있다.

4. '한국'으로

1994년 인연이 되어 교토 리쓰메이칸立命館대학에 부임하게 되었다. 부임하자마자 연구와 업무 양면으로 중국·한국 출장이 필요해졌다. 다소 한심한 얘기지만 사실 나는 그때까지 일본 밖으로 나가본 적이 없었다. 언제부터인가 조선고등학교 수학여행은 북조선으로 가는 것이 관례화된 듯하지만, 나의 조선고등학교도쿄조선중고급학교 시절에는 어디였는지 기억이 나지 않지만 적어도 일본 국내였다. 북조선에는 여태껏 가본 적이 없다.

1994년 한국행은 임시여권여행증명서에 의한 것으로 서울에서도 제주에서도 안기부현 국가정보원의 감시가 따랐다. 1987년 민주화에도 불구하고 보수정권 시절이어서 냉전시대 분위기가 아직도 짙게 깔려 있었다.

왜 그토록 '조선적'을 유지하려 했을까. 나는 1세가 아니지만 역시 바꾸는 데 대해 절조節操가 없다는 생각이 들었을지도 모른다. 외할머니 밑에서 자라 제주에서 밭을 지켜온 형들에게 '죄책감'도 있었던 것 같다. 단지 귀찮게 보였던 것도 없지 않아 있었다.

그런데 한편으로 당시 내 연구나 4·3사건 관련 활동 양측에서 한국 연구자나 4·3 관계자들과의 네트워크가 구축되었으며, 그 네트워크 없이 연구도 활동도 이어나갈 수 없었다. 1989년에 아버지를 잃고 홀로 남게 된 어머니 때문에 한 번씩 일본으로 찾아온 제주의 형제들과의 관계성도 소중한 것이 되었다. 서두에서 언급했던 "생활세계에 근거하는" "사람들과의 관계성"이라는 의미에서는 당시 이미 '한국'으로 기울인 것이 명백했다. 1996년 임시여권으로 한국행을 몇 번 거듭한 후에 나는 국적을 바꾸었다.

대학 업무와 연구, 4·3사건 관련 활동, 어머니와 제주 형제나 자식 진학 문제와 같은 사적 문제 등, 매우 분주한 가운데 국적을 변경했다. 지금 돌이켜보면 바쁘다는 것을 핑계 삼아 조선적을 버린다는 사실을 제대로 마주하려 하지 않으려 했었을지도 모른다. 국적의 변경은 조선적으로 살아온 세월을 묻어버리는 일이기도 했다. 인생이 막바지로 접어든 요즘, 그렇게 자각 없이 묻어둔 세월의 의미를 깊이 되새기고 있다.

UN과 무국적의 해소

#I Belong 캠페인을 통하여

아키야마 하지메

무국적

여러분은 국적에 대해 생각해 본 적이 있나요? 지구상에는 190개가 넘는 국가가 있으며, 태어난 나라 또는 부모의 국적에 따라 국적을 부여받고 그 나라 법에 따라 인권을 보장받게 됩니다. 인권을 보장받는다는 것은 예를 들어 학교에 다니며 교육을 받을 수 있고, 경제적으로 어려워지면 국가의 지원을 받을 수 있는 것 등을 말합니다. 하지만 세상에는 국적을 갖지 못한 사람들이 있습니다. 이들은 무국적자라고 불리며, 약 1,000만 명이 존재한다고 합니다. 무국적자는 의료보험 가입, 자녀의 출생신고가 어려워지는 등 심각한 인권침해를 겪는 경향이 있습니다.[1] 이러한 상황을 방지하기 위해 국제 사회는 무국적자들을 위한 대응을 하고 있습니다. UN 난민고등판무관실UNHCR은 2014년부터 #I Belong 캠페인을 시작했습니다. 본 칼럼에서는 #I Belong 캠페인을 소개해 보고자 합니다.

#I Belong 캠페인

I Belong 캠페인이란 2024년까지 전 세계 모든 무국적을 해소하기 위

한 실천을 가리킵니다.[2] 'I belong'을 직역하면 '나는 속해 있다'가 되겠으며, '#I Belong'는 모든 사람이 국적을 통해 국가에 소속한다는 의미를 담고 있습니다. UNHCR은 1996년부터 무국적자에 '관심을 가진 국가'를 대상으로 법제 정비를 위한 기술 협력을 해왔습니다.[3] 하지만 #I Belong 캠페인은 '관심 있는 국가'에만 국한되지 않으며, 무국적 해소에 소극적이던 국가들에게도 호소하여 무국적 해소를 지향하고 있습니다. 따라서 #I Belong 캠페인은 UNHCR의 새로운 시도라고 할 수 있겠습니다.

　#I Belong 캠페인은 크게 두 가지 활동을 펼치고 있는데, ① 무국적 해소를 위한 각국에 대한 호소, ② 출생등록 등에 관한 기술 협력 등이 이에 해당합니다.

① 무국적 해소를 위한 각국에 대한 호소

　UNHCR은 무국적자 해소의 중요성을 호소하며 각국에 대해 무국적 조약 가입 및 국내법 개정 등을 촉구하고 있습니다.[4] 구체적으로는 무국적 해소에 크게 관심을 가진, 뜻있는 국가임을 가리키는 '#I Belong Friends[Friends of the #I Belong campaign to end statelessness]'와 연계하여 무국적 해소를 위한 각국의 노력을 호소하고 있습니다. 예를 들어 #I Belong Friends는 UN 인권이사회에서 무국적자 해소의 중요성에 관한 결의안을 주도해 왔습니다.[5] 또한, 2019년 10월에 열린 UNHCR 집행위원회에서도 #I Belong Friends는 무국적 해소의 필요성에 대해 발언한 바 있습니다.[6] 이러한 노력의 결과, 무국적 방지를 규정한 국제협약인 무국적삭감조약 체결국은 75개국에 이르고 있어[7] 무국적 해소를 위해 노력하는 국가는 계속 늘어나고 있습니다.

② 출생등록 등에 관한 기술 협력

#I Belong 캠페인은 출생등록 등 기술 협력도 추진하고 있습니다. 그 예로 태국에서 출생등록을 지원사례를 들 수 있습니다. UNHCR과 NGO, 태국 정부의 협조로 2016년까지 2만 3천 명의 무국적자가 태국 국적을 취득했습니다.[8] 이러한 무국적자 해소를 위한 움직임은 태국에만 국한되지 않습니다. 2019년 7월에는 중앙아시아 키르기스스탄이 무국적자 해소를 선언했습니다[9]

#I Belong 캠페인을 둘러싼 논점

#I Belong 캠페인의 추진에는 무국적자 해소를 통한 인권 보장이 기대되는 반면에 문제점도 있습니다. 그중 하나가 국적 취득을 원하지 않은 이들에게까지 국적 취득을 강요할 우려가 있다는 점입니다. 일례로 '조선적' 재일코리안에 대해 검토해 보고자 합니다. '조선적' 재일코리안 중에는 무국적자가 있는 것으로 여겨집니다.[10] 그러나 역사적 배경 때문에 일본, 대한민국, 조선민주주의인민공화국국적 중 어느 것도 취득을 원하지 않은 '조선적' 재일코리안도 있습니다.[11] 이러한 사례가 있기에 UNHCR가 #I Belong 캠페인을 통해 무국적자 해소를 추진하는 한편, 국적 취득을 원하지 않는 사람들도 있어 모든 사람에게 국적 취득을 강제해야 할지를 판단하기란 여간 어려운 일이 아닙니다. 국적의 유무를 막론하고 인권이 보장되는 사회 구축이 필요하다고 할 수 있겠습니다.

나가며

본 칼럼에서는 #I Belong 캠페인에 대해 소개해 드렸습니다. #I Belong 캠페인을 통해 무국적이나 및 국적에 대해 고민하며, 무국적자를 포함한 모든 사람의 인권을 보장하는 사회를 어떻게 이룩해 나갈 것인지를 고민하는 계기가 되기를 바랍니다.

제6장

왜 무국적의 '조선'적을 살아가는가?

정장

나는 무국적 '조선'적을 줄곧 유지하고 있다. 왜 그러느냐고 묻는 이들도 적지 않다. 그 질문에 나 스스로 마주해 보고자 한다.

그 전에 먼저 '조선'적자가 된 나의 삶을 간단히 언급해 두고자 한다.

나는 1968년 교토시 태생 재일 3세이다. 부모님 두 분도 일본의 (아시아 태평양전쟁) 전시 중과 패전 후에 일본에서 태어난 재일 2세며, 내가 태어났을 무렵에는 아버지가 조선적, 어머니는 한국국적이었다. 전후 일제 강점에서 해방된 한반도에는 남북으로 갈라선 두 개 정부가 각기 수립되고, 한국전쟁의 참극을 거쳐 지금까지 휴전 상태가 유지된 채 남북으로 분단되고 있다. 부모님이 중매 결혼한 1967년 당시에도 물론 남북한 두 개 정부는 서로 적대하고 있어 한반도에서는 남북한 모두 조선적과 한국적 간의 결혼을 허용하지 않았다.[1] 그러므로 내 부모님의 혼인신고는 일본 관공서에만 제출할 수 있었다. 내 출생신고도 일본 관공서에만 신고했다. 그럼에도 나는 재일외국인으로 등록되었다. 당시 일본 「국적법」은 부계 혈통주의였고, 또한 한반도 남북 양국 「국적법」도 마찬가지였기 때문에 일본 관공서에서 출생신고가 된 나는 자동적으로 아버지를 따라 조선적자가 되었다.

---

1)　조선적자와 한국국적자 간의 혼인 사례에 대해서는 제4장 참조.

그리고 이 '조선'적이 실은 사실상의 '무국적'이기 때문에 동시에 나는 자동적으로 무국적자가 되었다.

조선적이라고 하면 '북조선적' 즉 '조선민주주의인민공화국국적'이라고 흔히 받아들여지지만, 이는 오해다.

일본 법률상 '조선적'이란 실은 국적이 아니라 '기호記號'나 '지역명'이며 사실상 '무국적'이라고 할 수 있다. 이에 관해서는 이 책 다른 곳에서 여러 번 거론되고 있으니 자세한 내용은 그곳을 참조해 주기 바란다. 내 나름대로 요약해 보면, 일본제국 패전 후 열도의 법률로 우리 재일동포는 누구나가 원래 '조선'적이었다. 일제강점기에 일본국적외지적(外地籍)을 부여받던 재일동포는 해방 후에도 법적으로는 계속 일본국적을 유지했다. 당시 일본열도에 60여만 명 있던 재일동포에 대해 GHQ는 1947년 「외국인등록령」에 따라 모든 재일동포에게 일본국적과는 별도로 '조선'이라는 출신지를 나타내는 기호를 새로 부여한다. 즉 모든 재일동포는 이때 「국적법」상 '일본국적'을 가지며, 동시에 「외국인등록령」상으로는 '조선'이라는 기호를 갖게 되었다. 1948년 남북 정부의 국가수립 이후 재일동포에게도 '한국적'을 희망하는 사람들에 한해 외국인등록 개서改書가 1950년경부터 가능해졌지만, 이는 대한민국국적이 아니라 어디까지나 기호로서의 '한국'적이었다. 그리고 1952년 일본국과의 평화조약「샌프란시스코강화조약」 발효로 모든 재일동포는 일본국적을 잃게 된다. 그 후 재일동포는 남북 두 정부 중 어느 쪽을 지지하든지 간에 모두가 무국적자로 취급받게 된다. 이후 1965년 「한일기본조약」에 따라 일본 정부는 '한국적'에 대해서는 국적으로 인정하기 시작했지만, 조선민주주의인민공화국을 지지, 선택하는 이들의 '조선적'에 대해서는 국교가 없으므로 공화국국적으로 인정하지 않은 채 계속해서 기호이자 지역명이라는 견해를 유지한 채 오늘날에 이르고 있다. 이처럼 '조선'적을 국적으로 인정하지 않고 무국적 취급한다는 것은 북 공화국 공민ᄀᆨᄆᆢᆫ이기를 원하는 이들에게는 부당한 처우인 것이 틀림없다. 그러나 국적선택을 보류하고 적극적으로 무국적을 선택한 나로서는 일본 정부의 이러한 견해가 지극히 타당하다.

내가 스스로를 조선인이라고 알게 된 것은 10세 무렵의 일로 당시 다니던 일본 공립 소학교에서 한 교사가 "여러분은 모두 일본 사람입니다"라고 가르친 일이 계기가 되었다.

나는 이제야 '정장ᄃᆞᆼᄌᆞᆼ'이라는 민족명을 자칭하며 재일 사람在日사ラム, 조선인 시인으로 살고는 있지만, 실은 스무 살이 되도록 내 본명을 한글로 읽지 못했을 정도로 민족적 소양이 없던 조선인이다. 대학에 들어가서 독학으로 한글을 배우고 나서야 겨우 자신의 이름을 '정장'이라고 읽는 것을 알게 되었다. 그때까지 내 본명을 일본어 표기법에 따라 '테이 아키라'라고 읽는 줄 알았을 정도다. 그 정도로 나는 내 본명민족명도 모를 만큼이나 일본에 동화된 재일조선인이었는데, 내 부모 역시 조선인으로서의 소양이 전혀 없었다. 부모는 재일코리안 차별이 가장 심했던 시절 사람이다. 이 세대 재일 사람들은 거의 예외 없이 어릴 때 '조센ᄎᆞᄅ센'이라는 조롱과 함께 돌맹이를 맞은 경험이 있을 정도로, 그토록 심한 차별에 시달려온 세대다. 부모는 조선인이라는 출신을 원망하며 일본인보다 더 일본인답게 살기 위해 열심히 노력했다. 일제강점기 창씨개명 이후, 줄곧 통명通名, 일본 이름으로 살며 자신이 조선인이라는 사실을 세상에 숨긴 채 겉으로는 완전한 일본인으로 살았다. 나는 그런 부모 밑에서 자랐기 때문에 일본식 통명으로 일본 공립학교를 다녔고, 주변 일본인들과 똑같이 살았기 때문에 어릴 때부터 내가 조선인인지조차 모르고 있을 정도의 아이였다.

그러던 내가 소학교에서 어느 날 담임교사로부터 "여러분은 모두 일본 사람입니다"라는 말을 듣게 된 것이다. 이처럼 어떤 계기로 담임교사가 반 친구들에게 무심코 던진 말을 듣고 나는 "흠 그렇구나"라고 감탄하며 집에 돌아오자마자 "오늘 학교에서 우리가 모두 다 일본인이라고 배웠어요"라고 부모에게 전했다. 그 말을 듣자 내 부모는 그때까지 하지 못했던 말을 꺼낼 좋은 기회로 여겼는지 처음으로 "너는 일본인이 아니라 조선인이다"라고 말해주셨다. 이 뜻밖의 말을 듣고 내가 남들과 다른 조선인이라는 사실을 알게 되어, 속으로 매우 기뻐했다. 남들과는 다른 특별한 존재라는 것을 알았기 때문이다.

나는 기쁜 나머지 다음 날 학교에서 반 친구들에게 "나는 너네와 달리 조선인이거든"이라고 자랑스럽게 말했다. 그러자 어지간히 내가 자랑스럽게 떠들어대서 그런지 나를 부러워하는 애들까지 있을 정도였고 반에서 얘기가 들끓었다. 그리고 그날 집에 돌아와서 부모에게 "애들한테 내가 조선인이라고 얘기했어요"라고 신나게 보고하자 부모는 깜짝 놀라 "사람들 앞에서 조선인이라고 말하면 안 된다. 숨겨야 해, 괴롭힘당하니까, 차별받으니까 안 돼"라며 나를 타일렀다. 이날 이후 나는 내가 조선인이라는 사실을 숨기며 일본인인 척하면서 진정된 내 삶을 살 수 없는 지옥의 나날을 맛보게 된다.

인간에게 자신의 뿌리를 받아들일 수 없는 일보다 더 힘든 일은 없다. 나는 대학생이 될 때까지 스스로에게 계속 거짓말을 늘어놓는 고통스러운 삶을 살아야 했다.

그러나 그런 거짓된 삶에서 벗어나고 싶었다. 나는 조선인으로 살아갈 길을 찾기 시작했다. 그러기 위해서는 차별을 비롯한 거대한 어둠의 힘과 대치하며 싸울 힘이 필요했다. 나는 그 힘으로 문학을 택했다. 그렇게 우여곡절 끝에 오늘날 이렇게 재일조선인 시인이 되었다. 요컨대 나는 재일조선인이라는 진정된 내가 되기 위해 시인이 된 것이라고 할 수 있다.

그렇다면 내가 내 국적이 '조선'이라고 알게 된 것은 언제쯤 일이었을까. 역시 외국인등록을 필한 16세 때 일이다. 1984년 당시는 특별영주제도도 「주민기본대장법」도 통과되기 이전, 아직 지문날인제도가 있을 무렵으로 난생 처음 채취된 지문과 맞바꾸어 받은 외국인등록증명서 국적란에 '조선'이 있는 것을 보고 나의 국적을 침울한 마음과 함께 자각하게 되었다. 자신의 국적이 '조선'이라는 데 대한 위화감은 그때부터 끊임없이 내 안에서 맴돌았다.

나에게 적용된 이 '조선'이 과연 조선민주주의인민공화국을 뜻하는 것인가? 만약 그렇다면 나는 그곳에서 태어난 것도 아니고 자라지도 않은, 가본 적도 없는 그 나라를 내 나라라고는 도저히 받아들일 수 없었다. 물론 한국에 대해서도 같은 마음이었고, 이는 곧 민족적으로 농포리non-political, 정치적 무관심인 부모가 키워낸 나의 소박한 심정이었다. 내 아버지는 조선적이고 어머니는 한국국적이셨다. 둘은 맞선에서 처음 만나 서로 좋아하게 된 후 혼인신고를 해야 할 순간에, 남북 조국 어느 한쪽 국적으로 맞추지도 않고 신고하지도 않은 채 일본 관공서에만 제출했다. 그 절차는 부모의 어떤 정치적 사상에 의해 거행된 것이 아니라 서로를 좋아하는 두 사람의 행복을 바라는 양가의 타협에 의한 것이었다. 양가가 남북 간의 정치적 갈등을 뒤로 하고 일본 관공서에만 신고하기로 뜻을 모았다. 이러한 농포리 두 사람 사이의 장남으로 태어난 나의 출생신고 또한 일본 관공서에만 제출되었다. 이에 따라 내 귀속이 한반도에 없게 되고, 내 적籍도 생기지 않았다. 그게 내가 무국적자가 된 이유이기도 하다. 아무튼 나는 먼저 10세 때 태어나서 처음으로 내가 '조선인'이라는 사실을 알았고,

이어서 16세 때 외국인등록증명서 국적란에 '조선'이라고 적혀 있는 것을 알게 되었다.

그리고 내가 나의 '조선'적이 조선민주주의인민공화국국적이 아니라 '지역명'이나 '기호'이자 사실상의 무국적이라는 것을 알게 된 것은 대학생이 되어 재일조선인문학을 접한 것이 계기가 되었다. 대학에서 알게 된 일본인 여성^{현재의 아내}과의 교제를 통해 그동안의 내 모습을 부끄러워하며 조선인으로 살아가고 싶다는 욕구를 채우기 위해 갈망하듯 탐독한 수많은 재일조선인문학 작품 속에서 '조선'이 남북 분단을 거부하는 자민족의 통일적 총칭으로서의 호칭이며, 법적으로도 남북 분단국가 중 어느 국적도 아니라는 서술을 발견했을 때, 그제서야 비로소 나의 '조선'적은 바로 이 '조선'적이었다고 납득하게 되었다.

과거 재일조선인 문학자 중에는 '조선'적이 많았다. 소설가 김석범金石範 씨[1]는 "'조선적'이란 준準 통일국적"이라 주장했고 시인 김시종金時鐘 씨[2]는 "총칭으로서의 '조선'"이라며 남북 총체라고 표현했다. 소설가 이회성李恢成 씨[3]가 "북이든 남이든 내 조국"이라고 주창하면서 '조선'적을 유지했듯이 '조선'적에다가 남북통일의 함의를 부여함으로써 자이니치 나름의 자세의 근거지로 삼아 왔다. 그러나 이제 한국 민주화가 진행된 영향도 있어 한국국적을 취득하는 이들이 대다수가 되었다. 이는 유독 문학자로만 국한되는 경향이 아니다. 다만 오늘날에도 여전히 '조선'적에 대한 고집을 간직하며 살아가는 재일코리안들이 존재하는 것 또한 사실이다. 이들의 증언을 극명하게 추적한 나카무라 일성中村一成 씨의 저서『르포 사상으로서의 조선적ルポ 思想としての朝鮮籍』[4]에는 다음과 같이 그의 명언을 찾을 수 있다. "어떤 사람에게 있어 양보할 수 없는 선, 그것을 '사상'이라고 하는 것 같다." 나는 이 말을 좋아한다. 나에게 '조선'이 곧 '양보할 수 없는 선'

이기 때문이다. 다만 나의 경우, 사상이 아닌 '지조志操'라는 말이 더 적합할 것이다. 그렇다면 나는 어떠한 '지志'와 '조操'를 지키려고 고집하는 것일까.

사실상 무국적자인 내가 국적을 선택하거나 취득을 하지 않은 채 무국적 상태의 '조선'적을 간직하는 이유는 크게 두 가지다.

하나는 조국통일에 대한 염원이다.

내가 국적 취득을 생각한다면 우선 내 뿌리가 있는 한반도 국가를 생각해보는 것이 자연스러운 일이며 이와 동시에 전쟁으로 분단된 남북 어느 한 측 국적도 아닌 역시 장차 평화적으로 성립될 남북통일국가야말로 내가 주체적으로 국적선택을 고려해 볼 수 있는 국가가 될 거라는 생각이 든다. 조국이 통일되어야 비로소 침략과 전쟁으로 빼앗긴 민족의 존엄으로서의 독립이 진정으로 회복되고 역사적 한이 풀릴 것이다.

또 하나는 국가 자체에 대한 회의감이다.

나는 왜 국적선택을 하지 않는가? 타고난 무국적자로서의 입장에서 솔직하게 말하면 국민이라는 괴물이 되고 싶지 않다는 생각에서다. 인류는 국가와 국민이라는 이름으로 얼마나 살육에 가담하는 일을 거듭해 왔는가. 가령 전시에 국민은 국가에 의해 무조건 끌려가 병사라는 괴물이 되어 죽이고 싶지는 않아도 사람을 죽여야 하는 상황에 내몰린다. 물론 무국적자라고 해서 살육 가담자로서의 인류적 원죄로부터 결코 면죄될 수는 없을 것이다. 여하튼, 나의 신조에 비추어 볼 때, 국가살육에 가담할 수도 있는 국적선택에는 신중해질 수밖에 없다.

UN 난민고등판무관실UNHCR은 무국적자가 발생하는 원인 중 하나로 '국가 분열 또는 국경선 변경'을 꼽는다. 거기에는 반드시 전쟁이나 분쟁이 따라다닌다. 근대 국민국가는 지난 세기 두 차례의 세계대전을 거쳐 현대에 이르러서도 여전히 전쟁과 분쟁 그리고 난민과 무국적자를 낳고 있다. 그것은 현대 국민국가가 여전히 미숙하고 성숙 과정에 있어서인지, 아니면 국민국가 자체가 본질적으로 전쟁이나 분쟁의 발생을 영원히 막을 수 없어서인지에 관한 답은 나 같은 일개 시인 따위는 알 수 없다. 다만 근대제국에서 침략당하고, 그 후 분단국가의 내전으로 남북으로 갈라진 조국에 뿌리가 있는 무국적자 중 한 사람으로서 나는 좀처럼 쉽사리 국적선택을 할 수 없다는 게 솔직한 심정이다.

그러기에 국적선택에 있어서는 미래에 성립될 남북통일국가야말로 자신의 국적선택을 고려해볼 수 있는 대상이라는 생각이 나에게 있다. 그러나 한편으로 그 통일국가의 국적을 내가 선택할지는 현시점에서는 아직 정하지 않았고, 또 미래에 어떤 선택을 할지 알 수도 없다. 왜냐하면 그 통일국가가 반전주의로 군대를 포기하는 「헌법」을 내건 국가가 될지 어떨지 아직 모르기 때문이다. 즉 설사 통일이 된다고 하더라도 그것이 어떤 국가인지를 살펴보지 않고서는 쉽사리 국적을 선택할 수 없다는 뜻이다.

내가 자이니치로 태어난 역사적 인과는 일본제국의 군사력에 의한 조선 침략과 해방 후 동족끼리 싸운 한국전쟁이며, 전자의 군사로 인해 내 일가가 반도에서 이 열도로 건너갔고, 후자의 군사가 이 열도로 우리를 계속 머물게 하는 원인을 제공한다. 그리고 이러한 군사력으로 인해 짊어지게 된 재일동포들의 불우는 지금껏 계속되고 있다. 군사 탓에 불우를 감내하는 자로서 국가가 군대를 보유하는 한, 인류란 진정된 행복을 누릴 수 없다는 것이 나의 신조이다.

그러한 신조를 지닌 나는 '전쟁포기', '군대포기'를 「헌법」으로 내건 전 세계적으로도 보기 드문 국가인 일본국에 대해 자연스럽게 희망을 품지 않을 수 없다. 장차 어느 나라의 국적을 선택할지 고민해야 하는 나에게는 이 일본국이 내건 「헌법」 제9조는 실로 매력적으로 빛나 보인다. 「대일본제국헌법」을 내건 일제는 군사로 국내외에 막대한 피해를 입힌 데다 패전으로 인한 파탄으로 멸망하기에 이르렀다. 그리고 새로운 일본국은 세계대전 후 인류를 위한 평화와 행복을 위한 이념을 전 세계로부터 위임받은 「신헌법」을 내걸어 재출발했으며, 지금도 그 갱생 과정에 있다.

나는 비록 일본국민이 아니라고는 하지만, 나 또한 이 일본 땅에서 살아가는 자연'인人'으로서, 또 일본 '주민'으로서 현 「일본국헌법」이 내건 반전주의와 군대 포기의 국시를 일본국민들과 함께 지켜나가려고 날마다 나름대로 노력하고 있다.

그렇다면 차라리 일본국적을 취득해도 되는 게 아니냐며 나에게 선의로 국적 취득을 권유해 오는 사람들도 있지만 공화주의자이기도 하는 나에게 현 「일본국헌법」 제1조부터 제8조까지 천황제에 관한 조문들에 대한 위화감 또한 역시 크게 다가오지 않을 수 없다. 예를 들어 만약 흑인이나 백인 혈통을 가진 천황이라는 존재를 이 일본국민들이 과연 용납할 수 있을까? 상상조차 못 하는 일이 아닐까? 만세일계萬世一系나 단일민족에 대한 환상이 스며들어 육체화된 대다수 일본국민의 지지를 받는 천황제에 가담할 것을 생각해본다면 나에게 일본국적 취득이란 너무나도 문턱이 높을 수밖에 없다.

이와 같은 생각을 가슴에 품고, 나는 무국적으로서의 '조선'적을 살아가고 있는데, 무슨 일이 있을 때마다 무국적으로 남기보다는 국적을 취득해야 한다는 말을 듣는 일을 자주 겪게 된다. 물론 배외주의적 관점에 비롯된 것일 수도 있겠지만, 오히려 선의에서 불편한 무국적자로 있는 것보다 한국이나 조선민주주의인민공화국, 일본국국적을 취득하면 더 자유로워질 수 있지 않겠냐는 연민 섞인 조언까지 듣기도 한다. UNHCR이

2014년부터 시작한 '무국적 사태 종결을 위한 캠페인'[5] 또한 그 아이러니한 사례일 것이다.

그렇게 국적 취득을 강요당할 때면 나는 늘 마음속으로 이렇게 되묻는다. "왜 어느 나라 국민이 되지 않고서는 자유로워질 수 없다는 것일까? 그렇다면 과연 당신은 한국이나 공화국, 일본국민이라고 해서 진정 자유로울 수 있을까?"라고.

인류는 근대에 들어 '자연인'이라는 개념을 발명하고 그 자연인의 행복을 보장하기 위해 '근대국가'를 구축했다. 예를 들어 존 로크[John Locke]는 1690년 『통치 제2논고』에서 인간이 완전히 자유롭고 평등한 상태를 '자연상태'로 정의하며, 그 자연상태의 충돌[전쟁상태]을 해결하는 수단으로서 사회계약에 의한 공동체[국가] 위정기관[정부]에 권력 행사를 위탁할 것을 제안했다. 그 제안은 전 세계에서 채택되어 프랑스혁명과 미국 독립을 거쳐 지구상의 모든 지역에 근대 국민국가가 성립되고 자연인이 국민으로서 국가의 보호를 받아 행복을 추구할 수 있게 되었다 — 이럴 터였지만, 유감스럽게도 인간의 행복을 위해 존재해야 할 국가는 종종 인간을 불행으로 몰고 가는 장치로 타락하고 만다. 본래 인간의 행복을 위해 존재해야 할 국가가 국가 사정을 위해 인간의 자연권을 침해하고 인간을 불행에 빠뜨리는 본말전도한 일이 끊임없이 일어나고 있다. 이토록 타락하며 전도된 국가에서는 스스로가 자연인임을 잊은 국민이 거짓말쟁이 지도자를 지탱함으로써 공범관계를 심화시켜 나간다. 그렇게 국민이 자연인으로서 자각을 잃어버릴 때, 국민은 괴물로 변모하고 타락한 국가의 인권침해에 가담하게 된다고 나는 생각한다.

국적이 없는, 즉 국민이 아닌 무국적자에게는 근대 국민국가가 이 세상에 성립되기 이전의 자연인의 관점에서 세상이 보이지 않을까. 나는 행운

인지 불행인지 무국적자로 태어났기에 이러한 관점이 소중하다는 것을 깨달을 수 있었다. 태어날 때부터 국민이고 국적을 가진 것이 당연한 사람으로서는 무국적자가 기묘한 존재로 보일지 모르지만, 자연인의 관점에서 본다면 국민이며 유有국적자라는 것이 결코 자명한 일이 아님을 알게 될 것이며, 그들 스스로가 어떤 행위에 가담하고 있다는 것을 자각하게 될 것이다.

유국적자들이 나에게 가장 많이 묻는 것은 무국적자로서 곤란한 일이 무엇인지에 관한 것이다. 그러나 일본 안에서 사는 한, 실제로 무국적 '조선'적자라고 해서 평소 시민생활을 하는데 일본국에 권리를 침해당하며 곤란해지는 일은 거의 없다. 왜냐하면 나는 '특별영주'라는 체류자격을 가지고 있기 때문이다. 물론 일본국적이 없는 자外국국적자에게는 선거권 등 여러 제한이 따르기는 하지만, 오늘날 일본에서는 체류자격을 가진 이들에게는 대략적인 권리가 보장되어 있다고 할 수 있다. 어느 국가에서 주민으로 살아가는 삶이란 비록 국적을 갖지 않더라도 체류자격이 있다면 보장받을 수 있다. 즉 자연인의 시각에서 본다면 국적의 유무보다 체류자격 유무가 더 중요하다는 것을 알 수 있다.

이러한 내 시각에서 본다면 일본국민이란 '국적'이라는 '최고급 체류자격'을 가진 이들로 주권자라는 이름 아래 일본에 거주하는 모든 자연인을 체류자격으로 선별하는 데 가담하고 책임져야 할 존재인 동시에 전 세계 자연인으로부터 일본에서의 통치권을 독점하고 있는 집단에 불과하다.

그렇다면 해외여행에 있어서는 어떨까? 무국적자에게는 여권이 없는데 어떻게 해외로 도항할 수 있을까? 이런 물음을 받는데도 불구하고 나는 지금까지 중국과 대만, 싱가포르, 호주 등 해외여행을 빈번하게 해왔다. 왜냐하면 나는 일본 법무성이 발행하는 '재입국허가서'[6]를 소지하기

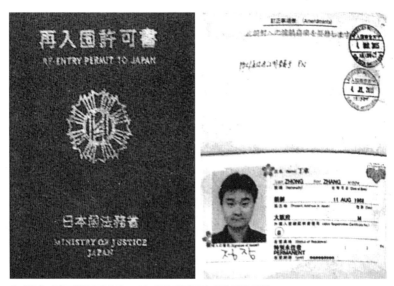

〈그림 1〉 (좌)재입국허가서·표지, (우)재입국허가서 인적사항

때문에 해외도항이 불가능하지는 않기 때문이다. 재입국허가서가 어떤 것인지에 관해서는 이 책 다른 장에서 기술되고 있어 상세한 내용에 대해서는 생략하지만, 간단히 말하면 일본에 체류하는 외국인으로서 여권이 없는 자가 일본을 출입국할 때 일본국이 이를 허가하기 위해 발급하는 책자이며, 난민 등에게 발급되는 특별여권이나 여행증명서와 같은 것으로 생각하면 될 것이다. 다만 법적으로는 어디까지나 일본으로의 재입국을 허가하는 증명서에 불과하기 때문에 비록 여권에 준하는 것이라고는 하지만 소지자의 국적을 증명하는 것은 아니어서 그 효력은 안정적이라고 할 수는 없다.[7]

따라서 재입국허가서를 사용하여 해외를 이동할 때는 문제가 발생하거나, 예를 들어 재입국허가서로는 도항할 수 없는 국가가 있거나 여행지 국가에서 숙박시설이나 교통수단의 이용을 거부당하는 경우도 지금까지 여러 번 있었다.[8]

특히 여행지 국가들이 재입국허가서에 기재된 '조선'적을 '조선민주주의인민공화국국적'으로 간주함으로 인해 생기는 문제가 나에게는 심각하다.

예를 들어 2015년 대만 방문 시, 내 비자 신청이 중화민국 외교부로부터 거절당한 적이 있다. 그해 6월 나는 타이베이 근교 담강대학淡江大學에서 개최된 '이동 속의 '일본' 공간·언어·기억'이라는 문학 심포지엄에 초청받아 '포스트 내셔널 아이덴티티로—인간이라면 국가의 국민보다 소중한 것을 상상하라!'라는 강연을 하기로 되어 있었다. 나의 대만 방문은 1994년 이후 21년 만의 일로 해바라기운동으로 달아오른 대만 시민이나 학생들과의 교류에 대한 기대에 설레고 있었지만, 주오사카 타이베이경제문화변사처에 비자 신청을 했더니 중화민국 정부로부터 비자를 발급받지 못하는 사태에 빠졌다.

내 비자 신청서가 수리되지 않은 이유는 오사카 변사처가 말하길 내가 비자 신청서 국적란에 '조선민주주의인민공화국'이라고 기입하지 않는다면 신청서를 수리하지 말라는 중화민국 외교부 측 지시에 따른 것이었다. 내가 소지한 일본 법무성이 발행한 재입국허가서 국적란에는 '조선'이라고 기재되어 있으며, '조선'이란 곧 '조선민주주의인민공화국'을 뜻하기 때문이라는 것이 외교부 측 주장이었다. 그러나 사실로서 '조선'적이 '공화국국적'이라는 것은 전적으로 오인이라는 데 대해서는 앞서 거론한 바와 같다. 그러므로 내가 국적란에 '조선민주주의인민공화국'이라고 기입한다면 그야말로 허위 신청이 되고 만다. 이에 나는 내 신조에 따라 그렇게 하겠다는 것은 물론이고, 오로지 법률에 근거하여 올바르게 정당한 신청을 하려고 했을 뿐이다. 그럼에도 중화민국 외교부는 자신의 오인을 전혀 인정하지 않아 그것이 고의에 의한 것인지 무지의 소산인지 아니면 IT시스템상의 문제인지 도무지 알 수 없다.

심지어 끝에 가서는 "조선적에 대한 인식은 외교권의 재량"이라고까지 말해 결코 받아들이려고 하지 않았다. 결국 나는 대만 도항을 단념할 수밖에 없었다. 이러한 상황을 겪을 때마다 나는 국가의 나쁜 얼굴을 보게 된다. 이는 이동의 자유를 부당하게 제한하는 국가의 개인^{자연인}에 대한 인권침해가 아닐까?

전 세계 중에서 내가 입국이 가장 어려운 지역이 실은 남북으로 분단된 조국이다. 남북 두 정부는 '조선'적자를 각기 '자국민'으로 간주하기 때문에 나에게 자국민으로서의 입국을 요구한다. 그러나 지금까지 말해왔듯이 나는 그런 형태의 입국을 원하지 않아서 거부해 왔다.

그런데 한편으로 내 뿌리가 있는 조국 땅을 밟고 싶다는 생각 또한 간절하기도 하다. 특히 한국에는 나의 조부모와 외조부모의 출신지가 모두 있다. 친할아버지는 경상북도 의성군, 할머니는 경상북도 선산군, 외할아버지는 경상남도 남해군, 외할머니는 경상남도 창원군. 이들 네 개 고향에서 내 양측 조부모들이 일본으로 건너왔다. 나에게는 뿌리의 원류이자 고지故地인 이들 네 곳 지역을 꼭 방문해보고 싶다.

사실 나는 지금까지 다섯 차례 일본 재입국허가서로 한국 입국을 요구하며 한국 정부^{주오사카 대한민국총영사관}에 입국 신청^{비자 신청}을 한 적이 있다.

첫 번째가 언제였는지 기억이 애매하지만, 김영삼 정부 시절인 1995년경이 아니었나 싶다. 주오사카 한국총영사관 비자 신청창구을 찾아가 직접 줄을 서서 창구 직원과 말을 주고받았다. 그 직원은 "당신과 같은 재일동포가 있다는 것은 나도 알고 있다. 그러나 당신의 신조는 당신이 책임져야 하며, 우리는 당신에게 비자를 발급해 줄 수 없다"라는 취지의 답변이었다.

두 번째는 김대중 정권하 2000년 3월 20일부로 오사카 영사관에 서한을 우송하는 형식으로 입국 신청을 했다. 그러자 영사가 전화를 걸어 "입국 가능하니 영사관에 수속하러 와 달라"며 반신반의한 마음으로 신사이바시心斎橋에 위치하는 영사관 건물 위층에 있던 영사실로 갔더니 한국 임시여권여행증명서 수속을 요구했다. 나는 "임시로라도 한국국민이 될 생각은 없습니다"라고 전하자 영사는 "당신의 말에 동정하지만 외교부로서는 현행법으로 어떻게 할 수가 없다. 언론 등에서 한국 여론에 호소하는 게 어떻겠느냐"고 쓸쓸한 표정을 지으며 나에게 조언했다.

세 번째는 2001년 5월 20일부로, 두 번째와 마찬가지로 서한을 보내자 다른 영사가 전화를 걸어 "입국할 수 있으니 절차를 밟으러 오세요"라고 지난번과 똑같이 말했다. 가보니 역시 여행증명서로 입국하라는 요구를 받았고, 이를 거절하자 "모두 여행증명서로 입국하는데 당신은 어리석다"라며 노골적으로 불만스러워했다. 나 또한 이런 영사에게는 무슨 말을 해도 소용이 없을 것 같아 어이가 없었다.

네 번째는 이명박 정권하 2008년 8월 21일부로 비슷한 서한을 보내자 또 다른 영사로부터 우편으로 회신을 받았다. 그 서면 끝에 "귀하가 입국하려면 여행증명서를 소지해야 한다"라는 지극히 사무적 답변이 적혀 있어 일본 재입국허가서로 입국이 허용되지 않았다.

다섯 번째는 같은 정권하 2010년 8월 30일부 서한에 예전과 같은 내용에 덧붙여, "조선적 유지자에게는 총련이나 북 공화국과는 다른 무국적자로서의 조선적자가 존재하는 사실을 한국 정부가 인식하고 있는지"를 물었다. 왜냐하면 당시 정권은 대북정책의 하나로 조선적자의 입국을 극도로 제한했기 때문에 입국 여부를 판단할 때 조선적자를 모조리 '북'으로 단정을 짓는지를 확인하고 싶었기 때문이다. 그러자 새로운 영사로부터

전화가 걸려 왔다. 그 영사의 답변에는 색다른 점이 두 가지 정도 있었다.

하나는 한국 정부가 조선적 유지자 중에 사실상의 '무국적자'도 존재하는 것을 인식하고는 있지만, 설사 무국적자라 할지라도 '재일동포'이기 때문에 여타 국가 출신 무국적자와 동등하게 처우할 수 없다. 따라서 일본에 있는 타국 출신 무국적자가 일본 재입국허가서로 한국에 입국할 수 있는 것과는 달리 무국적 '조선적 유지자'의 경우에는 한국 여행증명서가 필요하다는 내용이다.

또 하나는 조선적 유지자에게는 북 공화국이나 총련에 속한 재일동포와는 다른 '무국적자의 입장'을 주장하는 재일동포가 일본 재입국허가서에 비자를 발급받아 한국으로 입국할 것을 원하는 청원이 있다는 것을 본국에 전달하겠다는 것이었다.

그리고 이 영사는 전화 통화에서 끝으로 "앞으로도 포기하지 말고 힘내세요!"라고 격려의 말을 해주었는데 이에 대해 나는 몹시 놀랐다. 이 일은 그동안 10여 년간 오사카 영사관 측에 지속적으로 신청해온 나의 호소나 정영환 씨의 한국 소송 등 영향으로 한국에서 '조선적'에 대한 관심이 점차 확산되고 있는 것을 보여주는 일로 보인다.

그러나 이후 박근혜 정권하에서 여행증명서에 의한 입국도 거의 불가능해진 상황이 되자 나는 신청할 의욕도 잃어버려 영사관 측에 직접적인 호소를 하는 일을 중단하고 NGO 단체 무국적네트워크[9] 운영위원이나 시인으로서의 활동을 통해 세계를 향한 호소를 계속하기로 했다. 그리고 그 활동들을 알고 무국적 '조선'적에 대해 연구하는 학자도 늘어나게 되었다. 예를 들어 재일 종합지 『항로』에서 발표한 나의 시[10]를 한국 홍익대학교 교수당시 김웅기 씨가 자신의 논문[11]에서 거론하며 '조선적'의 다양성에 관한 연구를 현재까지 펼치고 있다. 물론 이 책의 간행[12] 또한 그러한 움직임의 일환일 것이다. 이러한 움직임은 정체에 빠진 나에게 적지 않은 희망을 안겨주었다.

이에 나는 2018년 11월 다음과 같은 청원서를 문재인 정권 아래서 운영된 웹 민원시스템인 '신문고'를 이용하여 한국 정부에 제출했다.

> 한국국민 여러분께 − 재외동포의 정의를 개정해 줄 것을 청원합니다.[2]
>
> 저는 재일 사람 3세 정장이라는 사람입니다. 일본국 오사카부 이카이노猪飼野 동쪽 끝에 위치하는 히가시오사카東大阪시에서 가업과 시업詩業을 영위하고 있습니다. 이번에 나의 귀국歸國을 방문할 것을 원하고 있어 한국국민 여러분께 저의 마음을 호소하고자 합니다.
>
> 저는 귀국국민이 아니라 일본에 특별영주하는 재일동포입니다. 일본 정부가 발행하는 특별영주자증명서의 국적 등란에는 '조선'이라고 적혀 있습니다. 이 '조선'이란 조선민주주의인민공화국국적을 나타내는 것이 아닙니다. 이른바 '기호', '지역명' 내지 '무국적'으로서의 '조선'입니다.
>
> 지금까지 저는 남북 어느 국가 구성원이 된 적도 없습니다. 또한 마찬가지로 남북 어느 한쪽 재일 조직 구성원이 된 적도 없습니다. 그것은 제가 제 의지에 따라 국적선택을 보류하고 있기 때문입니다. 제가 남북한 국적선택을 보류하며 또 다른 나라 국적도 취득하지 않은 채 사실상의 무국적자이기로 선택하며 하루하루를 사는 이유는 장차 제가 국적선택을 하게 될 경우, 그 선택 대상이 될 국가가 남북 양국 간 대화를 통해 합의한 민주적이고 평화적인 방법으로 성립될 통일국가가 될 것으로 생각하기 때문입니다. 즉 저는 '동포의 반도'의 평화통일에 대한 소망과 우리민족으로서의 민족적 지조를 '무국적'을 관철함으

---

2) 이 민원의 원문은 일본어로 기술되었다.

로써 나타내고 있는 사람입니다.

하여, 저는 평소 해외여행을 떠날 때 일본 법무성이 발행한 '재입국허가서'를 사용하고 있습니다.

저는 이 '재입국허가서'로 귀국에 입국하기 위해 과거에 네 차례에 걸쳐 귀국의 오사카총영사관에 사증 신청을 하였습니다.창구에서 신청한 것을 포함하면 다섯 차례 그러나 귀 영사관 담당자의 응답은 귀국이 발행된 '여행증명서'를 사용한 입국이 아니면 인정되지 않는다고 하여 매번 입국이 거부되었습니다.

제가 그동안 귀국이 요구하는 '여행증명서' 사용을 거부해온 것은 '여행증명서'의 법적 근거가 남북 분단 논리에 근거하기 때문에 저의 지조를 굽혀서 따를 수 없기 때문입니다. 즉 여기서 제가 말하는 '남북 분단의 논리'란 "한국 정부가 한반도의 유일한 정통 정권이다"라는 논리인데, 저는 귀국이 그 논리를 유지하는 것에 이의를 제기할 생각은 추호도 없습니다. 다만, 그 논리의 관점에서는 간과되는 현실이 존재한다는 것을 호소하고 싶습니다.

'여행증명서'와 관련된 법률은 「여권법」과 「남북 교류 협력에 관한 법률남북교류협력법」 그리고 「재외동포의 출입국 및 법적 지위에 관한 법률재외동포법」이 있는데, 제가 여행증명서 사용에 동의할 수 없는 이유 중 가장 큰 것은 재외동포법 제2조의 '정의'에 있습니다.

　　제2조 (정의) 이 법에서 "재외동포"란 다음 각 호의 어느 하나에 해당하는 자를 말한다.
　　　　① 대한민국의 국민으로서 외국의 영주권永住權을 취득한 자 또는 영주할 목적으로 외국에 거주하고 있는 자이하 "재외국민"이라 한다.
　　　　② 대한민국의 국적을 보유하였던 자대한민국 정부 수립 전에 국외로 이주한 동포를 포함한다 또는 그 직계비속直系卑屬으로서 외국국적

을 취득한 자 중 대통령령으로 정하는 자^{이하 "외국국적동포"라 한다}.

이상의 정의에서는 저와 같은 '재외국민'도 '외국국적동포'도 아닌 재외동포가 간과될 수밖에 없습니다. 이 정의를 근거로 한 '여행증명서'의 사용에 동의한다는 것은 자신이 '재외국민'이나 '외국국적동포'임에 동의하게 되는 것이며, 이는 저의 지조에 어긋납니다.

하여, 저는 제가 '여행증명서'를 사용하여 귀국에 입국하기 위해 「해외동포법」정의 개정을 귀국에 제안하고자 합니다.

[추가안]

제2조 제3항 대한민국의 국적을 보유한 자^{대한민국 정부 수립 전에 국외로 이주한 동포를 포함한다} 또는 그 직계비속으로서 어느 국적도 취득하지 않고 (무국적 상태에서) 외국 영주권을 취득한 자 또는 영주할 목적으로 외국에 거주하고 있는 자^{이하 '무국적동포 또는 국적 미선택동포'라 한다}.

이상의 조항을 추가하게 된다면 저도 재외동포 정의에 포함되어 '여행증명서'를 사용하여 입국하는 데 동의할 수 있게 됩니다.

제 아내는 일본인이고 저희 아이 둘은 이중국적입니다. 일가의 아버지인 저의 조부모 땅을 온 가족이 함께 여행해 보고 싶다는 소박한 마음에서도 이 청원서를 쓰고 있습니다. 귀국은 문재인 대통령 정부 아래서 남북 양국의 평화통일을 위한 화해와 교류가 앞으로 더욱 활발히 진전될 것으로 여겨집니다. 귀국이 저처럼 국적선택을 보류하며 무국적의 입장에 있는 재일동포에게도 관광여행의 길을 열어준다면 그것이 남북 분단의 국가적 논리를 넘어선 우리 모든 동포의 민족적 염원인 조국통일의 길을 여는 첫걸음이 되지 않을까 합니다. 조상 땅을 자유롭게 여행해 보고 싶다는, 사람으로서 당연한 저의 소망이 부디 이루어지길 저는 기도하는 마음으로 기다리고 있습니다. 그리고 이러한 저의 지조는 귀국 「헌법」 제4조 '대한민국은 통일을 지향하며, 자유민주적 기본질서에 입각한 평화적 통일정책을 수립하고 이를 추진한다'라는 정신에도 결코 위배되지 않을 거라고 저는 믿습니다.

이 한 사람 작은 시인의 목소리에 귀국 여러분이 귀를 기울여 주실 것을 아무쪼록 잘 부탁드리겠습니다.

그럼 실례하겠습니다. 부디 잘 부탁드립니다.

이 청원에 대해 한국 법무부로부터 같은 해 12월 4일 자로 다음과 같이 답변이 왔다.

같은 한민족으로서 민주적이고 평화로운 통일한국을 바라는 귀하의 신념에 공감합니다. 이와 관련하여 국회에서 의원입법이 추진되고 있으나, 법률안이 통과되기 전까지는 국민 여론과 관련 부처의 의견을 수렴하여 많은 사람의 동의를 구하는 과정이 필요합니다. 개정법률안이 발의되면 귀하의 의견이 반영될 수 있도록 지원하겠습니다. 아무쪼록 원하는 대로 모국방문이 이뤄지길 바랍니다.

앞으로 한국에서 무국적 '조선'적에 대한 인지도가 높아져 재외동포법 개정의 기운이 조성되기를 고대하는 따름이다.

그리고 나도 장차 이루어질 남북통일국가의 '잠재적 국적'을 가진 자로서 그 책임을 자각하면서 앞으로도 나답게 통일에 이바지해 나가고자 한다.

『통치론』 제2논고에서 로크가 무게를 둔 것으로 알려진 권리에 '저항권'이 있다. 통치의 타락이 일어났을 때, 사람들은 국가와의 사회계약을 갱신하기 위해 저항권을 행사할 수 있다. 현대 사회에서 그 저항권을 행사하기 위한 가장 큰 수단이란 '선거'가 될 것이다.

나는 여태껏 어느 나라 국적도 취득하지 않았으며, 당연히 선거권도 없다. 선거에서 한 표를 던져야 국가나 사회가 바뀔 수 있다는 말을 자주 듣곤 한다. 그게 민주주의라고도. 나도 민주주의자이기 때문에 이에 대해 당연히 인정한다. 그러나 선거에 의한 다수결만이 절대적 가치가 아님을 인정하는 것도 민주주의의 철칙일 것이다.

한 편의 시나 한 장의 그림이 선거에서 던지는 한 표의 무게에 버금가는 힘을 갖는다고 믿을 수 있는 사회야말로 민주주의 사회라고 나는 생각한다.

세계대전 이전으로 시대가 퇴행해가는 오늘날 일본의 정세, 또 동아시아와 세계의 국제정세에 두려움을 느끼며 내가 살아가는 이 일본열도 땅이 군대를 갖는 것을 국시로 하는 국가 정부에 의해 통치되는 일이 다시는 없도록, 또 장차 한반도에 들어설 통일국가는 물론이거니와 동아시아와 전 세계 땅에서 국가가 전쟁과 군대를 포기하는 길로 나아갈 수 있도록, 선거권을 갖지 않은 나는 무국적 '조선'적의 삶을 살며 그저 시인으로서 언사를 발하며 살아갈 것이다.

이러한 내 주장은 꿈이나 환상, 어린애 같은 헛소리일 뿐이라는 말을 자주 듣곤 한다. 나 스스로도 평소 그렇게 생각할 때가 잦다. 그래도 나는 이상하게 이 유치스러울 수도 있는 몽상이 조금도 부담스럽지 않고, 오히려 요즘은 마음에 익숙해지는 듯한 느낌마저 든다. 곰곰이 생각해보니 시인이란 본질적으로 무국적자이지 국적을 갖는 것이 더 부자연스러운 일이 아닐까. 이렇게 생각해본다면 시인으로 살아가는 이들에게 무국적 '조선'적자라는 존재는 그리 나쁘지만은 아닐 것 생각이 스치기도 한다.

나는 한때 조선인이라는 진정된 나를 숨기며 살았다. 스스로에게 거짓 말을 하며 살아가야 하는 고통이란 인간에게 견디기 힘든 일이다. 이러한 고통을 다시는 맛보고 싶지 않다는 마음의 소리가 지금도 내 안에서 끊임없이 울리고 있다.

국적 없는, 국적을 넘어서는 사회로

첸티엔시

국적으로 나를 규정짓지 말아 주세요

글로벌화, 정보화시대를 사는 우리는 갈수록 국경을 넘어 해외로 나갈 기회가 늘고 있다. 그뿐만 아니라 직접 이동하지 않더라도 다른 문화적 배경을 가진 사람을 만날 기회도 많아졌다. 또 인터넷을 통해 해외에 있는 사람과 연결되는 일도 적지 않다.

새로 알게 된 사람들 사이에서 종종 무심코 "당신은 어느 나라 사람인 가요?" "어디서 오셨나요?"라는 질문을 주고받을 때도 있다.

그때 "○○인입니다"라고 국적으로 답하는 경우가 흔하다. 상대방도 종종 그런 대답을 기대한다. 그렇게 답하고 나면 서로 그 나라 언어나 문화에 관한 이야기로 이어진다. 그리고 상대방을 어떻게 이해하며 어떻게 범주화해야 할지, 어떤 화제를 꺼내면 좋을지를 가늠할 수 있어 손쉽기도 하다.

하지만 솔직히 말해 나는 그런 질문에 쉽사리 대답할 수 없다. 내 귀속을 국적으로 대입해봐야 진정 나를 제대로 전달할 수 없다는 생각이 들어서 말이다. 오히려 색안경을 끼고 나를 보지 않을까 하는 생각이 들어 도리어 불안해진다.

요즘과 같은 트랜스내셔널한 시대에는 복수국적자를 비롯하여 이민이나 난민의 배경을 가진 사람이나 국제결혼 가정에서 태어난 사람, 해외에서 자란 사람 등등 나와 유사한 경험을 겪는 이들이 늘고 있지 않을까.

이 책이 주목하는 조선적 사람들도 이와 비슷한 답답함을 오랫동안 경험해 왔을 것이다.

나라도 나도 변한다

나는 하얼빈에서 태어나 만주국시대를 경험하다가 제2차 세계대전 후 대만으로 건너간 아버지와 후난성湖南省에서 태어나 전후에 대만으로 건너간 어머니 슬하에 일본에서 태어났다. 태어나자마자 일본과 대만중화민국 그리고 중국중화인민공화국 간의 외교관계 변동 속에서 우리 가족은 무국적자가 되었다. 일본이 내게 발급해준 신분증 속 국적란에는 '무국적'이라는 세 글자가 적혀 있었다.

일본에서 태어나고 자랐지만, 부모님께서는 "중국인으로 당당하게 살아라"라고 가르쳐 주셨다. 요코하마에서 다닌 화교학교에서는 아침마다 중화민국 국기를 게양하며 국가를 불렀다. 대만에 갈 때는 '후이 타이완回臺灣, 대만으로 돌아간다'이라고 했다. 무국적으로 적힌 신분증 때문에 차별과 편견이 심해 일본에서 소수민족으로 살아가는 데 싫증이 나서 홍콩이나 미국으로 건너갔다. 하지만 그곳에서도 자리를 잡지 못하고 결국 돌아간 곳은 가족이 사는 일본이었다.

시대에 따라 세계정세가 변하면서 일본, 중국, 대만, 홍콩, 미국 사회나 이미지가 변용하고 있다. 한때 내가 소속감을 느꼈던 나라는 이미 크게 변화했다. 한편, 나 자신도 나이나 경험에 따라 정체성과 사고방식이 변화하고 있다. 그런 와중에 하나의 국가만으로 나를 대변하게 한다는 것은 솔직히 무리가 있다.

국적이라는 제도가 내포하는 속박, 배타성

하지만 이 시대를 살아가는 사람들의 사고는 그 대부분이 국가라는 제도에 사로잡혀 있다. 18세기 말 근대 국민국가의 성립과 함께 국민, 국적이라는 개념이 탄생했다. 국가제도에 기반한 국적은 배제와 포용의 시스템으로 기능하며, 누가 구성원이고 누가 그렇지 않은지를 구분 짓는다. 거기서는 국적이라는 제도가 갖는 배타적 측면이 엿보인다. 국적제도 자체가 무국적자를 낳는 성질을 지니고 있기 때문이다. 최근 들어 유럽이나 미국을 비롯한 전 세계에서 배타주의가 대두하고 있는 것은 더욱 무섭게 다가온다. 이에 의해서도 국적이라는 제도가 갖는 배타적 측면을 엿볼 수 있다. 국적제도 자체가 무국적자를 낳는 성질을 지니고 있으니 말이다.

사람이란 태어날 곳과 부모를 선택할 수 없다. 대부분 사람의 국적은 태어난 곳을 기준으로 하는 출생지주의나 부모를 기준으로 하는 혈통주의에 따라 결정된다. 선천적으로 주어진 신체의 각 부위와 마찬가지로 많은 사람은 자신의 국적을 기득旣得한 것으로 받아들이고 있어 자신에게 '주어진' 국적, 더 나아가 국적이라는 제도에 의문을 품는 일은 드물다.

트랜스내셔널시대가 되면서 다행히 사람들은 자신의 정체성과 국적을 떼어내서 생각할 수 있게 되었다. 사람들은 이동이나 이주를 통해 여러 곳에 애착을 두며 살아간다. 이는 자연스러운 모습이며, 꼭 하나의 국적을 고집하거나 무언가를 지켜내려 한다고 해서 다른 국적을 부정할 필요가 없다. 그래서 하나의 국적에만 귀속을 둘 필요도 없다. 그렇게 하려는 사람들이 있는 것은 당연한 일이다.

이민이나 난민, 무국적자 등 국가와 국가 사이에 놓인 사람들은 여러 곳에 애착이 있어 이들 국가 간이 평화롭기를 원한다. 어느 하나를 선택한다는 것은 도저히 할 수 없다. 할 수만 있다면 공존공영해 주기를 원한다. 그런 그들이 종종 전 세계적으로 만연한 배타주의의 희생양이 되기 마련이지만, 본래 그들이야말로 문화적 가교역할을 할 수 있는 존재라는 것을 세계는 깨달아야 할 것이다. 그리고 국가 간의 경계에 놓인 당사자 스스로도 그 역할을 자각해야 할 것이다.

인간이란 국적뿐만 아니라 태어난 곳이나 사용하는 언어 등 다양한 것들과 연결되며 살아가고 있다. 나는 30여 년 동안 무국적을 경험한 후에 국적을 취득했지만, 국적 따위로 나 자신이 달라지지는 않았다. 오히려 여러 곳에 애착을 두며 여러 정체성을 분별하면서 살아가고 있다. 사람을 국적에 따라 규정짓고 국적으로 묶고자 한다는 것은 현실적이지 않을 뿐더러 도리어 시대에 뒤떨어진 사고방식이라는 것을 깨달았기 때문이다.

무국적의 그림자와 빛

무국적 사람들은 현대 사회에 만연한 국가-국적을 기반으로 한 제도 탓에 차별과 구별을 겪고 있어 곤경에 처하는 일이 비일비재하다. 그 결과 무국적자는 불쌍한 사람이라는 마이너스의 이미지를 지니게 되어, 무국적자를 없애야 한다는 풍조가 조성된다. 하지만 국민국가나 그 아래서 만들어진 국적제도를 바꾸지 않는 한, 무국적자의 문제는 사라지지 않을 것이다.

과연 무국적이란 불쌍하고 부정적인 측면밖에 없는 것일까?

무국적을 경험해본 내 입장으로 볼 때, 무국적자에게는 '무無'에서 비롯된 순수성과 헝그리 정신, 독특한 세계관 그리고 무엇보다 국가의 속박과 배타성에서 벗어나 사회의 진실을 엿볼 수 있다는 장점이 있는 듯하다.

이미 국민국가제도는 이러한 트랜스내셔널시대에 어울리지 않는 것이 되어가고 있다. 인류가 나아가야 할 세상이란 국적으로 인한 차별과 배타성을 없애고 국적을 초월한 진정한 의미의 '무국적 사회'가 아닐까.

제7장

글로벌시대의 조선적

인터뷰에서 보는 아이덴티티 제상諸相

이리카

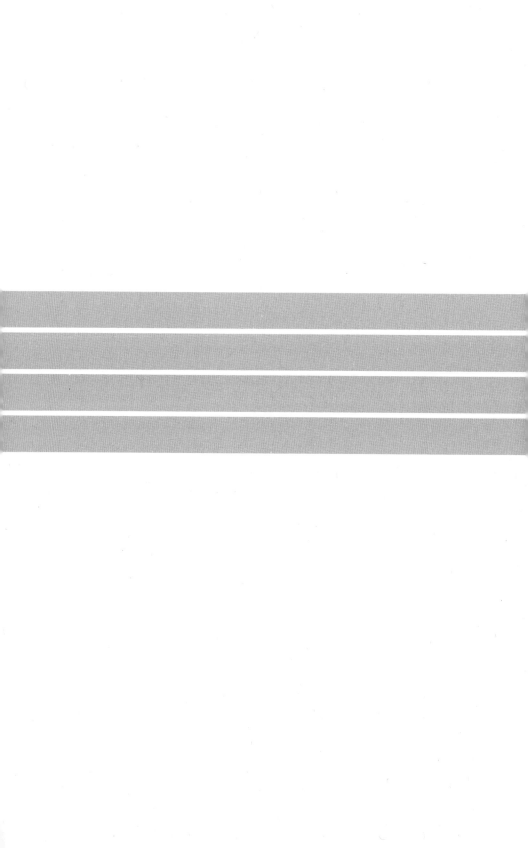

조선적을 둘러싼 상황은 최근 들어 크게 변화하고 있다. 특히 2000년 대 이후 세계화와 혐한의 고조로 나타나는 국내외 정세 변화는 재일코리 안 중에서도 조선적자에게 여태껏 경험해보지 못한 현실을 직면케 한다. 이 장에서는 2000년대 이후에 20대와 30대가 된 조선적자국적 변경자 포함에 초점을 맞추어 이들이 시대의 흐름 속에서 조선적을 어떻게 인식하고 앞 으로의 삶과 커리어를 어떻게 구축하려 하는지 그 양상에 다가감으로써 조선적자의 리얼리티에 접근해 보고자 한다.

1. 들어가며

아이덴티티란 가변적인 것이다. 여기서 말하는 아이덴티티는 소속감 sense of belonging을 말하는 것이지 자아ego를 말하는 것이 아니다. 아이덴티 티는 태생적으로 갖추어진 것이 아니라 환경이나 사회관계에 의해 조건 화된다. 따라서 살아가면서 변하기도 하고, 여러 개 아이덴티티를 동시에 가질 수도 있다. 또한, 각자 직면하는 상황에 따라 달라지기도 하고, 주체 적으로 정체성을 가지려 하지 않는 경우도 있다. 나아가 생애 주기가 바 뀌어 환경이나 인간관계가 바뀜에 따라 아이덴티티가 변화하는 경우가 잦으며, 사회관계가 가족이나 학교에서 직장, 지역 사회로 확대되면서 아이덴티티 또한 중층화되기도 한다.

그런데 여태껏 재일코리안의 아이덴티티는 민족과 국가를 중심에 두고 논의되어 왔다. 국가와 민족에 대한 아이덴티티가 다른 어떤 아이덴티티보다 우선된 현대 사회의 영향도 있겠지만, 소수자가 된 재일코리안이 민족과 국가로 인해 구별 / 차별을 받아온 것도 영향을 미치기도 했다. 이러한 여건에서 재일코리안들은 상호부조 조직을 키우며 공동체를 형성하고 민족적 유대를 구축해 나갔다. 그리고 전후에는 한반도에 건국된 두 개 국가 중 어느 쪽에 속하느냐 하는 정치 문제도 개입하게 되면서 재일코리안들은 '북'과 '남', '통일조선', '일본'이라는 국가들 가운데 어디에 귀속할 것인지를 고민해야 했다. 그 결과 아이덴티티에 대해서도 '조국지향'이나 '(일본으로의) 동화지향', 또는 '가교'나 '틈새'처럼 국가를 중심으로 하는 틀 속에서 이해되며, '틈새'에 있는 사람들은 '자이니치在日'라는 민족집단에 귀속의식을 두는 '민족지향'으로 분류되었다.

최근 들어 이러한 견해에 대해 다양해지는 재일코리안의 모습을 밝혀내기 위한 조사나 연구들이 다수 발표되고 있다. 세대 차이뿐만 아니라 결혼이나 더블double, '귀화', 각기 받은 학교 교육에 따른 차이 등에도 초점이 맞춰지고 있다.[1] 또한 젠더의 관점을 도입한 연구도 수적으로는 많지는 않지만 발표되고 있다.[2] 그러나 이러한 연구성과 중에 조선적에 초점을 맞춘 것은 제한적이다.[3] 이 배경에는 이홍장李洪章 씨2010·2015년가 지적하듯 조선적을 획일적으로 '조국지향적'이라고 간주하려는 문제도 있지만, 조선적을 논하기가 어려운 측면도 작용하는 듯하다. 왜냐하면 조선적은 나카무라 일성中村一成 씨의 『사상으로서의 조선적思想としての朝鮮籍』2017에 등장하듯 '조국＝통일조선'으로 여기는 이들이 있는가 하면 이 책의

공저자인 정장丁章 씨제6장처럼 '조선적 = 무국적'이라고 생각하는 사람도 있고, '북조선'[4]과 연계된 재일본조선인총연합회이하 조선총련 또는 총련의 커뮤니티에 속하는 사람도 있다. 이처럼 다양한 입장을 가진 사람들을 어떻게 그려낼 것인가 하는 문제와 더불어 조선총련 커뮤니티를 어떻게 생각할 것인가 하는 문제가 조선적을 논할 때 빼놓을 수 없기 때문이다. 특히 일본에서 '북조선 혐오'가 확산되면서 조선총련이나 조선학교에 대한 헤이트스피치가 극심해진 가운데, 당사자가 아닌 사람이 중립적 입장에서 조선총련과 연관된 커뮤니티나 학교, 사람에 대해 논하기가 어려워, 논하는 일 자체를 기피하는 경향도 있다.

그러나 조선적 사람들이 직면하는 여건은 작금 글로벌화시대의 문제를 선명하게 투영하기도 한다. 왜냐하면 조선적이 투영하는 세계는 국가에의 귀속이나 국적이 당연하게 부여되지 않는 세계이며, 그런 이들을 향하는 '시선'이 어떠한 것인지, 국적을 가진 측의 인식이 어떠한 것인지를 부각시켜 주기 때문이다. 따라서 조선적에 주목하는 일을 통해 오늘날 국가에 귀속하는 것이 어떠한 의미를 지니고 있을지를 이해하게 될 것이다.

제6장에서 정장 씨는 그동안 잘 거론되지 않았던 무국적자로서의 경험을 논하고 있다. 또한 제5장에서는 문경수 씨가 조선적자의 생활세계를 그려내고 있다. 따라서 이 장에서는 조선적자조선적자로서의 경험에 주목하기에 '국적'을 변경한 이들을 포함함 중에서도 특히 조선학교에 재학한 경험이 있는 이들에 초점을 맞추고자 한다. 총련 커뮤니티 구성원이라고 해서 꼭 조선학교를 졸업한 것이 아니며, 또한 조선학교에 재학했다고 해서 총련 커뮤니티 구성원이 되는 것도 아니지만, 조경호曹慶鎬, 2012년 씨가 밝혔듯이 조선학교가 사람들을 이어주는 결절점結節點으로 기능하고 있어 조선학교에 재학한 경험을 하나의 시좌로 삼아 제5장이나 제6장과는 또 다른 관점에서 사람

들의 여러 양상을 묘사해 보고자 한다. 구체적 내용에 들어가기 전에 먼저 조선적 사람들이 직면하는 글로벌화의 물결이란 과연 어떠한 것인지에 대해, 이를 특징짓는 세 가지 사항을 살펴보고자 한다.

2. 글로벌화, 혐한과 혐오, 그리고 한류

글로벌화와 '이동의 불편함'

글로벌화로 인해 돈과 재화가 전 세계를 순식간에 돌아다니듯 국경을 넘나드는 사람의 이동이 지구 규모로 이뤄지고 있지만, 조선적 사람들은 국경을 넘는 데 많은 제약이 따르고 있다. 왜냐하면 국경을 넘기 위해서는 여권이 필요한데, 조선적자에게는 여권이 없기 때문이다.

엄밀히 말하면 조선적 사람들은 여권이 없는 사람과 일본에서 '유효한 여권'이 없는 사람이 있다. 제1장에서 고희려高希麗 씨가 자세히 서술했듯이 조선적은 한반도 출신임을 나타내는 '적籍'이지 '국적'이 아니다. 다만 본인이 원한다면 '북조선'여권을 발급받을 수 있다. 그러나 설령 '북조선' 여권을 가지고 있다 하더라도 일본 정부는 이를 '유효한 여권'으로 간주하지 않는다. 왜냐하면 일본은 '북조선'을 '미승인국가'로 규정하기 때문이다. 일본 정부는 한국을 한반도에서 유일한 합법 정부로, '북조선'을 '미승인국가'로 규정하기 때문이다. 따라서 '북조선'여권을 가진 조선적 사람들은 "일본에서 유효하다고 인정되는" 여권을 갖지 않는 것으로 간주된다. 이러한 사정으로 인해 조선적 사람들은 일본의 국경을 넘어갈 수 있는 여권 (혹은 유효한 여권)을 가지고 있지 않다.

그렇다면 여권이 없는 조선적자는 어떻게 국경을 넘나들 수 있을까?

먼저 일본 정부로부터 '재입국허가증'을 발급받는다. 이 증명서제1·2장, 칼럼 1의 그림 참조를 가지고 일본을 출입국한다. 다음으로 여행지 국가의 입국 및 체류허가비자를 취득한다. 다만 국적을 가진 사람처럼 여행지를 선택할 수 있는 것이 아니라, 국제정세나 여행지의 정세에 따라서는 입국허가가 나지 않을 수도 있다. 특히 2002년 미국이 '북조선'을 '악의 축'으로 지목한 이후부터는 '북조선'여권 소지자든 조선적자든조선적 = 모조리 '북조선 해외공민'이라는 잘못된 인식이 국내외에 확산된 일도 관련이 있음 해외여행이 어렵게 되었다.

비자신청 절차도 복잡하기 그지없다. 예를 들어 일본국적이나 한국국적으로 미국이나 호주를 여행하기 위해서는 ESTA나 ETAS와 같은 온라인 비자신청 절차를 밟을 수 있다. 필요한 정보를 입력하고 비용을 신용카드로 결제하면 며칠 안에 허가가 나오는 것이 일반적이다. 유효기간 내라면 여러 번 여행할 수 있는 비자도 있다. 그러나 조선적자의 경우, 먼저 대사관에 비자신청을 위한 서류를 제출해야 한다. 경우에 따라서는 인터뷰도 받아야 한다. 인터뷰는 몇 주 후에 받을 수도 있고, 바로 받을 수도 있다. 지방에 사는 사람이라면 인터뷰를 보기 위해 도쿄나 오사카에 있는 대사관 또는 영사관을 오가야 한다. 또한 인터뷰를 거쳤다고 해서 꼭 비자가 발급되는 것도 아니다. 비자를 발급받게 되더라도 여행할 수 있는 횟수나 기간은 제한된다. 영화 〈GO〉에서는 조선적자인 주인공의 아버지가 하와이 여행을 가기 위해 '국적'을 바꾸는 장면이 등장하는데, 부담없이 해외여행을 떠나는 것이 여의치 않은 상황을 엿볼 수 있다. 그리고 글로벌화에 따라 국경을 넘나드는 절차의 간소화가 세계 곳곳에서 추진되고 있지만, 조선적자는 이 흐름에서도 뒤처진다. 예를 들어 일본에서는 2009년 7월 15일에 공포된 「출입국관리 및 난민인정법 및 일본국과의 평화조약에 의하여 일본국적을 이탈한 자 등의 출입국관리에 관한 특

례법 중 일부를 개정하는 등의 법률」^{이른바 신(新)재류관리법}에 의해 외국적 주민의 출입국 절차를 간소화하는 방침에 따라 '간소화된 재입국허가'^{제도}^み^{なし再入國}가 도입되었다. 이는 유효한 여권과 재류카드^{특별영주자증명서 등}를 소지한 외국인이 1년^{특별영주자는 2년} 이내에 일본에 재입국할 경우, 원칙적으로 재입국허가를 취득하지 않고도 재입국을 허용하는 제도다. 그동안 일본 법무성 입국관리국^{현 출입국재류관리청} 사무소를 방문하여 취득해야 했던 '재입국허가'를 공항의 출국심사대에서 수속할 수 있게 되었다. 이에 따라 일본에 거주하는 외국적 주민들의 해외여행이 쉬워졌다. 그러나 조선적 사람들은 '유효한 여권'을 가지고 있지 않거나, 아예 여권 자체를 가지고 있지 않아 이러한 글로벌시대의 '이동의 자유'를 누릴 수 있는 체계나 제도에서 소외되고 있다.

한국 입국에 있어서는 한층 더 큰 어려움이 기다리고 있다. 제4장에서 김웅기^{金雄基} 씨가 서술했듯이 재일코리안은 한국에서 '북'과 '남'이라는 두 가지 유형 중 어느 하나로 분류되는 경우가 잦아, 이명박 정권^{2008~2013년}과 박근혜 정권^{2013~2017년}하에서는 입국이 어려워진 시기가 있었다. 또한 한국에 입국하기 위해서는 한국 정부가 발급하는 여행증명서^{이른바 '임시여권'}를 발급받아야 입국이 가능한데, 일시적이라 하더라도 '대한민국'에 귀속되는 자로서 여행증명서를 발급받아야 하기에 그 절차가 복잡하다. 후술할 인터뷰로도 알 수 있듯이 이 절차를 진행하면서 한국공관 측이 자신과 가족의 출생에 대해 물어보는 경우가 있고, 때로는 조선적을 버리고 한국국적으로 전환하라는 권유를 받는 일도 있다고 한다. 이러한 대화를 재량권을 가진 영사관 직원으로부터 듣고 대답해야 하는 상황에 몰리면서 정신적 부담을 느끼는 이들도 적지 않다. 즉 '임시여권' 취득 절차는 한국이라는 국가에 대해 어떠한 입장을 취할 것인지를 표명하는 행위가 되면서 당사자들에게는 그러한 입장에 서는 것에 대한 정신적 부담을 강요받는 측면이 있다.

이러한 상황 속에서 조선적자가 느끼는 것은 이동을 둘러싼 '불편함'이다. 그렇다고 이동 자체가 불가능한 것은 아니다. 다만 가족과 함께 하와이나 괌으로 휴가를 떠나는 일도, 2박 3일 동안 한국에서 저가 여행을 즐기는 일도, 거래처의 해외지사나 공장을 방문하는 일도, 출장을 명받아 바로 떠나는 일도, 친척이 잠든 무덤을 방문하는 일도 쉽사리 이루어질 수 없는 현실에 직면하게 된다. 글로벌시대에 사람들이 세계 곳곳을 누비는 시대에도 조선적자가 이를 실현하기 위해서는 갖은 어려움을 감내해야 하며 결과적으로 글로벌화의 물결에서 뒤처지게 된다.

헤이트가 고조되는 속에서

조선적자를 둘러싼 최근 몇 년 동안의 변화로 또 하나의 사건이 일어났다. 이는 일본 안에서 거세진 재일코리안에 대한 혐오헤이트다. 전전, 전후를 막론하고 조선인 차별이 있었지만, 국제화와 글로벌화의 흐름 속에서 다문화공생의 사상이 일본에서도 서서히 확산했다. 1990년대부터 2000년대에 걸쳐 외국인지방참정권, 지방공무원의 국적조항 폐지 등의 논의도 활발해졌다. 당시에는 일본인과 외국인이 손을 잡고 일본 사회를 더 나은 사회로 만들어나가고자 하는 기운이 있었다.

그러나 2002년 9월 북일 정상회담에서 당시 김정일 국방위원장이 일본인 납치 사실을 시인한 것을 계기로 TV와 잡지에서 납치사건과 북일을 오가는 북한 화물선 만경봉호의 니가타항 입항 여부를 둘러싼 보도가 연일 이어졌다. 그중에는 '북조선'을 조롱하는 듯한 기사와 보도도 적지 않았고, 같은 시기 재일코리안에 대한 혐오도 급격하게 표면화되기 시작했다. 예를 들어 2003년 10월의 한 신문의 지방판 기사에 어떤 다방 주인이 손님에게 "재일(코리안)을 모두 모아서 죽여버려야 한다"라고 말하는 상황을 자신의 남편으로부터 들은 재일코리안 여성이 "북조선에 대한 반감이 우리를 겨냥하여 고조될까 봐 두렵다"라고 말하는 상황이 소개되었다.[5] '북조선' 정부에 의한 미사일 / 인공위성이나 핵실험 관련 소식이 이어지는 가운데 재일코리안에 대한 헤이트도 극에 달했다.

야마모토 카호리山本かほり, 2017년 씨는 일본 사회에 확산한 '북조선 혐오'라는 사회 풍조가 급속히 확산하는 가운데. "북조선과 어떤 관계가 있다면 뭘 저질러도 상관없다는 풍조"가 있고, '북조선'과 연관되는 교육을 하는 조선학교에 대해서도 "악 / 세뇌 / 프로파간다라는 안일한 사고방식"이 퍼져나가는 상황에 대해 강한 우려를 나타냈다.[6] 조선학교에 다니는 학생들에 대한 폭행과 괴롭힘이 일본 각지에서 잇따르고, 조선학교 측에서는 혐오로부터 학생들을 보호하기 위해 교복까지 바꾸는 사태가 벌어지기도 했다.[7] 또한, 2009년에는 교토조선제1초급학교당시 앞에서 학생들이 학교에 있는 평일 시간대를 노려 1시간 동안 확성기로 "간첩 자식", "조센징은 사람이 아니다" 등 차별적 언사를 반복적으로 외쳐대는 단체도 등장했다. 이러한 행위에 대해 교토지방법원은 손해배상과 학교 주변 가두선전 등의 금지를 명령하는 판결을 내리기는 했지만, 아이들에게까지 가차 없이 혐오의 화살이 향하는 현실을 상징하는 사건이 되었다.[8]

'조선적 = 북조선 해외공민'이라는 인식이 확산한 것도 이 시기다. 제3장에서 한동현 씨가 지적하듯 2015년에 기존의 '한국·조선적'이라는 단일 범주로 분류해 오던 재일코리안을 한국국적과 조선적으로 일본 정부가 구분 짓기 시작하는 등 '조선적 = 해외공민'이라는 '시선'을 강화하는 듯한 대응이 잇따랐다.[9] 또한, 이홍장 씨2015년는 일본 정부가 '북조선'

에 대한 경제제재 일환으로 조선적자에 대해 출입국허가 발급을 제한하고 있는 정황을 밝히면서 '북조선'에 대한 "적대시 정책의 일환으로 조선적자에 대한 탄압을 강화할 것으로 보인다"라고 지적했다.[10] 조선적으로 남아있는 것은 더 이상 이러한 정치에 휘말리는 일을 피할 수 없다는 것을 의미로 받아들여졌다. '북조선 혐오'가 고조되면서 조선적자 중에서 '국적'을 변경하는 이들이 늘어났다. 예를 들어 2004년 3월 5일 한국 정부 소식통은 2002년 조선적에서 한국국적으로 변경한 재일코리안의 수가 전년 대비 두 배 이상인 약 7,500여 명에 달했으며, 2003년에는 상반기에 1만 6,400여 명을 넘어섰다고 밝혔다.[11]

2010년대에 이르자 이명박 대통령당시에 의한 독도 상륙2012년 8월 10일과 위안부, 소녀상 등 한일 간의 역사 문제를 계기로 헤이트스피치가 한반도 출신 '조선인' 전반을 겨냥하기 시작했다. 2016년 6월 「헤이트스피치 대책법」정식명칭은 「본방 외 출신자에 대한 부당한 차별적 언행의 해소를 위한 노력의 추진에 관한 법률」이 시행되면서 매리잡언罵詈雜言의 차별선동이 수면 위로 좀처럼 떠오르지 않기 시작했지만, 헤이트스피치 자체가 사라진 것은 아니다. 예를 들어 2020년 1월에는 다문화 교류시설인 가와사키시川崎市 후레아이관ふれあい館에 "재일조선인을 이 세상에서 말살하자. 생존자가 있다면 잔인하게 죽여버리자"라는 내용의 연하장을 보내는 등, 오늘날에 이르기까지 괴롭힘과 혐오는 여전히 계속되고 있다.[12]

한류의 물결 속에서

'북조선' 혐오가 확산하는 가운데 일본에서 고조된 한반도를 둘러싼 또 다른 흐름이 있다. 바로 한류 붐의 도래다. 2002년 FIFA 월드컵 한일 공동개최를 계기로 일본에서 한국 관련 정보가 쏟아지기 시작했다. 한국 문화를 호의적으로 소개하는 기사나 보도가 이어졌고, 일본 여성과 한국 남성의 연애를 주제로 하는 한일 합작 드라마 〈프렌즈〉가 양국의 지상파에서 이틀 연속 방영되기도 했다2002년 2월. 월드컵에서는 한일 양국의 대표팀이 결승 토너먼트에 진출하면서 축구 열기가 달아오른 영향도 크다.

이러한 흐름에 박차를 가한 것이 2004년을 강타한 이른바 〈겨울연가〉 붐이다. 2003년 NHK 위성방송에서 두 차례 방영된 것을 시작으로 2004년 4월부터 8월까지 지상파방송인 NHK 종합채널에서 방영된 한국 드라마 〈겨울연가〉는 마지막회가 방영될 무렵에는 시청률이 20%를 넘어섰다. 〈겨울연가〉 관련 행사가 곳곳에서 열리기도 했고, 촬영지 투어에 일본 관광객이 몰려들었다. 이후에도 〈가을동화〉, 〈대장금〉 등 한국드라마가 NHK를 비롯한 지상파에서 방영되면서 한국드라마의 인기가 고조되었다. 비디오 대여점에서는 한국드라마 코너가 마련되기도 했고, KNTV, Mnet, KBS World, DATV 등 한국 예능 프로그램이나 드라마를 방영하는 전문 채널도 속속 생겨나 한국 배우들이 팬미팅이나 디너쇼를 위해 일본을 찾는 일이 잦아졌다. 이후 역사 문제를 둘러싼 한일 간의 정치적 긴장이 고조됨에 따라 한국 드라마의 지상파 방영이 급격히 줄어들기는 했지만, YouTube를 비롯한 새로운 영상세계와 SNS시대를 살아가는 젊은이들이 K-pop을 선호하게 되면서 한국 드라마뿐만 아니라 K-pop 인기도 고조되면서 한류 인기는 식을 줄 몰랐다.[13] 이미 동방신기나 BIGBANG이 일세를 풍미했지만, KARA와 소녀시대 그리고 아시아와 세계 각지에서 스타가 된 TWICE와 BTS 등 아이돌들이 일본에서도 인기를 끌면서 새로운 연령층이 한류 팬이 되었다.

한류는 일상생활 속에서 한국에 관한 정보를 '소비할 수 있게' 했지만, 이제 영상세계뿐만 아니라 일상생활이나 문화적 측면에서도 한국 문화를 '체험할 수 있게' 해주었다. 예를 들어, 신주쿠 신오쿠보에 가면 K-pop 아이돌과 한류스타 관련 상품을 구매할 수 있기도 하고, 한국 화장품이나 캐릭터 상품도 손쉽게 구할 수 있게 되었다. 한국 음식도 김치와 비빔밥은 물론 최근 한국에서 인기를 끊은 닭갈비나 치즈떡볶이, 호떡 등이 편의점이나 슈퍼에서 판매되고 있다. 한국어를 공부하거나 한국무용 등 전통문화를 배우는 사람도 늘어났고, 한국무용 공연에서는 무용수나 관객 중에 '일본인' 애호가들을 찾아볼 수 있게 되기도 했다.

그런데 여기서 주의해야 할 점은 이웃나라 한국 사람을 '가깝고도 먼 사람'에서 '가깝고 친근한 사람'으로 바꾸는 계기를 마련했지만, 일본에 사는 재일코리안에 대한 이해를 깊이 일, 즉 재일코리안을 '타자'로 보는 주류 사회의 '시선'을 바꾸는 계기는 될 수 없었다는 점이다. 그럼에도 한류는 재일코리안 사회에도 많은 영향을 미쳤다. 그중 하나는 재일코리안 또한 한류의 소비자가 되었다는 점이다. 특히 조선학교를 다닌 경험이 있는 이들에게는 다음 두 가지 측면에서 영향을 미쳤다.

하나는 한국 관련 정보가 생활 속으로 유입된 점이다. 한류를 접하면서 한국을 친근하게 느끼게 된 사람도 적지 않다. 재일코리안은 세대교체를 거쳐 오늘날 4세, 5세들이 출현하고 있다. 따라서 한국은 조상의 나라^조 ^{국'이나 '뿌리'라고 불리는 존재}이기는 해도 오랜 세월을 거치면서 꼭 한국에 친척이나 지인이 있는 것은 아니다. 언어도 다르고 생활습관도 다르다. 사고방식도 한국에서 나고 자란 사람들과는 다르다. 한국에서는 재일코리안을 '반쪽짜리'라며 폄하해온 역사가 있는데 재일코리안 역시 한국에서 나고 자란 사람들을 가리키며 '본국 사람', '본국 한국인' 등으로 불러 구별해 왔다. 이런 가운데 한류는 생활 속에 한국 정보를 재빨리 가져다주는 역할을 했다. 특히 한국 여행이 어려워 한국과의 교류가 활발하지 않았던 조선학교 출신 조선적자들에게 한류는 일상생활에 속에서 한국문화를 왕래할 수 있는 기회를 마련했다. 그러나 한편으로는 한류의 세계를 통해 한국의 내셔널리즘에 노출되어, 때로는 최사화崔紗華, 2019년 씨가 지적히듯이 아이덴티티 크라이시스identity crisis로 이어지기도 한다.[14]

또 하나는 한국어 / 조선어를 할 수 있다는 함의를 바꾸어 놓았다는 점이다. 조선학교에서는 조선어를 국어로 가르치고 있다. 오영호吳永鎬, 2019년 씨가 밝혔듯이 조선학교에서의 조선어교육은 "아이들을 조선인으로 키우는 데 가장 중요한 요소"이자 탈식민지화를 위한 실천이었다.[15] 따라서 조선학교에 재학하면 조선어와 일본어의 이중언어를 구사할 수 있게 되기는 하지만, 일본 주류 사회에서 그 능력을 발휘할 수 있는 기회는 그동안 그리 많지 않았다. 그러나 한류시대가 열리면서 한국어를 할 수 있다는 것은 자막 없이도 한국 드라마나 K-pop 노래를 이해할 수 있을 뿐만 아니라 한류 시장 확장과 맞물려 일부 사람들에게는 생계수단이 되기도 했다. 그렇다고 한류가 조선학교 출신자들의 활약 기회를 극적으로 늘린 것은 아니다. 예를 들어 한 한국 엔터테인먼트 전문채널이 일본에서 개국했을 당시. 30명 안팎의 스태프 중에 조선학교 출신 재일코리안이 3명 정도로 그쳤다. 또한, 그 전문채널의 위탁을 받아 한국 드라마와 예능, 뉴스 프로그램 등에 자막을 붙이는 번역회사 스태프자막회사로부터 위탁을 받는 프리랜서 번역가 포함 중에서도 조선학교 출신들은 소수다. 그러나 이처럼 한류는 비록 일부이기는 하지만 일본과 한국에서 활동할 기회를 열었고, 이에 따라 한국어 / 조선어를 배우는 의의도 바꾸어놓았다.

3. 인터뷰를 통해 본 조선적의 정체성 제상

이제부터는 2000년대부터 2010년대에 20, 30대가 되어 커리어와 삶의 기반을 구축한 조선적자들을 대상으로 실시한 인터뷰의 기록을 바탕으로 그들이 조선적을 어떻게 인식하고 있는지를 살펴보고자 한다.인터뷰는 2019년 8월부터 2020년 3월까지 진행했다. 여기서 언급하는 것은 그중 17명의 기록이다.[16]

인터뷰에 응해준 사람들은 세대로 볼 때 3세가 많았지만, 대화를 나누다 보니, 예를 들어 아버지는 2세인데, 어렸을 때 일본으로 건너간 어머니가 1세인 경우나, 할아버지 쪽에서 따져보면 4세가 되지만, 할머니 쪽에서 보면 3세가 되는 경우 등 세대를 명확하게 분간할 수 없는 경우가 많았다. 이에 스스로를 재일코리안으로 인식하는 조선적을 가진 이들의 경험에 주목해 보기로 했다.

가족 구성, 나이, 직업, 출신, 학교 등과 같은 정보는 개인을 식별할 수 있는 정보이기 때문에 여기서는 가급적 자세한 배경을 설명하지 않는 것으로 개인정보를 보호할 것이다. 같은 이유로 이름도 가명으로 표기했다.

조선적을 유지하는 것·변경하는 것

한국과 마찬가지로 일본에서는 태어난 아이의 국적이 '혈통주의'에 의해 결정된다. 따라서 부모가 어떤 국적을 가지고 있는지가 아이에게 그대로 영향을 미친다. 이런 사정 때문에 인터뷰에서는 가족 중 누구에게 조선적이 있는지에 관한 가족사를 묻는 것으로 대화를 시작하는 일이 많았다. 친척 대부분이 조선적이라고 말하는 사람은 조부모 세대가 같은 나라 사람들끼리 서로를 도와가면서 그 속에서 일하고, 아이들을 조선학교로 보냈다. 그러한 생활을 지탱하기 위해 기부도 했고, 그 관계 속에서 살아왔기 때문에 조선적이라는 것이 "당연한 느낌"이었다고 들려주었다.[17] 또 반대로 친척 대부분이 일본국적을 취득한 사람은 자신의 가족만 조선적이었던 이유에 대해 아버지가 "사상적으로 총련을 믿었기 때문"이라고 말해 주었다.[18] 한편, 신조와는 다른 이유로 가족이 조선적을 유지해 왔다고 하는 사람은 부모 세대 중에는 '문제의식이 있는 사람'도 있기도 했지만, 일상생활에 쫓겨 뚜렷한 입장을 취할 수 있는 상황이 아니었다고 한다. 이에 대해 다음과 같이 말해주었다.

> (가족이 조선적이었던 이유는) 일단 모두 총련계였으니까. 일꾼전업 활동가이라기보다는 총련 지지. 그렇다고는 해도 시대적 흐름으로 정치적 사상은 아니다. 한국적은 '변경'이라는 절차가 필요하다. 평소 생활이 바쁘기도 하고, 그 와중에 군이 바꿀 필요가 없었다는 것도 있고……[19]

한국국적을 취득하기 위해서는 '국적' 변경 절차뿐만 아니라 한국호적에 관한 서류도 갖춰야 한다. 고향을 떠난 지 몇 세대가 지난 상황에서 호적을 추적하는 일이 쉽지 않은 사람도 있고, (아시아태평양)전쟁 중이나 전후의 혼란 속에서 서류를 찾을 수 없게 된 경우도 있다. 또 어떤 사람은 "귀찮아서 바꾸지 않은 사람도 많다. 군이 해외에 갈 일이 없으면 애써 여권 문제를 맞닥뜨릴 필요가 없으니까"라고 말해 주기도 했지만, "2002년 경에 납치 문제가 터지면서 바꾼 사람이 많았다"라며 2000년대에 들어서면서 상황이 달라졌음을 가르쳐주기도 했다.[20]

제2장에서 필자 최사화 씨가 언급하듯이 조선적이 국제정치의 쟁점으로 부상한 시기도 있다. 그러기에 그 시대를 살았던 조부모나 부모가 살아생전에 '국적'을 바꿀 수 없었다고 말하는 사람도 있었다. 할아버지가

돌아가신 후에 가족들이 한국국적으로 바꾼 사람은 할아버지의 무덤을 고향에 만들기 위해 어머니가 먼저 '국적'을 한국으로 변경하고, 몇 년 뒤에 외할아버지도 돌아가셨기에 조선적을 유지한 채로는 한국행이 어려워 가족들이 잇따라 국적을 바꾼 상황을 알려 주었다.[21] 재일코리안 대부분은 조부모나 증조부가 일본과 가까운 제주도나 경상도를 비롯한 한반도 남쪽 출신이다. 하여, 이 세대가 사망하면 고향에 뼈를 묻어주고 싶어하는 가족들도 많다.

그렇다고 묘지 때문만은 아니다. 아버지가 돌아가신 일을 계기로 어머니가 한국국적으로 바꾼 사람은 어머니가 한국을 방문해보고 싶어서 '국적'을 바꿨다고 당시 상황을 말해 주었다.[22] 마찬가지로 아버지가 돌아가신 일을 계기로 남은 가족 대부분이 한국국적으로 바꾼 사람은 "이제부터는 여행 등 자유롭게 하고 싶어서"라는 이유로 가족들이 '국적'을 변경한 상황을 말해 주었다.[23] 그리고 또 다른 사람은 "의리를 지킬 필요가 없어졌다"라며 돌아가시기 직전에 한국국적으로 바꾼 아버지의 심경을 이야기해 주기도 했다.[24]

여성들 중에는 결혼을 계기로 '국적'을 변경한 사람도 있었지만, 사정은 좀 더 복잡하다. 자신이 일본인과 결혼할 줄은 몰랐다고 말하는 한 여성은 일상생활 속에서 일본인 친구도 많고 일본인과 결혼하는 것이 뭐가 나쁘냐고 생각했지만, 갈등도 있었다고 말해 주면서 "어찌든 더 이상 나아갈 수 없어 바꿀 수밖에 없었다"라고 당시 심정을 알려 주었다.[25] 또 결혼 상대의 부모가 조선적을 '북조선'국적이라고 생각하여 아무리 그렇지 않다고 말해도 아이가 태어나면 "그 아이가 '북조선'으로 비추어질 것"이라며 상대 부모가 '국적'을 바꿀 것을 타이른 사례도 있었다.[26] 그 외에도 한국에서 한국인과 결혼식을 올리기 위해 '국적'을 바꾼 사람도 있었다.[27]

또 일본인과 결혼을 하게 되어 과감히 꿈에 그리던 해외 결혼식을 올리기 위해 '국적'을 바꿨다고 밝힌 사람도 있었다.[28]

이동의 불편함

'국적'을 바꾼 또 다른 계기로 이동의 불편함을 꼽는 이들도 많았다. 유럽에서 6개월 동안 인턴십을 하기 위해 출국 전에 해당국 대사관에서 인터뷰를 두 차례나 받은 적이 있다고 밝힌 사람은 영사관이 도쿄에만 있어 간사이關西지역에서 인터뷰를 받으러 갔다. 그랬더니 그곳에서 오픈티켓 항공권에 일본으로 돌아오는 날짜가 적혀있지 않아 직원으로부터 "6개월 후에 돌아오기로 되어 있는데 날짜가 정해져 있지 않은 게 이상하다"라며 강한 어조로 질책을 받았다고 한다. 이때 그녀의 비자신청은 기각되었다. 한 번 기각된 신청은 영사가 바뀔 때까지 신청해도 좀처럼 허가가 나지 않을 거라는 중개업체의 말을 들은 그녀는 영사가 바뀌었을 때 두 번째 신청을 했다. 이때 담당자는 "친절해 보이는 인상"으로 "영어를 천천히 구사해 주었다"고 한다. 이 두 번째 신청으로 도항이 성사되었지만, 당시 다니던 회사의 송별회도 거절할 정도로 우울해진 그녀는 당시 심경을 다음과 같이 말했다. "도쿄까지 교통비도 두 배나 들었고…… 일본국적이면 아무 일도 없이 갈 수 있었을 것이고, 연장한다고 해도 6개월 후에 돌아와서 바로 다시 갈 수 있는데, 도대체 뭔가 싶더라고요." 체류를 연장을 할 수도 있었지만, 일본에 돌아와서 같은 절차를 다시 반복해야 했기 때문에 일찌감치 포기했다고 한다.[29]

해외여행을 둘러싼 어려운 상황을 겪으면서 조선적에 대한 생각을 바꾼 이도 있다. 그 사람은 지인이 당초 한 유럽국가로 유학갈 것을 원했지만 조선적이라는 이유로 유학비자가 나오지 않았다고 한다. 결국 당시 도항이 가능했던 미국으로 행선지를 바꾸었다. 그런데 그 지인이 유학을 갔다가 거기서 갑자기 사망한 상황에서 역시 조선적이던 그의 부모 또한 조선적이라는 이유로 자녀 곁으로 달려갈 수 없는 상황을 목격하게 되었다. 그녀는 그전부터 "조금이라도 서류가 부족하기만 해도 여행을 갈 수 없을 것"을 실감해 왔다만, 이때 느낀 "참담한 심정"을 계기로 '국적'을 바꾸고 싶다는 생각이 강해졌고, "국적은 단지 이동수단일 뿐, 여권을 받기 위한 국적이라고 스스로 생각하기로 했다"며 그 심경을 말해 주었다.[30]

여권을 둘러싼 복잡한 심경은 한국 임시여권이나 한국국적을 취득할 때도 마찬가지다. 한국 임시여권을 신청할 때마다 영사관 측에서 전화연락이 왔다고 밝힌 사람은 전화상으로 "'북한 여행 이력이 있나요?'라고 한국어로 물어온다. 상대방은 정보를 가지고 있지만, 일부러 모르는 척하며 물어본다"라고 당시 상황을 알려 주었다. 또 다른 사람은 임시여권을 신청했더니 영사관 직원으로부터 "다음번에는 (한국국적으로) 변경하세요. 다음에는 안 나올 겁니다"라는 말을 들었다고 한다.[31]

임시여권을 신청했다가 발급받지 못한 친척을 목격했다는 사람은 그 친척이 "왜 일본인은 갈 수 있는데 같은 민족인 내가 갈 수 없냐"며 분통을 터뜨렸던 상황을 말해 주었는데 그런 친척의 모습을 보면서 자신도 "믿었던 것으로부터 버림받은 느낌이 들었다"라고 말했다. 이후 여권을 취득하기 위해 한국국적을 취득했지만, 면접을 앞두고 "소문으로 애국가를 부르게 한다"라는 말을 듣고 긴장했다고 한다. 자세히 밝혀주지는 않았지만, 실제 면접을 겪고 나서 "국가라는 제도가 도대체 뭔지, 과연 민주국가가 맞냐며 무심코 생각했다"라며 그 심정을 일러 주었다.[32]

임시여권이 발급되지 않는 시기가 있었던 영향도 크다. "이명박 정권이 들어선 뒤로는 전혀 안 나오더라고요. 몇 번이고 신청해봤죠. 그래도 나오지 않았어요"라며 당시 상황을 알려 주었다. 신청을 해도 "안 나오면 연락이 오지 않으니 직접 확인해야 한다"는 것도 알려 주었다. 이 시기에 하와이로 직원여행을 가자는 이야기가 나와서 미국비자도 신청해보았지만, 비자가 좀처럼 나오지 않자 "결국 직원여행을 못 가게 됐다"며 사면초가가 된 당시 상황을 알려 주었다.[33]

'국적'을 바꾼 이들은 그때 일을 생생하게 기억하고 있다. 1주일에서 2주일이면 수속이 끝나는 경우가 흔하지만, 조선학교 재학 경험이 있으면 3, 4주가 걸린다고 알려 준 사람은 졸업 후 총련 활동에 참여했던 시기가 있었기 때문에 면접에서 직원에게 "왜 그만두었느냐"는 질문을 여러 번 받았고, "저쪽영사관 측도 조사해 놓은 상태라 뭐라뭐라 하더라"라며 당시 주고받은 대화를 들려 주었다.[34] 또 한국 출신자와 결혼하기 위해 한국국적으로 바꾼 사람은 영사관 직원으로부터 "당신이 정말 결혼하는 게 맞나요? 당신의 아버지가 이러이러한데도 정말 결혼할 건가요?"라는 질문을 여러 번 받았다고 한다.[35] 또 다른 사람은 당시 상황을 다음과 같이 말해 주기도 했다.

> 인터뷰 자체는 그리 길지 않지만, 꽤나 우울한 말을 해대더군요 (…중략…) 제 동생의 결혼 상대 직업 등 꼬치꼬치 캐물었거든요. 특히 가족에 관한 일이나 (…중략…) (그리고 직원으로부터) 북과 남이면 일단 남에 붙겠다는 거지? 국적만 한국으로 바꾸고 총련을 지지할 거면 한국국적은 못 주겠어"라는 식의 말을 하더라고요.[36]

마지막으로 이야기를 들려준 사람은 인터뷰를 마친 후 "부모님께 나쁜 짓을 저지른 것 같아 많이 우울했다"고 털어놓기도 했다. 다만 "중간에 그만둘 생각은 없었다. 어쨌든 조선적은 불편했고, 나 자신의 알맹이가 변하지 않을 거라고 생각했고, 나는 나라고 생각했으니까"라고 말해 주었다.[37]

'국적'을 바꿀 것을 결심해도 거기에는 다양한 이유가 있고, 복잡한 심정이 있다. 어떤 사람은 "시대의 흐름이니까"라며 온 가족이 국적을 바꾼 이야기를 들려 주기도 했지만, 다른 사람은 "바꿀 때 실은 좀 싫었다"라고 말하기도 했다. 왜냐하면 "(여러 서류 등에서) '조선'이라고 적어왔는데, 뭔가 패배한 기분이 들었다"라고 속내를 털어놓았다.[38]

뒤의 문장에도 나오지만, 조선적을 유지하기로 한 사람들도 "지고 싶지 않다"라며 그 심정을 말해 주었다.[39] 아마도 '졌다 / 지고 싶지 않다'라는 말의 본뜻은 누군가를 구체적으로 겨냥하는 것이 아니라 국가에 귀속되는 것을 당연시 여기는 세상과 그 구조에 대해 그리고 이에 따르지 않으면 갖은 어려움을 겪게 되는 현실을 표현한 것이 아닐까 생각해 본다. 인터뷰를 통해 드러난 것은 국적과 국가에 대한 자신의 입장을 몇 번이고 반복적으로 표명해야 하는 부조리함이기도 했다.

앞으로의 시대를 살아가기 개인화와 재再민족화

그렇다면 이들은 앞으로의 시대를 어떻게 살아가려고 하는가? 인터뷰 후반부에서 이들이 들려준 말을 통해 크게 두 가지 경향이 드러났다. 하나는 '내가 자이니치이라는 것'을 재인식하여 개인으로 살아가기로 결심한 사람들의 말이다. 어떤 사람은 해외여행 경험이 있고 조선적으로서의 불편함을 여러 번 경험한 상황에서 유럽에서 EU 가입국이 늘어나면서 "10년 사이에 국경통제가 사라지고 직원들도 없어지는" 상황을 목격하면서 국적이란 개인의 선택이라고 생각하게 되었다며 다음과 같이 말했다. "조선인이라는 것을 자랑스럽게 여기며 당당하게 살아가라고 조선학교에서 배웠다. 민족교육을 받은 사람들은 국적이라는 것이 자신의 사상을 반영하는 것으로 인식하는 경우가 많은 것 같다. 하지만 그렇지 않고 자신이 살아가기 편한 국적을 선택하면 된다고 생각한다"라고 말했다. 그녀가 '자이니치의 비극'이라고 부르는 일상의 모습도 자신의 '국적'을 바꾸는 계기가 되었다고 말해 주었다. 이는 부모·자식 간이나 부부 사이에서 '국적'을 놓고 다투며, 일본인과 결혼한 친구가 동창회에 참가하기가 어려워지는 분위기가 있었다고 한다. 그녀는 "우리가 사는 세계는 특수하다"라는 것을 알면서도 "누가 그렇게 만들었을까 하는 생각이 문득 들 때가 있다"면서도 이런 국내외 상황을 목격하면서 그녀는 "애써 (조선인이라는 것을) 자랑스럽게 여길 필요도 없고 자연스럽게 받아들이기로 했다"라는 심경을 밝혀주었다.[40]

또 다른 사람은 직장에서의 경험을 말해 주었다. 성은 '고바야시通名'라는 통명通名, 일본 이름을 사용하지만, 본명은 조선어 발음을 그대로 쓰며 일하고 있는 그녀는 직장 동료들이 "뭔가 반짝이는 이름이네요라는 말을 듣는다"라고 말했다. 다만 이력서를 보고 그녀가 한국적이라는 사실을 알고 있는 직장 상사는 한일 간의 역사 문제나 '북조선' 관련 뉴스가 나올 때마다 혐한과 혐오가 가득 찬 말을 그녀에게 던진다고 한다. 그래서 어느 날 직장에서 자신이 한국국적임을 밝혔더니 "역사 문제가 끝났으면 좋겠네요"라고 말을 건네준 사람도 있었지만, 주위의 반응은 냉담했고 혐한의 말을 들어야 하는 그녀의 상황은 달라지지 않았다고 한다. 이러한 상황에 대해 그녀는 "요즘 좀 힘들다. 꽤 힘들다"라며 그 심정을 털어놓았는데 한편으로는 "어느 나라든 남의 나라를 우습게 봐서는 안 되는 건데……. 왜 저런 게 판을 치는지 모르겠다. 이런 일에 휘둘려서는

안 된다"라고 강하게 다짐하며 지금의 상황을 이겨내려고 노력한다고 말했다.[41]

한류 관련 일을 하면서 '일본인'도 '한국인'도 함께 직장에 있는 사람들도 비슷한 고립감을 느끼며 일하고 있다고 알려 주었다. "갈수록 내가 누군지 알 수 없게 된다"라며 자신의 심정을 털어놓은 그는 자신이 한반도에 속해 있다고 생각해 왔지만, 한국인과 일하면서 "이제 차이를 잘 느낄 수 있다"며 한국인과의 차이를 하루하루 느끼고 있다고 한다. "(일본인으로부터는) 이름과 국적만 보고 한국인으로 인식된다"면서도 "한국인이 보기에는 말한국어도 어눌하고, 의식도 일본식이고, 일본인인 줄 안다. 한국국적이라는 것을 알고 있지만, '넌 한국인이 아니라 일본인이 아니냐?'라는 말을 서슴지 않게 내뱉는다"고 한다. 일본인으로부터도 한국인으로부터도 '타자'로 여겨지는 상황에서 "내가 너무 생각하는 게 아닐까?"라고 우울해질 때도 있지만, "(상대가) 안전지대에 있기 때문에 함부로 다르다고 말할 수 있다"는 것을 깨달았다고 한다. 다만 때로는 "(이런 대화로 인해) 차별이 생겨나거나 (차별을) 조장하거나, 사람을 무의식적으로 차별하는 근본이 있다"는 것을 아는 사람을 만나기도 한다고 한다. 이런 사람들의 존재가 마음의 버팀목이 되어준다고 한다.[42]

고립감이 깊어지면서 어디에도 속할 수 없다고 생각하게 된 사람도 있다. "이렇게 말하면 끝장인지도 모르지만, 북조선국적을 가지고 있었을 당시에도 선거권이 있는 것도 아니고 거기서 사는 것도 아니었다"면서 이후 한국에 호적을 만들기는 했지만 "○○도 출신이라고 해봐야 살아보지도 않은 데다가 가본 적도 없고 연고도 없는 곳에 호적을 만들었을 뿐"이라고 생각하게 된 경위를 말해 주었다. 그러면서 일본에 대해서도 "세금을 내며 살고는 있지만, 선거권이 없다"면서도 "여기일본에 갈 수밖에 없는 것 같다"는 심정을 털어놓았다. 조부모 세대부터 조선학교를 지탱하며 자신도 조선학교 존속을 위해 분투한 경험이 있지만, 결국 도달한 지점이란 기댈 곳 없는 존재로서의 자신이었다고 한다. 조선학교를 졸업해서 "유일하게 좋았던 것은 매스컴을 믿지 않게 된 것. 한쪽만 바라봐서는 안 된다"라며 농담을 섞으면서 고립감을 전해준 그는 "가장 딱 알맞는 것은 난민. 나라가 없는 난민"이지만 "고향을 쫓겨났다거나 빼앗긴 것과는 다르죠, 특히 3세와 4세는 다르죠"라며 굳이 자신을 표현해본다면 "지구인, 동아시아 사람이랄까"라고 말했다.[43]

또 다른 생각을 갖게 된 이들도 있다. 이는 사회적 소외와 고립감에 직면하면서 "나는 자이니치"라는 것을 재인식하게 되면서 민족적 유대감을 가지려고 생각하게 된 사람들이다. 조선적자라서 부조리와 불편함을 목격할 때가 잦았던 그는 "국적은 어디까지나 생활과 일을 하는 데 여러 가지 이유로 입게 될 옷과 같은 것. 영혼 같은 것이 아니라 겉으로 드러내는 옷과 같은 것. 조선이 싫어하고 한국을 좋아하는 것은 아니다"라는 생각에 다다르게 된 심정을 털어놓았다. 조선학교를 졸업하고 총련 활동을 한 적도 있었지만, "둘 다 좋아하면 좋겠다고 생각해왔어요". 조선학교를 졸업하고 조선총련 활동을 했던 시기도 있었는데 "조선도 좋고 한국도 좋잖아요. 양쪽의 좋은 점을 가지고 가자"며 자신의 귀속을 국가에 두는 것이 아니라 코리안이라는 민족에 있다는 식으로 마음을 바꾸게 된 과정을 들려주었다.[44] 또 학창 시절에 본 한국 영화 〈쉬리〉를 계기로 한국에 대해서도 관심을 갖게 된 경위를 이때 말해 주었다.

또 다른 사람은 이동의 불편함을 겪으면서 조선적을 유지해나가는 의미를 재발견하게 되었다고 한다. 조선적은 자신만의 것이 아니라 조부모와 부모가 '지켜온 것'이라는 생각이 들었다고 한다. "바꾸면 지는 것이다.

분하다"라고 하면서 "일본에서 나고 자란 조선인이면서 조선적. 한국에
도 뿌리가 있고, 이런 데 의미가 있는 것 같다"라며 앞으로의 삶의 방식에
대해 말했다.[45]

또 가족이 잇따라 한국적으로 변경하는 상황에서 자신만이 조선적을
유지하고 있다고 밝힌 사람은 "순전히 역사적 경위로서의 조선적이란 북
조선이 아니잖아, 라는 의식이 강했다"며 조선적을 향한 일본 주류 사회
의 '시선'에 맞서 조선적을 유지하며 저항해 나가고 싶다고 말한 사람도
있다. 이런 생각을 갖게 된 배경에는 "최근 상황을 보면 국외탈출을 생각
해야 하는 게 아니냐는 생각이 들 정도"라고 말했듯이 헤이트스피치의 영
향도 있다. 또 이러한 현실이 있기에 더욱 자녀를 조선학교에 보내기로 결
정한 경위를 말해 주었는데, 그 계기 중 하나로 "곰곰히 생각할수록 다른
선택지가 없다"는 내용의 SNS 글이 있었다는 이야기도 들려주었다. "조
선적으로 남아있는 것이 당연하고 조선인이라는 것이 당연하다는 출발점
에 서지 않으면 자존감이 떨어지지 않을까"라고 말하면서 헤이트스피치
로부터 자녀를 지켜주면서 키우고 싶어하는 부모의 마음을 토로했다.[46]

이번 인터뷰에 응해준 사람들은 2000년대부터 2010년대에 일본 사회
에서 생활기반과 경력을 쌓았을 당시 2, 30대였던 조선학교 재학 경험자
들이며 필자가 인터뷰를 할 수 있었던 것은 극히 일부에 불과하다. 다만
이들은 자신이 일본 주류 사회에서 삶의 터전을 찾는 시대가 되었다는
것을 인식하고 있었다. 어떤 사람은 자신이 학교에 다녔을 당시[1990년대]에
는 일본 대학에 진학하는 경우가 드물었고, 240명의 동급생 중 일본 대
학에의 진학을 희망했던 것은 10명 정도로, 그중 실제로 진학한 사람은
7~8명 정도에 불과했다고 그 변화를 말해 주었다.[47]

또 다른 사람은 2000년대 후반에 조선학교를 졸업했을 당시, 동급생

중 절반 이상이 일본 대학에 진학하여 중소기업을 포함한 일본 기업에서 일하게 되는 상황을 알려 주었다.[48] 이러한 추세는 지방에서 더 두드러졌다고 알려 준 사람도 있었다.[49]

또 그들이 말하지는 않았지만, 두드러지게 나타난 두 가지 경향이 있다. 하나는 성별 차이다. 예를 들어, 결혼을 계기로 '국적'을 바꿨다고 밝힌 것은 모두 여성이었고, 민족적 유대감을 돈독히 하려고 노력한 것은 모두 남성이었다. 이 배경에는 결혼 상대의 문화와 관습에 동화하는 것이 당연시되는 여성의 현실과 사회적으로 부여되는 남성성이 소수자 남성에게는 당연한 권리로 부여되지 않는 (혹은 부정되는) 현실 등이 있어, 소수자 여성과 소수자 남성이 어떻게 여성성과 남성성을 구축하는지에 관한 문제와 연관성이 있다. 이번 인터뷰에서는 충분한 조사를 할 수 없어 젠더에 대해 깊이 언급할 수 없지만 향후 과제가 될 것임을 여기서 밝혀둔다.

또 하나는 국가에의 귀속에 대해 아무도 거론하지 않았다는 점이다. 다만 이는 국가와의 관계를 부정하는 것을 의미하지 않는다. 인터뷰 말미에서 조선적과 무국적 간의 차이를 물었더니 어떤 사람은 "16세까지 조선적이란 곧 조선인이라는 의미인 줄 알았다. 조선민주주의인민공화국이라는 뜻의 조선 사람이기도 했다. 하지만 그렇다고 해서 남과 북이 다르다고 생각한 것은 아니고, 학교에서 자세히 배운 기억도 없다"라고 말한 뒤, 조선학교 졸업생 중에 조선적을 무국적이라고 생각하는 이들이 많지는 않을 것 같다고 말했다.[50] 또 다른 사람은 "내가 선택해서 조선적이 된 것이 아니다. 부모님이 조선적이라서 그렇게 됐다. 하지만 사상 같은 것⋯⋯ 학교에서 배우지도 않아서"라며 민족적 자각을 가질 기회나 자신의 뿌리가 한반도에 있다는 것은 배우기는 했지만, 그것이 현존하는 어떤 국가와 연결되는 것인지, 그것이 명확한 형태로 귀속감과 연결되지 않았던 것을 말해 주었다.[51] 또 이 질문을 던졌을 때, 요즘 시대이기에 더욱 자신의 소속감이 일본에 있다고 말한 사람도 있었다.[52]

4. 나가며

글로벌시대의 도래에 따라 조선적 사람들이 발전시킨 것은 자신의 귀속이 여러 국가에 걸쳐 존재한다는 트랜스내셔널한 감각이 아닐까. 정부나 외교 차원의 국가 간 관계를 '인터내셔널'이라고 한다면, '트랜스내셔널'이란 사람이나 사회 차원에서 여러 나라에 걸쳐 형성되는 관계성^{정신적} 유대감 포함를 뜻한다. 요컨대 트랜스내셔널 아이덴티티란 자신의 귀속이 국가를 초월한 사람과 사회 차원에 있다는 의식이다.[53]

그렇다면 이 귀속감은 과연 기존의 내셔널 아이덴티티와 어떤 점에서 다를까. 우선 다른 것은 하나의 국민국가에 귀속되어야 한다는 감각이 없다는 점이다. 일본이나 한반도 국가에서는 민족과 국가 개념이 혼연일체渾然一體하게 내셔널리즘이 발전해왔기 때문에 사람들은 민족적 출신에 따라 '자국민' 아니면 '외국인'으로 분류되었다. 그러나 재일코리안은 이 틀 안에서 어느 한쪽으로 완전히 구분되거나 분류될 수 없다. 역사적으로 볼 때, 어느 쪽으로도 분류할 수 있고, 어느 쪽으로도 분류할 수 없다. 그 상황은 역사적 변천 속에서 두 번, 세 번 바뀌면서 이제 복층적인 양상을 띠고 있다. 특히 조선적자는 제4장에서 김웅기 씨가 한국 상황을, 제3장에서 한동현 씨가 일본 상황을 지적하듯이 국가에 의해 '멋대로' 정치적으로 이용되어온 경위가 있다. 이런 가운데 인터뷰에 응해준 사람들이 말해준 것은 자신의 귀속이 단일의 민족주의에 통합되거나 통합되어야 한다는 감각이 아니라, 여러 나라에 걸쳐 귀속되어 있다는 감각이다. 어떤 사람은 이러한 상황을 알기 쉽게 다음과 같이 설명해주었다. "북도 아니고 남도 아니지만 북이기도 남이기도 하다", "일본이기도 하다."[54]

내셔널 아이덴티티와 또 다른 점은 자신의 '뿌리'가 재일코리안의 역사와 문화에 있다고 느끼고 있는 점이다. 내셔널리즘이나 내셔널 히스토리는 정주민으로서의 국민의 역사와 문화가 중심이 되며, 이동민移動民의 역사나 문화는 거기서 누락되는 경향이 있다. 그러나 인터뷰에 응해준 사람들은 자신의 '뿌리'가 일본에서 삶의 터전을 마련해 준 조부모로부터 시작되며, 그것이 부모를 통해 자신과 연결된다는 점을 언급했다. 또 인터뷰에서는 "내가 재일코리안이다"라고 말하는 사람이 있는가 하면 "내가 조선인이다"라고 말한 사람도 있었는데, 어느 쪽이든 자신의 '뿌리'가 재일코리안이 걸어온 여정에 있다는 것을 말해 주었다.

다만 이 장에서 부각된 트랜스내셔널 아이덴티티가 꼭 트랜스내셔널한 실천을 수반하는 것이 아니라는 점을 잊어서는 안 된다. 트랜스내셔널 아이덴티티에 관한 논의는 아이와 옹Aiwa Ong, 1999년의 '유연한 시민권flexible citizenship'을 계기로 급속히 고조되었는데, 여기서 거론되는 사람들은 예를 들어 캘리포니아의 베트남, 캄보디아 난민이나 홍콩 반환 후에 이주한 아시아계 미국인들이 여러 개의 여권과 시민권을 번갈아 사용하는 모습이다.[55] 그러나 조선적자는 국경을 자유롭게 넘나들 수 없다. 여권이나 시민권을 둘러싼 상황은 더욱 복잡하며 꼭 개인의 의지나 여건에 따라 번갈아 사용할 수 있는 여건이 있는 것이 아니다. 따라서 여기서 구축된 조선적자의 트랜스내셔널한 세계관이란 트랜스내셔널한 실천과 연동되는 것이 아니라, 정신세계에서 그려지며 구축된 정체성이라는 점을 그 특징으로 꼽을 수 있다.

그리고 한 가지 더 이번 인터뷰에서 드러난 것은 이들이 "코리안이 아니다"라고 **말하지 않았다**는 점이다. 국가에의 귀속을 당연시하는 견해와 확연히 다른 이야기가 많았다고 해서, 그것이 꼭 민족적 정체성을 상실한다는 느낌이나 이를 부정하는 의식과 동일시되지 않았다. 이 배경에는 인터뷰에 응해준 사람들의 사회적 여건이 영향을 미친 것으로 여겨진다. 이번 인터뷰에서는 거의 모두가 사회에 진출하면서 "내가 재일코리안이다"라고 재인식하게 되었다고 밝혔는데, 같은 시기에 이들이 경험한 것은 사회적 소외와 고립감이었다. 직접적인 차별을 겪지 않더라도 주류 사회에서 '타자'로 인식된다는 것은 미디어와 인터넷 세계에서 찾아볼 수 있는 수많은 혐한과 혐오의 언어들을 통해 인지된다. 또 이러한 상황이 일상화된 재일코리안을 '우리we'로 인식하는 관점의 부재와 맞물려 이들의 사회적 소외와 고립감을 더욱 심화시키는 역할을 하고 있다. 이는 한국에서도 마찬가지다. 요컨대 '어디에도 갈 곳이 없다'는 감각이 "나는 재일코리안이다"라는 의식을 재구축하게 하는 계기가 된다. 다만 여기서 재구축된 '재일코리안 / 코리안'이라는 의식이란 일본학교를 통명 즉 민족명을 숨기며 일본 이름으로 다니며 가족들 사이에서도 재일코리안이라는 사실이 거의 화제가 되지 않았던 사람들과는 다른 성격이기에 더 많은 검토가 필요하겠지만, 재일코리안이라는 정체성은 사회적 소외감과 불가분의 관계로 구축되어 있는 점이 여기서 부각되었다.

끝으로 이번 인터뷰 조사를 통해 드러난 것은 글로벌화된 세계가 국민국가와 민족주의를 매개체로 사람들을 선별하는 오늘날 글로벌 사회의 구조이다. 글로벌화는 국경을 넘나드는 사람들의 이동을 가속화시키며 정보와 문화도 전 지구적으로 순식간에 돌아다니는 세상을 창출했지만, 한편으로 자국 중심적 세력과 사상을 부상시켜 그러한 세력들이 국민국가 틀에서 벗어난 사람들에게 혐오의 칼날을 겨누는 것을 용납하는 세상을 만들어내기도 했다. 이러한 세계의 흐름을 피부로 느껴온 조선적 사람들은 여러 국가를 가로지르는 차원에 귀속의식을 갖거나 국민국가와는 다른 차원에 자신의 '뿌리'를 가짐으로써 이 상황을 극복하려 하는지도 모른다. 즉 조선적 사람들이 말하는 세계란 글로벌화의 흐름 속에서 누락되는 사람들의 가혹한 현실을 반영하는 것이기도 하지만, 이와 동시에 거기서 보이는 것은 눈앞에 닥친 폐쇄감을 어떻게 돌파할 것인가 하는 글로벌시대의 새로운 삶의 방식일지도 모른다.

감사의 글
인터뷰에 응해주신 분들과 이 책의 취지를 이해하여 친구나 지인을 소개해 주신 분들의 노고가 없었다면 이 장을 완성할 수 없었습니다. 프라이버시 보호를 위해 일일이 이름을 거론할 수는 없지만, 이 자리를 빌려 진심으로 감사의 마음을 전하고자 합니다.

조선적이 왜 존재하는 것일까요? '사실상의 무국적'이나 '국적 미확인'이라고 불리는 상태가 왜 70년 이상이나 지속되고 있는 것일까요? 그리고 조선적을 가진 사람들이 어떤 경험을 하며 앞으로의 시대를 살아가려는 것일까요?

조선적을 둘러싼 여건은 매우 복잡합니다. 제도적 문제를 내포할 뿐만 아니라, 일본과 한반도 역사가 교차하는 가운데 그 상황이 이전삼전해온 경위가 있습니다. 게다가 최근 들어 재일코리안에 대한 헤이트스피치가 고조됨에 따라 편견과 오해가 만연해진 상황에서 이해를 깊이 한다는 것은 쉽지 않은 상황입니다. 하지만 이 책에서 정장 씨가 지적하듯 재일코리안 모두가 '조선'적이었던 시대가 있었고, 지금도 조선적을 유지하는 사람들이 존재하고 있습니다. 그런데도 이들이 살아온 세계에 관해서는 그리 논의가 이루어진 적이 없습니다. 그 이유가 무엇일까요? 이 책은 이러한 조선적을 둘러싼 상황을 그 윤곽만이라도 이해할 수 있도록 펴내게 되었습니다.

계기는 정장 씨, 김웅기 씨, 고희려 씨와의 만남이었습니다. 2018년 12월, 우리는 뉴질랜드 오클랜드대학에서 열린 국제심포지엄에 참석할 예정이었습니다. 재일코리안을 주제로 하는 이 국제심포지엄은 일본, 한국, 뉴질랜드, 호주, 미국, 이스라엘 등에서 연구자와 활동가들이 모여 각기 발표를 하면서 교류를 나눌 것을 목적으로 개최되었습니다. 우리도 각자 다른 주제의 발표를 할 예정으로 뉴질랜드로 향했는데, 당일이 되자 정장 씨가 비자 문제로 비행기를 탑승하지 못했다는 소식이 전해졌습니다. 항공권을 구입하고 심포지엄에 참석하려 했지만, 출발 당일 체크인 카운터에서 조선적자인 자신의 비자만 발급되지 않았다는 사실을 알게 되었습니다. 그래서 정장 씨의 딸이 혼자서 비행기에 올라 심포지엄에서 정장 씨의 발표원고를 대독하는 용기를 보여 주었지만, '조선적'에 빌미를 잡혀 정장 씨가 재일코리안을 주제로 하는 심포지엄에 참가하지 못하게 된 데 대해 뭔가 석연치 않은 심정이 된 것은 저뿐만 아니라 김웅기 씨와 고희려 씨도 마찬가지였습니다.

우리는 이듬해 6월 일본이민학회 연차대회의 라운드테이블 모집에 응모했고, 정장 씨도 합류하여 '조선적과 트랜스내셔널리즘'이라는 주제로 조선적에 대해 의견을 나누는 자리를 마련했습니다. 이민과 재일코리안을 주제로 하는 연구자들도 참여한 이 자리에서 드러나게 된 것은 다음과 같습니다. 일본에서도 한국에서도 법적 보호에서 조선적자가 누락되며, 그럼에도 불구하고 정치적 영향으로 인해 조선적에 대한 고정관념이 만연해 있다. 국경을 넘는 데 많은 어려움이 따르며. 때로는 국적을 강요하는 언행이나 '시선'에 조선적 사람들이 노출되는 점 등이 이에 해당합니다. 조선적에 초점을 맞춘 연구는 여태껏서문에서 언급한 최근 연구논문 제외 거의 없었고, 일반서로 나카무라 일성 씨의 『사상으로서의 조선적』이 선구적 서적으로 존재할 뿐이었습니다.

"이런 문제가 있는 줄 몰랐다" 등 라운드테이블에 참가해 주신 분들이 소감을 말씀해 주신 가운데 "이 주제가 만약에 책으로 나오게 되면 학생들과 공유하고 싶다"라고 연락을 주신 나고야외국어대학의 요시미 카오루吉見かおる 씨의 목소리에 용기를 얻어 우선은 책을 만들어야겠다고 생각하게 되었습니다. 우연히 이 자리에 참석했던 아카시서점明石書店(당시) 이진환李晋煥 씨에게 이 이야기를 전하자 그는 고개를 끄덕이며 "제가 출판사에서 일하는 이유는 이런 책을 만들기 위해서라고 생각합니다"라며 자신도 같은 뜻을 가지고 있다고 말해 주었습니다.

이렇게 정장 씨, 김웅기 씨, 고희려 씨, 이진환 씨 등과 함께 책을 만들기 시작했지만, 이를 실현하기 위해서는 한동현韓東賢 씨, 문경수文京洙 씨, 최사화崔紗華 씨의 헌신이 없었다면 불가능했을 것입니다. 재일코리안이 놓인 현실에 다가서면서 일본 사회도 한국 사회도 동아시아 국제정세도 꿰뚫고 있는 연구자는 그리 많지 않습니다. 연구자로서 조선적을 포함한 재일코리안을 둘러싼 상황을 진지하게 고민해온 한동현 씨, 문경수 씨, 최사화 씨는 우리의 갑작스러운 의뢰에도 책의 취지에 공감하여 흔쾌히 원고 집필을 승낙해 주셨을 뿐만 아니라, 그 과정에서 많은 전문지식과 정보를 제공해 주셨고, 격려의 말씀도 아끼지 않으셨습니다. 얼마나 큰 힘이 되었는지 모릅니다.

또 칼럼을 집필한 나카무라 일성中村一成 씨와 곽진웅郭辰雄 씨 그리고 인터뷰에 응해주신 안영학安英學 씨는 당사자의 세계를 이해하는 데 소중한 기록을 제공해 주셨습니다. 당사자가 그 세계를 말한다는 것은 상상 이상으로 가혹한 작업입니다. 저처럼 이민자나 민족적 소수자를 주제로 연구를 하다 보면 사회적으로 소외되는 상황에서 사람들이 '목소리 없는 상황'으로 내몰리는 모습을 직시하게 됩니다. 원래는 이를 타파하기 위해 '목소리 없는 상황'을 만들어낸 측이 함께 목소리를 내야 마땅하지만, 여태껏 많은 역사에서 '목소리 없는 자'가 그래도 목소리를 내어도 상황을 바꿀 수 없었던 현실도 있습니다. 개인의 삶이나 가슴 속에 담아둔 생각을 세상에 드러낸다는 것은 용기가 필요한 일입니다. 요즘 세상에서는 이런 일이 헤이트혐오의 표적이 될 수도 있습니다. '목소리 없는 자'에게 이를 강요한다는 것은 폭력이지만, 강요하는 장면도 목격해 왔습니다. 이 책에 기고해 주신 칼럼 집필자들은 그런 현실을 직시하면서도 현실을 받아들이고, 이를 바꾸려고 노력하는 분들입니다. 그분들의 활동에 진심으로 경의를 표하며, 이 책에 소중한 기록을 제공해 주신 데 대해 깊은 감사를 표합니다.

또 이 책은 NPO법인 무국적자네트워크의 협조가 큰 힘이 되었습니다. 대표인 첸티엔시陳天璽 씨는 무국적자를 지원하는 활동을 오랫동안 지속해 오셨고, 정장 씨도 그 활동을 지탱하는 운영위원 중 한 명입니다. 2019년 8월에 개최된 10주년 기념행사에서는 이 단체의 활동이 연구자, 교수, 의사, 변호사, 대학생, 자원봉사자 등 다양한 위치에 있는 분들의 지지를 받아온 사실과 더불어 일본에 수많은 무국적자가 살고 있다는 사실을 알게 되었습니다.

그리고 무국적자에 대해 UN이 어떤 입장을 취하고 있는지를 알려준 것이 아키야마 하지메秋山肇 씨입니다. 조선적을 둘러싼 문제는 고유한 문제가 아니라 다른 여러 문제와도 연동됩니다. 조선적을 보편적 차원에서 생각해 볼 수 있도록 원고를 써줄 수 있겠느냐고 부탁을 드렸더니, 첸티엔시 씨와 아키야마 씨 모두 흔쾌히 원고를 써주셨습니다. 이 자리를 빌려 진심으로 감사의 말씀을 드립니다.

이 책은 정장 씨의 '출국 문제'를 계기로 시작되었지만, 그 상황을 불합리하게 여기는 사람들의 마음이 확산하여 완성되었습니다. 다음은 어디를 향하게 될까요? 조그마한 미용실과 야키니쿠집을 혼자서 운영하면서 저를 키워주신 어머니께서는 제가 대학원에 진학할 거라고는 생각지도 못하셨을 것입니다. 저 자신도 이렇게 되기를 간절히 원했던 것은 아니지만, 세상이 돌아가는 구도를 알지 못하면 앞으로 나아갈 수 없다는 막연한 불안감을 안고 대학원에 진학하게 되었고, 그곳에서 가장 먼저 읽게 된 것은 마르크스, 베버, 뒤르켐, 부르디외 등 사회과학자의 책들이었습니다. 그 속에서 이런 말을 접하게 됩니다. "철학자는 세상을 단지 다양하게 해석해 왔을 뿐이며, 중요한 것은 그것을 바꾸는 일이다."마르크스, 「포이에르

바흐에 관한 테제(Thesen über Feuerbach, フォイエルバッハに関するテーゼ)」, 『マルクス ＝ エンゲルス 全集』第3巻, 大月書店, 1963, 5594쪽 다음은 조선적자가 놓인 상황을 바꾸는 것일지도 모릅니다. 이 책으로 확산될 사람들의 힘을 믿고 싶습니다.

공교롭게도 이 책은 '전 세계인의 이동의 자유'가 제한되는 상황에서 간행되었습니다. 제가 편자로서 원고를 모을 때는 마침 COVID-19로 인한 팬데믹이 확산하여 비상사태 선언이 내려진 시기였습니다. 해외여행은 고사하고 도시와 지방의 경계를 넘나드는 일조차 힘든 나날이 계속되었고, 출장을 가는 것도, 멀리 떨어져 사는 가족들을 보러 갈 수도 없는 상황이 계속되었습니다. "이동이 불가능하다는 것을 경험하면서 일상의 사소한 일들, 예를 들어 태어난 아이의 얼굴을 부모님께 보여드리거나 조부모님의 건강한 모습을 눈에 새기기도 어려워 정신적으로도 많은 부담이 되었습니다. 어찌 보면 조선적자들이 오래전부터 겪어온 '이동의 불편함'이란 이런 것이 아닐까요? 어쩌면 조선적자들이 오래전부터 경험해온 '이동의 불편함'이란 이런 것인도 모른다는 압도적인 현실에 짓눌리는 나날이 되기도 했습니다.

2000년을 앞두고 UN이 내건 목표는 이 지구상에서 "누구도 소외되지 않는 세상leave no one behind"이라는 17개 목표SDGs입니다. 조선적이든 아니든, 국적이 있든 없든, 나라가 있든 없든, 누구 하나 소외되는 일 없이 자유롭고 평등한 사회를 이룩해 나가기 위해 이 책이 조금이나마 도움이 되기를 바랍니다. 마지막으로 이 책을 출판해 주신 아카시서점과 편집을 담당해 주신 구로다 타카시黒田貴史 씨께 진심으로 감사의 말씀을 드립니다.

2020년 8월 15일

이리카

　이 책의 구상 훨씬 이전부터 나는 조선적자의 존재와 이들이 놓인 현실을 알리는 책을 한국에서 펴내야 한다는 생각을 가지고 있었다. 나 개인의 연구주제, 내가 소속하는 연구소의 공동연구 주제에서 비롯된 것이기도 하지만 이와 무관하게 내가 일상을 보내고 있는 한국 사회에서 살아가는 이들의 삶과 사고 틀에도 적지 않은 시사를 줄 수 있을 거라는 기대 때문이다.

　사실 "조선적자란 무엇인가?"에 앞서 "재일코리안이란 무엇인가"라는 제목의 책을 먼저 낼 필요성이 느껴질 정도로 한국 사회가 재일코리안에 대한 인식이 없다고 생각하는 것은 유독 나만의 일이 아닐 것이다. 한반도 밖에서 살아가는 동족의 역사가 국민의 역사와 충돌하는 현실에서 "재외동포란 무엇인가?"에 대해 관심을 환기하기란 여간 어려운 일이 아니라고 기회가 있을 때마다 느끼곤 한다. 그런 상황에서 일본에서조차 조선적 문제를 다룬 전문서가 70년 이상 전무했을 만큼 복잡하기 그지 없는 이 주제를 왜 굳이 이 시기에 한국에서 거론해야 하는가?

　'우리'와 '타자'를 규정 짓는 것은 누가 내 편이고 누가 적인가를 가르는 이분법 논리의 소산이다. 경계가 확실해야 존립이 가능한 국민국가는 이처럼 이분법 논리로 구성되며 정당성을 갖게 된다는 특징을 가지고 있다. 국민국가는 그 생존 즉 경계를 지키기 위해 구성원을 구속하며 목숨마저 바치라며 끊임없이 요구한다. 세계 마지막까지 남은 분단국가 대한민국에서 이런 논리가 극도로 강화된다는 것은 지극히 자연스러운 일이다. 누가 '우리'며 누가 '적'인지 확실해야 불안감을 떨쳐낼 수 있기 때문이다. 확실하게 '우리'로 인정받은 이들끼리조차 끊임없이 '적'을 찾아내려 하는 것도 그 반증이다. 그런 세상에서 신뢰나 화해 따위는 찾아보기가 어려울 수밖에 없다. 이 문제가 상당 부분 해소되어야 비로소 '남'들과의 화해도 가능해질 것이다.

이분법과 더불어 또 다른 문제는 피해의식으로 인한 사고정지 문제다. "내가 더 힘든데……"는 이 나라에서 자주 접하는 언사다. 내가 힘드니 남의 어려움에 대한 사고력과 상상력을 잃게 되는 문제는 살기 위해서라면 반칙이나 불평등이 용납될 수 있다는, 강자독식의 세상을 지탱하는데도 말이다. 그런데 이 사회를 관철하는 부조리나 불합리로 지탱되는 국민국가 대한민국이 또 다른 '피해자'를 주권이 미치지 못하는 일본 땅에서, 그 주권을 최대한 활용하여 양산해온 사실을 아는 이는 거의 없을 것이다. 그것이 바로 재일코리안이며 그 적나라한 실태를 여실히 드러내 주는 것이 이 책의 주제인 조선적자의 존재다.

이 책에서도 언급되듯 조선적이라는 패전국 일본이 '창조'한 조선인에 대한 법적 지위는 이들을 권리보호에서 소외시키고 누구를 합법으로, 누구를 불법으로 규정하는 근거를 마련했다. 이 점에서 권리주체를 '국민 nationals'으로 규정한 「일본국헌법」은 평화헌법이라는 별칭이 무색하게 조선적을 규정한 「외국인등록령」과 짝을 이루고 있다. 오늘날 헤이트스피치로 상징되는 현상의 기원은 이런 곳에서도 찾을 수 있다. 이러한 법과 제도 그리고 현상은 조선인을 호적을 따로 관리함으로써 차별을 정당화해온 일본제국의 논리와의 연속성을 지니고 있다. 민족 간의 서열이 지탱하는 다민족국가였던 '제국'의 논리는 이처럼 단일민족국가로 탈바꿈한 '제국 후'에도 변용된 형태로 잠재된 채 유지되고 있다.

분단된 국민국가 대한민국은 조선적자의 일상에 개입하여 지배한다는 점에서는 이 책이 논의하는 또 다른 주체이다. 재일코리안을 자국민으로 규정한 것은 북한과의 경합 때문이며, 한국국적 선택을 거부하는 이들을 오늘날에 이르기까지 '모조리 '북''으로 간주하고 있다. 남북 간의 체제경쟁에서 한국의 이익을 지지하는 것은 냉전구조 최대의 수혜자인 일본의 국익과도 부합한다. 하여, 한일 국교정상화에 즈음하여 재일코리안의 일본거주권을 규정한 협정으로 재일코리안 각기의 국적에 따라 차등 취급하여 조선적자의 지위를 한국국적자에 비해 불안한 것으로 유지하기로 한 것은 그야말로 한일 양국의 합작품이다. 이때 조선적을 한국국적보다 열위의 지위로 내모는 것을 정당화하는 데 사용된 논리 또한 '조선적자 = '모조리 '북''이라는 이분법이다.

그런데 이분법이 팽배하는 국민국가 대한민국이 이를 가장 잔인한 형태로 휘두르는 대상이란 엉뚱하게도 '북'과의 어떠한 연관성조차 없는 조선적자다. 즉 이들을 '북'에 정체성을 두거나 적어도 수용하는 조선적자보다 소외시키고 있는 셈이다. '북'을 받아들이면 그나마 한국 정국 상황에 따라서는 입국이 허용되지만, '북'의 주홍글씨를 거부할 경우, 국민국가 대한민국이 독점하는 법과 제도로는 어떻게 해도 고향 땅을 찾는 귀환권을 보장해 줄 수 있는 근거를 마련할 수 없다. 그야말로 국민국가의 한계이다. 과연 반공국가에서조차 국민국가 자체에 대한 귀속을 거부하는 죄는 '빨갱이'보다도 무겁단 말인가.

핏줄이 같다고 해외 한민족 누구나가 대한민국의 동포가 될 수 있는 것은 아니다. 이는 재외동포법이 국적이 없는 겨레를 재외동포의 지위에서 배제하는 사실로 알 수 있다. 이 여파로 소련 해체로 무국적 상태에 놓이게 된 고려인동포까지 소외되고 있는 것은 여간 아이러니하지 않을 수 없다. 최근 이들을 포용하기 위한 논의가 대두하고 있으나, 같은 무국적자인 조선적자만을 어떻게 계속 배제해낼지 고민이 깊을 것이다.

재외동포의 역사는 거주국에 따라 매우 다양하며, 단순히 국적만으로 구분 지을 수 없는 복합성을 지니고 있다. 그럼에도 불구하고 오늘날 한국 정부의 재외동포정책의 근간을 이루는 것은 오로지 국적에 의한 분류다. 과거 정부에서는 그나마 맞춤형 정책의 필요성이 제기되었지만, 막상 제도 설계에 관여하는 이들을 지배하는 사고는 단일법, 동일 원칙에 대한 고집이다. 원체 '형평성' 따위가 존재하지 않은, 복잡한 이주사로 인해 여러 속성을 지니게 된 재외동포 각기에 대한 '작용' 문제를 간과한 채 획일적 논리로 '동일하게' '적용'되는 제도를 들이대는 일부터가 '불공정'하다. 외국국적을 유지한 채 내국인 지위를 누리는 재외동포가 있는가 하면, 차별과 편견에 노출되며 경제적, 인권적 소외를 겪는 재외동포도 있다. 그런 와중에 재일코리안, 특히 조선적자는 혈통이 아니라 정치적 잣대로 '북'으로 규정되며 '북'이라는 주홍글씨를 받아들어야만 간신히 입국이 허용되는 그야말로 '밑바닥'의 재외동포, 아니 재외동포로부터조차 배제된 남북교류협력법 상의 '외국국적동포'이다. 이처럼 정치라는 잣대를 오로지 조선적자를 비롯한 재일코리안에게만 적용하는 현실의 어디에 '형평성'이 있단 말인가. 이 문제의 기원 또한 분단과 냉전 그리고 식민지 지배로 얼룩진 과거사다. 과거사 망각의 문제는 유독 일본만의 일이 아니다.

그렇다면 국민국가 논리에 깊숙이 빠져버린 법제도나 사고 틀을 극복할 수 있는 방안이란 과연 없는 것일까. 비록 먼 여정이기는 하나, 이 책에서는 그것이 제시되고 있다. 바로 트랜스내셔널한 현실을 있는 그대로 인지하며 수렴해 보려는 의지와 실천이다. 바꾸어 말하면 국가 중심적 사고를 벗어나 사람의 이동이나 문화의 유동성을 중심에 두는 것이라고 할 수 있다. 이때 함께 대두되는 것이 '사이'나 '틈새'에 대한 인지다. 이는 즉 다양성의 함의가 이분법이 아니라 다층적이고 복합적이라는 것을 의미하게 된다. 조선적자는 남북한 그리고 일본이라는 국민국가들 '사이'에서 뒤웅박처럼 휘둘리는 소수자며, '북'의 주홍글씨를 거부함으로 인해 어떤 정국이 되더라도 한국 입국을 이루지 못하고 있는 정장 씨와 같은 사례는 법제도의 '틈새'에 빠진 소수자 중 소수자다. '틈새'와 '사이'가 생성된 기원 또한 '제국'과 얽힌 과거사다. 즉 해방된 것으로만 알았던 대한민국 또한 여전히 '제국'의 영향을 강하게 받고 있다고 할 수 있다. 이제 불과 2만여 천명까지 감소된 조선적자의 존재와 일상 그리고 이들을 둘러싼 여건에 한국 독자가 관심을 기울여볼 필요성은 여기에 있다.

'제국'에 대한 피해의식이 지탱하는 '우리'가 역시 '제국'이 만들어낸 조선적자를 괴롭히는 '가해자'의 측면도 함께 지니고 있다는 사실은 이분법적 사고의 위험성을 적나라하게 보여준다. 다양성이 다층적이고 복합적이라는 데 대한 인지와 이러한 구조 속에 놓인 타자에 대한 상상력을 갖기 위해 이 책이 제시하는 트랜스내셔널한 사고 틀을 활용해 보면 어떨까 하는 생각이 든다. 이주의 시대를 맞이하여 '우리'의 이동이 잦아진 가운데 의식구조는 도리어 배타성이 강화되고 있는 것이 아닌지 다시 생각해 보기 위해서도 이 책이 많은 한국 독자 손에 닿기를 공저자이자 번역자로서 바라마지 않는다.

2023년 12월
눈이 흩날리는 춘천에서
김웅기

| 서론 |

1   전후에 조선적이 조선민주주의인민공화국의 '국적'으로 간주되는 과정에 대해서는 최사화가 이 책 제2장 「조선적의 제도적 존속과 처우 문제－일본 정부에 의한 한국 한정 승인과 재일조선인 문제에의 적용」에서 상세히 논의하고 있는데, 이후 역사학적 관점에서의 연구도 발표되었다(鄭榮桓, 『歷史のなかの朝鮮籍』, 以文社, 2022). 또한, 조선적을 '조선민주주의인민공화국'으로 해석하는 연구로서는 阿部浩己, 『無國籍の情景』(UNHCR駐日事務所, 2010) 등을 들 수 있다.

2   제1장에서 상세히 논의되는 바와 같이 「샌프란시스코강화조약」 발효에 따라 재일코리안은 일본국적을 소지하지 않는 것이 확인되었고, '조선적'이라는 사실상의 무국적 '외국인'이 되었다.

3   이에 대해 인류학자 하라지리 히데키(原尻英樹) 씨는 "일본 사회의 모순에 노출된 것은 유독 '재일'만이 아니지만, 그 모순이 너무나도 첨예하고 가혹한 형태로 '재일'을 둘러싸고 있다고 지적한다(原尻英樹, 『「在日」としてのコリアン』, 講談社現代新書, 1998, 101쪽).

4   外村大, 『在日朝鮮人社會の歷史學的研究－形成・構造・變容』, 綠蔭書房, 2009, 449쪽.

5   '통일조선'으로서의 조국을 희구(希求)하는 조선적자에 관해서는 中村一成, 『ルポ 思想としての朝鮮籍』, 岩波書店, 2017 참조.

6   '총련'의 정식명칭은 '재일본조선인총연합회(在日本朝鮮人總聯合會)', '만단'의 정식명칭은 '재일본대한민국민단(在日本大韓民國民團)'이다.

7   다만 학술연구에서는 내재적 관점에서 재일코리안을 조명하는 연구성과들이 다수 발표되고 있다. 예를 들어 미즈노 나오키(水野直樹)・문경수(文京洙)(2015)는 일본에서 태어나고 자란 2세들이 조국 한반도에서 태어나고 자란 사람과는 언어도 문화도 다른 현실에 직면하는 가운데 일본 사회가 던진 '동화 아니면 배제'라는 양자택일의 세상에서 마이너리티로서의 자신의 존재를 깨닫고 '자이니치(在日)'라는 새로운 정체성을 확립해 나가는 과정을 세심하게 제시한 바 있다(『在日朝鮮人－歷史と現在』, 岩波新書). 최근 들어 이러한 '자이니치'라는 정체성이 한층 복층적으로 변화되고 있는 점을 밝힌 연구도 다수 발표되고 있다(자세한 내용은 제7장 참조). 대한민국 역사에도, 조선민주주의인민공화국 역사에도, 일본 역사에도 등장하지 않지만, 동아시아 정치로 인해 뒤웅박이 된 재일코리안의 모습을 묘사한 이들 연구는 당사자인 재일코리안으로부터 많은 공감대를 얻어 희망을 안겨주고 있다.

8   일본 정부 통계 統計窓口(https://www.e-stat.go.jp), 「제1표 국적・지역별 체류자격(체류목적)별 체류외국인(在留外國人統計(旧登錄外國人統計))」, 2019.6.

9   위의 글.

10 '이동의 자유'에 관해서는 アントニオ ネグリ・マイケル ハート, 水嶋一憲 外訳,『〈帝国〉 グローバル化の世界秩序とマルチチュードの可能性』, 以文社, 2003 참조.

11 '신이민'이라는 용어는『現代思想(特輯-新移民時代-入官法改定・技能實習生, 外國人 差別)』, 青土社, 2019.4를 참조했다.

12 트랜스내셔널을 둘러싼 개념에 관해서는 スティーヴン・バートベック, 水上徹男 訳,『トランスナショナリズム』, 日本評論社, 2014 참조. 단, 최근의 트랜스내셔널을 둘러 싼 논의나 그 혼란에 관해서는 德永悠,「トランスナショナルが問う研究の在り方ー日 本移民學會年次大會シンポジウムの議論から」,『移民研究年報』第26號, 2020, 9~17쪽 참조.

13 이민연구의 방법론적 문제에 관해서는 李里花,「いまなぜ〈トランスナショナル〉なのか ー日本における移民研究を考える」,『移民研究年報』第26號, 2020, 3~8쪽 참조.

14 예를 들어 한반도와 일본을 동중국해역 연구라는 국가횡단적 관점에서 조사・분석한 연구로는 原尻英樹・金明美,『東シナ海域における朝鮮半島と日本列島ーその基層文化 と人々の生活』, かんよう出版, 2015 등의 연구가 있다.

15 트랜스내셔널 히스토리나 글로벌 히스토리와 관련해서는 예를 들어 Akira Iriye, *Global and Transnational History : The Past, Present and Future*, UK : Palgrave Macmillan, 2013이나 リン・ハント, 長谷川貴彦 訳,『グローバル時代の歴史學』, 岩波書店, 2016 등을 들 수 있다.

|제1장|

1 芦部信喜・高橋和之 補訂,『憲法』第6版, 岩波書店, 2015, 232쪽; 辻村みよ子,『憲法』第 5版, 日本評論社, 2016, 256쪽; 齊藤正彰,『憲法と國際規律』, 信山社, 2012, 4쪽 등.

2 江川英文・山田鎌一・早田芳郎,『國籍法』第3版, 有斐閣, 1997, 3쪽.

3 「유럽국적조약」제2조에서도 국적은 '개인과 국가 간의 법적 연대'라고 정의되어 있다.

4 Ntottebohm Case(second phase), Judgment of April 6th, 1955 : I.C.J. Reports, 1955.

5 李洪章,「朝鮮籍在日朝鮮人靑年のナショナル・アイデンティティと連帯戰略」,『社會學 評論』第61卷 第2號, 2010, 168~185쪽 등이 있다.

6 「제18조 일본신민으로서의 요건은 법률이 정하는 바에 따른다」

7 宮沢俊義,『憲法略說』, 岩波書店, 1943, 46쪽; 平賀健太,『國籍法』上卷, 帝國判例法規出 版社, 1950, 133쪽. 왜 한반도에서 시행하지 않았는지에 관해서는 대만이 국가의 일부 할양이었던 데 비해 조선은 국가 전체의 병합이기 때문이거나(田代有嗣,『國籍法逐 条解說』, 日本加除出版, 1974, 798쪽) 제3국으로 귀화할 것을 방지하기 위해(外務省條 約局法規課,『外地法制誌』第4部 2, 外務省条約局法規課, 1971, 53쪽) 등이 지적되고 있다.

8 「제10조 일본국민으로서의 요건은 법률로 이를 정한다」

9 佐藤達夫,『日本國憲法成立史』第3卷, 有斐閣, 1994, 470~471쪽.「일본국헌법」제10

조가 삽입되기에 이르는 과정에 대해서는 中村安菜, 「日本國憲法制定過程における國籍と朝鮮人」, 『法學研究論集』 제34號, 2011를 참조.

10 「제1 조선 및 대만 관계 (1) 조선 및 대만은 조약 발효일로부터 일본국 영토로부터 분리되므로 이에 따라 조선인 및 대만인은 내지(內地)에 재주(在住)하는 자를 포함하여 모두 일본국적을 상실한다」

11 大沼保昭, 『單一民族社会の神話を超えて-在日韓國・朝鮮人と出入國管理体制』 新版, 東信堂, 1993, 129쪽.

12 "일본이 조선반도에서의 지배권을 상실했기 때문에 이들에게 일본국적을 강제하는 근거는 사라졌다. 그러나 이는 이들로부터 자동적으로 일본국적을 박탈해도 무방하다는 것을 의미하지 않는다."(松井茂記, 『日本國憲法』 第3版, 有斐閣, 2007, 139~140쪽)

13 「最大判」, 『民集』 15卷 4號, 1961.4.5.

14 大沼保昭, 『在日韓國・朝鮮人の國籍と人権』, 東信堂, 2004, 241~242쪽.

15 法務総裁談話, 1950.2.23. "종래의 외국인등록사무 취급상 조선인에 대해서는 그 국적을 모두 '조선'으로 처리해 왔으나, 일부 사람들의 강한 요망도 있어 등록 촉진을 위해서도 적당하다고 여겨지므로 향후 본인의 희망에 따라 '조선'이라는 용어 대신 '한국' 또는 '대한민국'이라는 용어를 사용해도 무방한 것으로 정한다. 즉 현재 이미 등록증명서를 공포받은 자로 해당 국적란의 기재를 '한국' 또는 '대한민국'으로 변경하기를 희망할 경우, 신청을 통해 시구정촌(市区町村)으로 하여금 등록증명서의 기재를 정정하게 할 것이며, 향후 새롭게 발급할 등록증명서에 대해서도 본인의 희망이 있으면 '조선'이라는 용어 대신 '한국' 또는 '대한민국'으로 기재하도록 할 방침이다. 무엇보다 그것은 단순한 용어의 문제이지 실질적인 국적 문제나 국가승인 문제와는 전혀 관계없이 '조선인' 내지 '한국인', '대한민국인' 어느 것을 사용하느냐에 따라 그 사람의 법률상 취급을 달리하는 일이 없다"가 계기가 되어 한국이 기재되기 시작했다(外國人登録事務協議會・全國聯合會法令研究會 編, 『改訂 外國人登録事務必携』, 日本加除出版, 1993, 29~30쪽).

16 森田芳夫에 따르면 사업 목적으로 '한국'으로 변경했다가 일본으로 돌아간 뒤에 다시 '조선'으로 바꾸는 이들이 있는 등의 증명서 개서(改書) 사례가 있었다고 한다(森田芳夫, 『在日朝鮮人処遇の推移と現状』, 湖北社, 1975, 186~187쪽).

17 「재외국민등록법」(1949.11.24, 법률 제70호) 제3조는 등록 대상을 ① 외국의 일정 장소에서 주소 또는 거소를 정한 자, ② 외국의 일정 지역에 20일 이상 체류하는 자로 규정했다. 1999년 12월 28일의 전부 개정 후(법률 제6057호)에는 제2조의 등록 대상으로 "외국의 일정한 지역에 계속하여 90일을 초과하여 거주하거나 체류할 의사를 가지고 그 지역에 체류하는 대한민국국민은 이 법에 따라 등록하여야 한다"라고 규정하고 있다.

18 당사자인 개인보다도 재일본조선인총련합회(이하 총련) 및 재일본대한민국민단(이하 민단) 간의 대립이 요인 중 하나가 되기도 했다. 한국 정부의 어용단체 또는 주일영사관 사무의 보조기관적 존재가 된 민단과 총련 간의 대립구조는 '대한민국(남 측)' 대 '조

선민주주의인민공화국(북 측)'의 지지를 한층 노골화시켜 구 외국인등록상의 국적등
란을 '한국'·'조선'으로 구분 짓게 함으로써 민족적 분열의 고녀를 심화시켰다고 볼 수
있다(朴慶植, 『解放後在日朝鮮人運動史』, 三一書房, 1989, 398~402쪽).

19 金英達, 『在日朝鮮人の歷史』, 明石書店, 2003, 66쪽.

20 政府見解, 1965.10.26. "외국인등록상의 국적등란의 한국 또는 조선의 기재에 관하여
① 외국인등록의 국적란에는 본래 그 외국인의 국적을 기재하는 것으로, 그 국적을 확
인하는 방법은 소지한 여권 또는 이를 대신하는 국적증명서로 실시하고 있다. ② 재일
조선인은 원래 조선호적에 속해 있었으며, 일본국 내에서 거주하다가 일본국적을 잃고
외국인이 된 특수사정에 따라 여권 또는 이를 대체할 국적증명서를 소지하지 않으므로
편의조치로 조선이라는 명칭을 기재하게 되었다. 이런 의미에서 조선이라는 기재는 과
거 일본영토였던 조선반도에서 내일(來日)한 조선인을 가리키는 용어이지, 어떠한 국
적을 표시하는 것이 아니다. ③ 그런데 이들 중에서 한국 (또는 대한민국)으로의 개서
를 강하게 요망한 자가 있어 본인의 자유의사에 의한 신청과 그 대부분이 한국대표부
에서 발급받은 국민등록증을 제시하였기에 한국으로의 개서를 허용했다. 이러한 경
과에 따라 한국으로 개서한 것이며, 게다가 그것이 오랜 기간 동안 유지되고 실질적으
로 국적과 같은 작용을 해온 경위 등에 비추어 볼 때, 현 시점에서 보면 그 기재는 대한
민국의 국적을 나타내는 것이라고 고려하지 않을 수 없다. ④ 최근 한국으로 개서한 이
들 중 일부에서 조선으로 재개서를 희망하는 자들이 나왔는데, 위에서 언급한 바와 같
이 외국인등록상의 한국이라는 기재가 대한민국국적을 나타내는 것으로 생각되는 이
상, 원래 국적의 변경이 단순히 본인의 희망만으로 자유롭게 이루어지는 것이 아니라
는 국적의 본질에 비추어 본인의 희망만으로는 재개서를 할 수 없다."(外國人登錄事務
協議會·全國聯合會法令硏究會 編, 『改訂 外國人登錄事務必携』, 日本加除出版, 1993,
30~31쪽)

21 池上努, 「在日朝鮮人の法的地位について」, 『外人登錄』 第71號, 1963, 8쪽.

22 池上努, 『法的地位 200の質問』, 京文社, 1967, 210쪽. 다만 공식문서에 의한 증명만을
일본 정부가 국적증명으로 인정하기 때문에 DPRK가 국적증명문서를 발행하더라도
이를 인정하지는 않으며, "북선(北鮮)의 국적과 같은 것은 일본의 공식 절차상 있을 수
없다"라는 것이 일본 법무성의 실무적 입장이었다(위의 책, 162쪽).

23 坂田九十百, 「自治体の先導的役割－在日朝鮮人の國籍問題」, 『都市問題』 第63卷 第2
號, 1972, 42쪽. 坂田에 따르면 다가와(田川)시에서 신청을 수리한 날로부터 같은 해
12월 10일까지 4개월 동안 법무성은 2,366건의 재개서를 인정했다고 한다(위의 책,
47쪽).

24 宮崎繁樹, 「在日朝鮮人の國籍登錄變更－『韓國』籍から『朝鮮』籍書換えをめぐって」, 『法
律時報』 第43卷 第1號, 1971, 58쪽. 宮崎는 독일이나 중국, 베트남에 관한 외국인등록
기재에서 당시 독일연방공화국, 독일민주공화국 등으로 기재하지 않았으며, "1950년
연합군 총사령부의 압력에 의해 무리하게 한국이라는 표기를 도입한 것이 혼란을 초래
한 원인이었다"라고 지적했다(위의 책, 60쪽).

25 재일조선인의 본국법에 관한 학설 분류는 木棚照一 監修(西山慶一 擔當), 『『在日』の家族法 Q&A』第3版, 日本評論社, 2010, 4~5쪽의 해설을 참조했다.

26 民事法務協會·民事法務研究所, 『実務 戸籍法』, 民事法務協會, 2001, 418쪽.

27 木棚照一 監修(小西伸男 擔當), 34쪽.

28 法務省, 「在留外國人統計(旧登錄外國人統計)」, 2019.12.

29 「在留外國人『韓國·朝鮮籍』을 分離集計へ 政府, 自民議員要求受け」, 『朝日新聞』 朝刊, 2016.3.5.

30 제2조 제1항 "대한민국의 국민이 되는 요건은 법률로 정한다."

31 제1조 "본 조례는 국적법이 제정될 때까지 조선인의 국적을 확립하야 법률관계의 귀속을 명백히 함을 목적함."

32 "국가가 수립되고 진정한 국적법이 제정될 때까지 조선인의 국적을 확정하여 법률관계의 귀속을 명백히 함을 목적으로 하며, 혈통주의에 입각한 법률을 제정했다."(단기 4281(1948)년 1월 27일 제197차 회의(대한민국국회, 『남조선과도입법위원속기록』 5, 先人文化, 1999, 244쪽))

33 단 현행 한국 「헌법」은 영토조항이 존재하는 한편으로 제4조에 통일조항을 두고 있다. 이러한 특수관계 속에서 제3조의 영토조항 그리고 제4조의 통일조항에 의거하여 DPRK를 어떻게 규정할 것인지에 관한 견해는 다양하게 존재하는데, 대부분 DPRK 정부를 합법적인 정부로 인정하지 않는다(최유, 「북한이탈주민의 법적 개념에 관한 소고」, 『법학논문집』 제38권 제3호, 2014, 9쪽).

34 대법원 1996년 11월 12일, 96누1221.

35 拙稿, 「大韓民國における『國籍』概念と『國民』—國籍法および在外同胞法の檢討から」, 『六甲台論集 法學政治學篇』 第64卷 第1號, 2017, 68쪽.

36 제62조 "조선민주주의인민공화국 공민이 되는 조건은 국적에 관한 법으로 규정한다. 공민은 거주지에 관계없이 조선민주주의인민공화국의 보호를 받는다."

37 제2조 조선민주주의인민공화국 공민은 다음과 같다. 제1항 공화국 창건 이전에 조선의 국적을 소유하였던 조선인과 그의 자녀로서 그 국적을 포기하지 않은 자.

38 노영돈, 『북한의 국적법』, 한국법제연구원, 1997, 34쪽.

39 「統一에 對備한 南北韓의 比較研究」, 仁川大學校平和統一研究所, 『統一問題와 國際關係』 제5집, 1994, 242쪽.

40 青木清, 「北朝鮮公民の韓國國籍」, 『法政論集』 第227號, 2008, 833쪽.

41 金明基, 「北韓住民을 大韓民國國民으로 본 大法院 判決의 法理論」, 『자스티스』 제30권 제2호, 1997, 199쪽.

42 제2조 제2항 "국가는 법률이 정하는 바에 의하여 재외국민을 보호할 의무를 진다."

43 외교부 재외동포영사국 재외동포과, 「국가별 재외동포현황 2019」. http://www.mofa.go.kr.

44 이정훈, 「재외동포법 개정론과 폐지론의 합리성 검토」, 정인섭, 『재외동포법』, 사람생각, 2002, 50~53쪽.

45 헌재 2001년 11월 29일, 99헌마494, 판례집 13-2, 714쪽.

46 제10조 "외국국적을 보유하지 아니하고 대한민국의 여권을 소지하지 아니한 외국거주 동포가 남한을 왕래하려면 「여권법」 제14조 제1항에 따른 여행증명서를 소지하여야 한다."

47 DPRK도 혈통주의에 근거하여 DPRK국적 보유자를 해외동포로 강조하고 있어 남북 교류협력법 제10조는 외국국적을 보유하지 아니하고 대한민국의 여권을 소지하지 아니한 '외국거주동포'라고 복잡하게 정의하게 된 것이다(정인섭, 「조선적 재일동포에 대한 여행증명서 발급의 법적 문제」, 『서울국제법연구』 제1권 1호, 2014, 21쪽).

48 위의 글, 10쪽; 『프래시안』, 2013.12.18. http://www.pressian.com/news/article.html?-no=112573(2019.1.10 검색).

49 일반적으로 무국적은 크게 두 가지로 분류된다. '법률상(de jure)의 무국적자'란 어떤 국가에 의해서도 그 법의 운용에서 국민으로 인정되지 않는 자를 가리키며, 이는 「무국적자의 지위에 관한 조약」(1954) 제1조 제1항의 정의에 의거한다. '사실상(de facto)의 무국적자'란 법적으로는 국적을 가지고 있으나 국적국에 의한 실효적 보호를 받지 못하는 상태에 있는 자를 가리킨다(新垣修, 『無國籍者と日本の國內法-その接点と隔たり』, UNHCR, 2015, 27~29쪽).

50 2009년 12월 1일, 국가인권위원회결정, 09징인2583.

51 이재승, 「분단체제 아래서 재일 코리언의 이동권」, 『민주법학』 제52호, 2013, 203쪽.

52 渡貫諒, 「憲法理論の問題としての無國籍」, 『21世紀研究』 第9號, 2018, 40쪽.

53 "재일조선인은 대한민국·조선민주주의인민공화국 쌍방의 국적법에 따라 국적을 부여받고 있어 필요에 따라 재외 자국민으로서의 보호를 받을 수 있으므로 무국적자라고 할 수 없다. 일본국적도 취득하지 않고 남북 양측의 당국과 접촉이 없는 재일조선인도 필요한 절차를 거쳐 재외국민으로서 보호를 받을 수 있기 때문에 무국적 상태에 있다고 볼 수 없다"라는 지적도 있다(阿部浩己, 『無國籍の情景』, UNHCER, 2010, 51쪽).

54 헌재 2001년 11월 29일, 99헌마494, 판례집 13-2, 714쪽.

55 遠藤比呂通, 『不平等の謎-憲法のテオリアとプラクシス』, 法律文化社, 2010, 176~177쪽; 松井茂記, 『日本国憲法』 第3版, 有斐閣, 2007, 139~140쪽.

56 Schwartz, Barry, TED Talk : The Paradox of Choice, 2005. https://www.ted.com/talks/barry_schwartz_the_paradox_of_choice(2020.3.31 검색).

57 1961년 무국적자 감소에 관한 협약 제10조에 '영역(領域) 이양으로 인해 어떤 개인도 무국적자가 되지 않도록 보장해야 한다'는 규정이 있지만, 일본의 대응은 "영역 이양에 관한 협약 체결 시에 무국적에의 배려가 결락한 교훈으로 과거의 기억이 가르쳐 주는 간격이다."(新垣修, 『無國籍者と日本の國內法-その接点と隔たり』, UNHCR, 2015, 60쪽)

58 日本國籍確認請求事件を支援する會. http://mid.parfe.jp/kannyo/taiwann/index.html (2020.3.30 검색).

59 『한겨레』, 2017.8.15. http://www.hani.co.kr/arti/politics/diploracy/806926.html(2020.3.31 검색).

60 『東洋經濟日報』, 2018.1.26. http://www.toyo-keizai.co.jp/news/society/2018/8_7.
php (2020.3.31 검색).

61 대한민국 정부 민원이란 국민이 행정기관에 대해 신청이나 처분 등 특정행위를 촉구
하는 행위를 가리킨다. 『민원24』에 탑재된 해당 민원은 http://www.minwon.go.kr/
main?a=AA020InfoMainApp(2019.1.10 검색) 참조.

62 「일본국헌법」상의 인권은 권리의 성질상 일본국민만을 그 대상으로 상정하는 것으로
해석되는 것을 제외하고 일본에 체류하는 외국인에 대해서도 동일하게 미친다고 해석
해야 한다는 권리성질설이 일본 헌법학의 통설·판례지만, 국적이 개인의 권리향유 주
체를 결정하는 메르크말로서 기능하는 경우가 많아 재검토할 여지는 많이 남아 있다
(長谷部恭男·阪口正二郎·杉田敦·最上敏樹, 「(座談會) グローバル化する世界の法と
政治ーローカル·ノレッジとコスモポリタニズム」, 『ジュリスト』第1378号, 2009, 4
쪽(阪口正二郎 發言 外)). 또한, 원래 외국인이 입국·체류할 권리를 「헌법」상 보장하
는 것이 아니며, 입국관리시스템 틀 안에 놓여진 존재라는 점에서 의문이 제기되고 있
다(安念潤司, 「「外國人の人權」再考」, 芦部信喜先生古希祝賀, 『現代立憲主義の展開』上,
有斐閣, 1993, 163쪽 이하).

63 飯田芳弘, 『想像のドイツ帝國統一の時代における國民形成と聯邦國家建設』, 東京大學
出版會, 2013, 34쪽.

64 정영환은 이를 국적에 각인된 '끝나지 않은 조선전쟁'이라고 표현했다(鄭栄桓, 「在日朝
鮮人の「國籍」と朝鮮戰爭(1947~1952年)ー「朝鮮籍」はいかにして生まれたか」, 『プライ
ム』第40號, 2017, 57쪽).

65 국민국가와 개인의 관계에서의 '일탈' 사례에 관해서는 陳天璽·近藤敦·小森宏美·佐
々木てる 編著, 『越境とアイデンティフィケーションー國籍·パスポート·ID』, 新曜社,
2012, 제2부 이하가 참조할 만하다.

| 제2장 |

1 陳天璽, 「難民から無國籍者へー身分証明書が持つ暴力性」, 錦田愛子 編著, 『政治主体と
しての移民/難民』, 明石書店, 2020, 118쪽.

2 이 장에서는 조선민주주의인민공화국의 약칭으로 '북조선'을 사용하기로 한다. 따라서
정책을 전개하는 주체로는 '북조선 정부'라는 표현을 사용할 것이다. 다만 일본 정부에
의한 '북선(北鮮)'이라는 호칭 등은 인용 부분에서 원문 그대로 표기했다.

3 阿部浩己, 『無國籍の情景ー國際法の視座, 日本の課題』, UNHCR駐日事務所委託研究,
2010, 51쪽.

4 陳天璽, 「難民から無國籍者へー身分証明書が持つ暴力性」, 錦田愛子 編著, 『政治主体と
しての移民/難民』, 明石書店, 2020, 118쪽.

5 「在留外國人統計(旧登録外國人統計)」, 『e-Startー政府統計の総合窓口』. https://
www.e-stat.go.jp/stat-search/files?page=1&clayout=datalist&toukei=00250012&ct-

stat=00001018034&eyel=1&year=20190&month=12040606&ctclass1=0000010603
99(2020.6.5 검색).

6 外村大, 『在日朝鮮人社會の歷史學的硏究－形成・構造・變容』, 綠蔭書房, 2004, 367쪽.

7 2019년 6월 시점에서 한국적 소지자가 45만 1,543명이다. 이는 해방 전에 일본에 이
   주한 자 및 그 자손 그리고 패전 후에 뉴커머(new comer)로서 일본으로 이주한 한국
   적 소지자를 포함한 수치다. 이 중 특별영주자는 28만 5,753명이다(『『令和元年6月末
   現在』公表資料』, 『法務省』. http://www.moj.go.jp/nyuukokukanri/kouhouayuukoku-
   kanri04_00083.html(2020.6.5 검색)). 또한, 「대일강화조약」 발효 후부터 2019년 현
   재까지 조선적 또는 한국적에서 일본국적으로 '귀화'한 인원수는 약 38만 명이다. 이
   38만 명이라는 귀화허가자의 수는 해방 전에 일본으로 이주한 올드커머와 해방 후 뉴
   커머로서 일본으로 이주한 한국적 소지자까지 포함한 수치일 것으로 추정된다(法務省
   HP, 「帰化許可申請者数等の推移」, 『法務省』. http://www.moj.go.jp/MINJI/toukei_t_
   minj03.html(2020.8.10 검색)).

8 外務省HP, 「我が國独自の対北朝鮮措置について」, 『外務省』, 2016.2.10. https://www.
   mofa.go.jp/mofaj/a_o/na/kp/page4_001766.html(2020.8.9 검색).

9 鄭栄桓, 「在日朝鮮人の『國籍』と朝鮮戰爭(1947~1952年)」, 『PRIME』第40號, 2017, 36
   ~62쪽.

10 小林玲子, 「日韓會談と『在日』の法的地位問題－退去強制を中心に」, 李鍾元・木宮正史・
   浅野豊美 編著, 『歴史としての韓國交正常化 II 脱植民地化編』, 法政大學出版局, 2011,
   297~324쪽.

11 吉澤文寿, 「日韓會談における『在日韓國人』法的地位交渉－國籍・永住許可・退去強制
   問題を中心に」, 『朝鮮史研究會論文集』第49號, 2011, 151~176쪽.

12 水野直樹・文京洙, 『在日朝鮮人－歷史と現在』, 岩波書店, 2015, iii쪽.

13 外村大, 『在日朝鮮人社會の歷史學的硏究－形成・構造・變容』, 綠蔭書房, 2004, 3쪽.

14 1945년 8월 15일 시점의 추계치. 田村紀之, 「内務省警保局による朝鮮人人口 總人口・
   男女別人口」, 『經濟と經濟學』第46號, 1981, 57~58쪽.

15 森田芳夫, 『在日朝鮮人処遇の推移と現状』, 湖北社, 1975, 68쪽; 法務省 入國管理局, 『出
   入國管理とその實態』, 1959, 13쪽.

16 Press Release : Korean must report to reception centers when called or forfeit recognition
   as Korean nationals, from General Headquarters United States Army Forces, Pacific Public
   Relation Office, 12 November 1946, GHQ/SCAP Records, CIE (C) 04143-04146.

17 lbid.

18 鄭榮桓, 「外國人登録令と在日朝鮮人團體－登録實施過程を中心に」, 「研究紀要」第17
   號, 2012, 119쪽.

19 大沼保昭, 『在日韓國・朝鮮人の國籍と人權』, 東信堂, 2004, 229쪽.

20 外村大, 『在日朝鮮人社會の歷史學的硏究－形成・構造・變容』, 綠蔭書房, 2004, 367쪽.

21 「國籍処遇小委員會議事録(第二回)」(1951.10.31), 浅野豊美・吉澤文寿・李東俊 編集・

解説,『日韓國交正常化問題資料 第I期 1945年~1953年 第4卷 在日・法的地位問題』, 現代史料出版, 2010, 147~148쪽.

22 「대일강화조약」 발효에 따라 재일조선인의 국적을 일제히 실효시킨다는 결정에 이르기까지의 일본 정부 내 논의에 대해서는 마츠모토 쿠니히코(松本邦彦)가 자세히 논하고 있다. 당초 외무성은 재일조선인에게 국적선택권을 인정할 것을 검토했지만, 그것이 최종적으로는 일제히 상실케 한다는 방침으로 수렴했다는 것이었다. 사료에 말소부분이 많아 '일제 상실'이라는 방침에 이른 이유에 대해서는 확실치 않다(松本邦彦,「在日朝鮮人の日本國籍剥奪 日本政府による平和條約対策研究の検討」,『法学』第52卷 第4號, 1988, 645~679쪽).

23 '주권유지론'의 발단은 1945년 8월 26일 일본 정부의 종전 처리회의 결정이다. 일본 정부는 조선총독부에 대해 "조선에서 우리 주권이 이동하는 시기는 독립 문제를 규정하는 강화조약의 비준일"이라고 이 회의에서 결정되었고 주장했다(長澤裕子,「戰後日本のポツダム宣言解釈と朝鮮の主権」, 李鍾元・木宮正史・浅野豊美 編著,『歴史としての日韓國交正常化 II 脱植民地化編』, 法政大学出版會, 2011, 132쪽).

24 '주권유지론'은 주로 일본 외무성이 남북한 정부와 법적 문제가 불거졌을 때, 일본 정부의 이권을 주장하기 위해 사용된 논법으로 정설로서의 지위를 확립했다고 보기는 어렵다.

25 各法務局長地方法務局長宛,「平和條約に伴う朝鮮人台湾人等に關する國籍及び戸籍事務の処理について」(民事甲題 438號), 1952.4.19.

26 法律第126號,「ポツダム宣言の受諾に伴い発する命令に關する件に基く外務省關係諸命令の措置に關する法律」(昭和27年4月28日). http://www.shugiin.go.jp/internet/itdb_housei.nsf/html/houritsu/01319520428126.htm (2020.6.7 검색).

27 위의 글.

28 「國籍処遇小委員會議事録(第17回)」, 浅野 外編,『日韓國交正常化問題資料』, 1951.12.18, 214쪽.

29 「제24차 재일한교 법적지위분과위원회 경과보고」,『동북아역사넷』, 1952.1.24. http://contents.nahf.or.kr/directory/item.do?levelId=ki_002_0020_0270 (2018.2.19 검색).

30 「在日韓國人の國籍及び処遇に關する日本側提案(案)」, 浅野 外編,『日韓國交正常化問題資料』, 1952.1.26, 243쪽.

31 「在日朝鮮人の國籍処理に關する日韓双方の見解対照」, 1953.6.18, 334쪽.

32 「在日韓人の國籍及び処遇に關する日韓協定案」, 1952.3.20, 294쪽.

33 「在日韓人の國籍問題等に關する打合せ會」,『日韓市民でつくる日韓會談文書全面公開を求める會』(이하『全面公開を求める會』)(日本公開の日韓會談文書, 第5次開示決定文書, 文書番號 855), 1953.4.16. http://www.f8.wx301.smilestart.ne.jp/nihonkokai/nihon.html (2020.6.7 검색).

34 「在日朝鮮人の國籍処遇問題に關する省内打合せ會」,『全面公開を求める會』, (日本公開の日韓會談文書, 第5次開示決定文書, 文書番號 856), 1953.6.18.

35 위의 글.

36 猪俣浩三(左派社會党), 「衆議院法務委員會第20號」, 『國會議事録』, 1953.2.13.

37 廣田しげる(外務省アジア局第2課長), 위의 글.

38 한정승인이라는 틀의 배경에는 1948년 12월 12일 한국을 한반도의 유일한 합법 정부
    으로 규정한 UN결의가 있었다.

39 「在日韓人の國籍問題等に關する打合せ會」, 『全面公開を求める會』(日本公開の日韓會
    談文書, 第5次開示決定文書, 文書番號 855), 1953.4.16.

40 위의 글.

41 위의 글.

42 「국적 및 처우분과위원회 회의록, 제1~6차, 1953.5.13~6.19」, http://www.donga.com
    /news/d_story/politics/KJ_agreement65/data.html(2023.7.26 검색).

43 『アジア局執務月報(抄)(昭和27年4~12月)』; 『全面公開を求める會』(日本公開の日韓會
    談文書, 第6次開示決定文書, 文書番號 1509); 法務省大村入國者收容所, 『大村入國者收
    容所二十年史』, 1970, 1~2쪽; 吉留路樹, 『大村朝鮮人收容所－知られざる刑期なき獄
    舍』, 二月社, 1977, 47쪽.

44 『アジア局執務月報(抄)(昭和27年4~12月)』; 『全面公開を求める會』(日本公開の日韓會
    談文書, 第6次開示決定文書, 文書番號 1509).

45 「逆送朝鮮人を強制收容」, 『読売新聞』朝刊, 1952.5.15, 7면.

46 「第3次韓日會談(1953.10.6~21) 國籍及び処遇分科委員會會議録, 第1次」, 『全面公開を
    求める會』(韓國公開の日韓會談文書).

47 「日韓交渉報告(國籍處遇關係部會第3回會議状況)」, 『全面公開を求める會』(日本公開の
    日韓會議文書, 第3次開示決定文書, 文書番號 161), 1953.5.29.

48 「在日韓人の國籍問題等に關する打合せ會」, 『全面公開を求める會』(日本公開の日韓會
    談文書, 第5次開示決定文書, 文書番號 855).

49 「平和條約の發效に伴う朝鮮人の國籍について」, 『全面公開を求める會』(日本公開の日
    韓會談文書, 第5次開示決定文書, 文書番號 866), 1956.4.19.

50 「在日韓國人の法的地位に關する問題點」, 『全面公開を求める會』(日本公開の日韓會談
    文書, 第5次開示決定文書, 文書番號 1582), 1963.1.31.

51 위의 글.

52 「平和條約の發效に伴う朝鮮人の國籍について」, 『全面公開を求める會』(日本公開の日
    韓會談文書, 第5次開示決定文書, 文書番號 866), 1956.4.19.

53 위의 글.

54 위의 글.

55 「第4次日韓全面會談における在日韓人の法的地位に關する委員會の第9回會合」, 『全
    面公開を求める會』(日本公開の日韓會談文書, 第4次開示決定文書, 文書番號 1079),
    1958.10.20.

56 「第4次日韓全面會談における在日韓人の法的地位に關する委員會の第10回會合」, 『全
    面公開を求める會』(日本公開の日韓會談文書, 第4次開示決定文書, 文書番號 1080),

1958.10.27.

57 「在日韓人の法的地位に關する問題」,『全面公開を求める會』(日本公開の日韓會談文書,
第5次開示決定文書, 文書番號 1146), 1960.10.20.

58 위의 글.

59 條・規,「日韓交渉における日本政府の立場に關する法律上の問題點(討議用資料)」,『全
面公開を求める會』, 1960.12.1(日本公開の日韓會談文書, 第6次開示決定文書, 文書番
號 1410).

60 「在日韓國人の法的地位に關する問題點」,『全面公開を求める會』, 1963.1.31(日本公開
の日韓會談文書, 第6次開示決定文書, 文書番號 1582).

61 위의 글.

62 「法的地位問題に關し法務・外務兩省打合せ」,『全面公開を求める會』, 1961.11.17(日本
公開の日韓會談文書, 第6次開示決定文書, 文書番號 1158).

63 위의 글.

64 入國管理局,「在日韓國人の法的地位に關する委員會討議中の問題點について」,『全面
公開を求める會』, 1962.10.6(日本公開の日韓會談文書, 第6次開示決定文書, 文書番號
1580).

65 「第6次韓・日會談在日韓人の法的地位關係會議, 1961.10~1964.3」,『全面公開を求め
る會』, 1962.10.16(韓國公開の日韓會談文書, 分類番號 723.1JA).

66 「日韓國交正常化交渉の記録 總說12」,『全面公開を求める會』, 1965.3.6~6.22,(韓國公
開の日韓會談文書, 第6次開示決定文書, 文書番號 1316).

67 入國管理局,「日韓交渉と在日朝鮮人の取扱について」,『全面公開を求める會』,
1963.1.31(韓國公開の日韓會談文書, 第6次開示決定文書, 文書番號 1582).

68 北東アジア課,「在日韓國人の法的地位問題中永住權の解決方法について(討議用資
料)」,『全面公開を求める會』, 1962.9.18(韓國公開の日韓會談文書, 第6次開示決定文書,
文書番號 1582).

69 入國管理局,「日韓交渉と在日朝鮮人の取扱について」,『全面公開を求める會』, 1963.1.31
(韓國公開の日韓會談文書, 第6次開示決定文書, 文書番號 1582).

70 北東アジア課,「在日韓國人の法的地位問題中永住權の解決方法について(討議用資
料)」, 1962.9.18, (日本公開の日韓會談文書, 第6次開示決定文書, 文書番號 1582).

71 入國管理局,「日韓交渉と在日朝鮮人の取扱について」,『全面公開を求める會』, 1963.1.31
(韓國公開の日韓會談文書, 第6次開示決定文書, 文書番號 1582).

72 「法的地位委, 第2回會談議事録要領について」,『全面公開を求める會』, 1960.12.6(韓國
公開の日韓會談文書, 第6次開示決定文書, 文書番號 1147).

73 入國管理局,「在日韓國人の法的地位に關する問題點」,『全面公開を求める會』, 1963.1.31
(韓國公開の日韓會談文書, 第6次開示決定文書, 文書番號 1582).

74 위의 글.

75 위의 글.

76 吉澤文寿, 「日韓會談における『在日韓國人』法的地位交涉ー國籍・永住許可・退去强制 問題を中心に」, 『朝鮮史研究會論文集』第49號, 2011, 167쪽.

77 「第6次 韓・日會談 [在日韓人] 法的地位委員會會議錄, 1~3次」, 『全面公開を求める會』 (韓國公開の日韓會談文書), 1964.4.22~5.14.

78 「日韓國交正常化交涉の記錄 總說12」, 『全面公開を求める會』(韓國公開の日韓會談文 書, 第6次開示決定文書, 文書番號 1316), 1965.3.6~6.22.

79 예를 들어 민족교육 분야에서 활동해온 박종명(朴鐘鳴)은 조선적을 "고조선부터 현재 에 이르는 통일체로서의 조선"으로 해석했다(中村一成, 『ルポ 思想としての朝鮮籍』, 岩 波書店, 2017, 70쪽). 또한, 작가 김석범(金石範)은 "'사상으로서의 조선적'이 희구하는 것은 통일조국"이라는 견해를 밝힌 바 있다(위의 책, 218쪽).

80 예를 들어 작가 고사명(高史明)은 "'국민국가의 버린 자식'으로서의 시선에서 국가의 문제를 다시 고찰"해 볼 필요성을 주장했으며, 조선적에 대해 "북조선과 한국의 이미지 로는 괴리가 생긴다"라고 해석했다(위의 책, 39쪽).

| 칼럼2 |

1 裵麗善, 「『自分の國籍を誇りに思う』逆境を乘り越え續けた, ある北朝鮮代表の告白」, 『Forbes Japan』, 2019.6.23. https://forbesjapan.com/articles/detail/27902.

2 이명박 정부(2008~2013)부터 박근혜 정부(2013~2017)까지 보수정권이 지속되었다.

| 제3장 |

1 ハン・トンヒョン, 「外國人移民包攝型社會をる經ない排除型社會で起きていること」, 小熊英二 編著, 『平成史』完全版, 河出書房新社, 2019.

2 이 개정과 관련하여 이날부로 재일코리안이 '불법체류'가 되므로 입국관리국에 통보 하면 '강제송환'이 될 거라는 유언비어가 유포되는 일이 발생했다. 배외주의자 중 일부 는 '명단'을 제공하는 등 '통보'할 것을 호소했고, 실제로 입국관리국에 신고가 잇따르 는 사건이 발생했다. 韓東賢, 「惡質な『7月9日在日强制送還デマ』で扇動した者たちと 扇動された者たち, そして溫床となった入管行政」, 『Yahoo! ニュース個人』, 2015.7.9. https://news.yahoo.co.jp/expert/articles/97f173c6977fbfd5c9407175edbddc4d-c3e5b003(2023.12.17 검색).

3 그때까지는 법무성 입국관리국이 입국 및 체류자격 갱신 절차를 맡고, 지자체가 외국 인등록증을 교부하여 현주소와 세대 현황을 파악해 왔다.

4 韓東賢, 「『朝鮮・韓國籍』分離集計の狙いとは? 3月公表の2015年末在留外國人統計か ら」, 『Yahoo! ニュース個人』, 2016.3.7. https://news.yahoo.co.jp/expert/articles/08fd-089da9dcdcf2b4ef09e381e46fb1059ffc9b(2023.12.17 검색).

5 이때 한국국적자에게만 영주권이 인정되어 한국국적으로 변경하는 이들이 늘어났다. 기한인 1971년까지 5년 동안 당시 재일코리안 인구의 절반을 넘는 35만 명 이상이 신

청한 것으로 알려졌다. 또한, 재일코리안의 뿌리(roots) 중 90% 이상이 오늘날 한반도 남부에 있다.

6 재일코리안을 둘러싼 남북한 정부의 '겨루기'에 관해서는 ロジャース・ブルーベイカー、ジェウン・キム、「ドイツと朝鮮における越境的メンバーシップの政治國境外の民族同胞問題の再編成」、『グローバル化する世界と「歸屬の政治」』、明石書店、2016이 자세히 다루고 있다.

7 별건체포로 압수수색을 벌이듯이 조선총련 관계기관, 관계자에 대한 탄압은 간헐적으로 계속되고 있다. 그러던 가운데 2018년 2월 우익단체 활동가와 전직 폭력배 구성원이 조선총련 중앙본부에 발포하는 사건이 벌어졌다. 그야말로 '위'와 '아래'가 서로 공명한 셈이다.

8 한국 외교부에 의하면 2012년의 발급율은 45.4%(신청 44건)이다. 그 후 박근혜 정권 하에서도 비슷한 수치가 이어졌다. 참고로 노무현 정권 시절이던 2007년까지는 거의 100%에 가까운 바급율이었다(신청자수는 연간 2,000~3,000명 정도).

9 2020년 2월 19일 필자 스스로가 법무성 입국재류관리청 홍보담당자에게 전화통화로 확인했다.

10 2018년 5월 11일 나리타공항 세관에서 일본 정부 발행 재입국허가증과 한국 정부 발행 여행증명서 두 가지를 제시했더니 "한국에만 다녀왔나요?"라고 물어 왔다. "네"라고 답하자 히죽하면서 "지금은 아직 한국에서 조선으로 갈 수 없죠?"라는 말을 들었다. '지금은 아직'이란 분명히 그 직전에 있었던 현 체제 최초의 남북정상회담을 염두에 둔 뉘앙스로, 실제로는 성사될 수 없는 것을 알면서도 '조선'적인 나의 한국 경유 '북조선 도항'을 견제하는 듯한 발언이었던 것으로 여겨진다.

11 韓東賢、「朝鮮・韓國籍」分離集計の狙いとは？3月公表の2015年末在留外國人統計から」、『Yahoo! ニュース個人』、2016.3.7.

12 1948년 1월 GHQ의 지시를 받은 일본 정부는 각 지자체 지사에게 '조선인학교의 취급에 관하여'라는 문부성 학교교육국장 명의의 통달을 하달하여 "(당시 일본국적을 보유한 것으로 간주된) 조선인은 지사의 인가를 받은 학교에 입학시켜야 할 것이며 교과서나 교육 내용은 「학교교육법」을 준수해야 한다"라며 조선인학교 폐쇄를 지시했다. 이렇게 각지에서 내려진 폐쇄명령에 대해 오사카에서는 4월 23일과 26일 오사카부청 앞에 수만 명이 모여 항의집회가 열렸지만, 무장경찰에 의해 탄압받아 한 소년이 사살된 것을 비롯해 다수의 부상자와 검거자가 발생했다. 효고에서는 24일 효고현청 앞에 집결한 재일조선인 등이 지사에게 철회 요구 등을 제기했지만, 비상사태선언이 내려졌고, 역시 다수의 검거자가 나왔다. 이후 1949년 10월까지 대부분의 조선학교가 문을 닫았다. 1948년 4월 오사카와 고베에서의 격렬한 항의행동은 '한신교육투쟁'으로 불린다.

13 2020년 12월 시점에서 오사카, 도쿄, 아이치에서 원고 측 패소가 확정되었다. 도쿄의 재판에 관해서는 韓東賢、「教育と外交を切り離したはずの高校等就學支援金制度－理念ねじ曲げそれをなかったことにする國、かばう司法」、『Yahoo! ニュース個人』、2017.9.17. https://news.yahoo.co.jp/expert/articles/5cbc779936f6bf848e360aa47f768bfd69b-

fbae5(2023.12.17 검색); 韓東賢,「子どもたちを犠牲にする政治, 救おうとしない 司法－朝鮮高校『無償化』訴訟 東京高裁判決」,『Yahoo! ニュース個人』, 2018.11.3. https://news.yahoo.co.jp/expert/articles/326b58b1437790a3c4b6a466fc1623fec-10163ce(2023.12.17 검색))가 상세히 다루고 있다.

14   2017년 가을의 중의원 선거를 앞두고 고이케 유리코(小池百合子) 도쿄도지사가 세운 희망당(希望の黨(当時))은 공인후보로 승낙을 받기 위한 정책협정서에 지난 10년 동안 정치적 쟁점으로 거론된 적도 없었던 외국인지방참정권 문제를 굳이 거론하며, 그 부여에 반대한다는 항목을 포함시켜 배외주의적 자세가 주목을 받았다(韓東賢,「希望 の黨の性格露わにした「政策協定書」－幻の外國人參政權を踏み絵に」,『Yahoo! ニュー ス個人』, 2017.10.3. https://news.yahoo.co.jp/expert/articles/326b58b1437790a3c-4b6a466fc1623fec10163ce(2023.12.17 검색)).

| 제4장 |

1   이 글은 김용기,「조선적자의 다양성과 문재인 정부의 입국 허용정책을 둘러싼 쟁점」, 『일본학보』 제114집, 2018.2, 193~214쪽; Kim Woongki, "Outcomes of ROK's Misperc eptions of Choren-seki Zaimichi Koreans", *Journal of Japanology*, no.122, 2020.2, pp.195 ~220을 바탕으로 전면적으로 수정·가필했다.

This work was based on the Humanities Korea Plus Program(HK+) conducted by the Institute of Japanese Studies of Hallym University, suported by the National Research Foundation of Korea Grant funded by the Korean Govemment(MOE). (2017S1A6A3A0 1079517)

문재인 전 대통령에 의한 제72주년 광복절 경축사(「(전문) 문재인 대통령 제72주년 광복절 경축사」,『대한민국 정책 브리핑』, 2017.8.17. https://www.korea.kr/news/poli-cyNewsView.do?newsId=148841126(2023.7.10 검색)).

2   이 글에서는 일본에 거주하는 한민족이라는 함의를 지니는 용어들 가운데 중 '재일코 리안'을 사용하기로 한다. 갈등적 정치 구도 속에서 다양성이 공존한다는 점을 표현해 내기 위한 최선(best)의 표현으로 여겨지기 때문이다(최상(most)이라고 주장하지 않겠 다). 이때 국내 학계에서 흔히 사용하는 '재일조선인'은 하부 영역 중 한 범주라는 함의 를 지니게 된다. '재일조선인'이 역사적 존재, 즉 일제강점의 결과 일본으로 이주, 정착하 게 된 한민족 디아스포라라는 의미로 사용되는 데 필자 또한 동의한다. 다만 남북 분단 으로 인한 갈등적 공존 상황이 여전히 엄존하고 조선민주주의인민공화국 / 재일본조선 인총연합(조총련) 지지라는 함의 또한 내포하는 점을 부정할 수 없다. 한편, '재일코리 안'은 일본 사회에서 갈수록 거세지는 '북(조선) 때리기'를 회피하기 위해 조총련계 인 사들 스스로가 사용하는 경우도 적지 않다. 이 같은 상황을 종합해 볼 때, '재일조선인'을 총칭으로 사용한다는 것은 일종의 정치적 선택으로 간주할 수 있다. 다만 전전 시기 및 조총련 출범 이전 시기와 관련된 기술에서는 이 글 또한 '조선(인)'을 사용할 것이다.

3 「第1表の2國籍·地域別在留資格(在留目的)別総在留外國人」, 法務省入國管理局, 『在留外國人統計』, 2019.6. https://www.e-stat.go.jp/stat-search/files?pag &clayout=datal-ist&toukei= 002500128xtstat=0000010180348xcycle=0190&xmonth=12040606&t-class1=000001060399(2020.6.10 검색).

4 국민참여포털시스템(e-people)으로도 불리는 통합형 온라인 공공청원 창구는 조선시대 신문고제도를 모티브로 하고 있다. 한국어를 포함한 15개 언어로 접수가 가능하며 한국국적자가 아닌 사람에 의한 민원 신청도 가능하다(https://www.epeople.go.kr/oreigners/pps/pps.npaid).

5 외교부 측 주장은 "민단이 그것(일본국적자 재외)를 원하기 때문에"라는 것이었다. 여타 재외동포와 다른 기준을 적용하는 행위를 어려운 이유로 정당화해온 것은 논외의 일이다. 이러한 관행 또한 재일코리안을 여타 재외동포와 다르게 처우해도 상관없다는 인식의 연장선상에 있는 것으로 이해할 수 있다.

6 이 문제와 관련해서는 閔智焄, 『韓國政府の在日コリアン政策(1945~1960)−包摂と排除のはざまで』, クレイン, 2019 참조.

7 일본과의 국교정상화 이전부터 국민등록제도(오늘날 재외국민등록)가 존재해 왔으며, 국민등록증 발급을 받은 자는 남 측에 속해 있음을 나타내는 묘종의 정치적 리트머스지 역할을 담당하고 있다. 원칙적으로 재외국민등록 없이 한국여권을 발급받을 수 없으며, 재량권에 의한 여권 발급 제한이라는 방법으로 한국 정부는 재일코리안에 개입, 통제해 왔다.

8 그 예로 이동의 자유를 들 수 있다. 일본인의 조선 도항에 제한이 없었던 반면에 조선인의 일본 도항에는 경찰이 발행하는 도항증명서가 요구되었다. 또한, 일본의 괴뢰국 '만주국'으로의 이동 시에도 일본인은 여권이 필요 없었지만, 같은 일본 신민이었던 조선인에게는 역시 도항증명서가 필요했다.

9 丁章, 「詩 南の領事館へ」, 『抗路』 第2號, 2016.5, 126쪽.

10 북송사업으로 북한으로 '귀국'한 재일 피폭자에 대한 지원 활동의 중심에 있던 이실근의 증언(中村一成, 『思想としての朝鮮籍』, 岩波書店, 2017, 179~180쪽).

11 위의 책, 171쪽.

12 위의 책, 110쪽.

13 리정애·임소회, 「재일동포 리정애의 서울 체류기−「우리학교」를 보셨나요?」, 『민족21』, 2008.3, 159쪽.

14 김석범에 의한 제1회 제주평화상 수상스피치 내용(『제주도민일보』, 2015.4.2).

15 박종명의 증언(中村一成, 『思想としての朝鮮籍』, 岩波書店, 2017, 70쪽).

16 조갑제, 「조총련 母國방문 기획 趙一濟 전 정보부 차장보 별세」, 2018.10.21. www.chogabje.com/board/view.asp?C _IDX = 80387&xC _CC = BB(2020.5.17 검색).

17 「조선과도정부법률」 제11호 제3조 제1항 및 「제헌헌법」 제3조는 누가 한국인인지를 정한 법률이며, 이에 따르면 '조선인의 아버지로부터 태어난 자는 조선인'으로 규정되어 있어 조선적자는 한국국민이라는 해석이 성립된다(高希麗, 「法的側面からみた朝鮮

籍者－日本・韓國の立場から」, 日本移民学会年次大会(ラウンドテーブル－『朝鮮籍』か
らみるトランスナショナリズム」) 發表資料).

18 이범준, 「한국인 인정 못 받는 '조선적' 동포－대법 판결 따라 '국제미아' 될 수도」, 『경
향신문』, 2012.12.9.

19 김석범에 의한 제1회 제주평화상 수상스피치 내용.

20 丁章, 「韓國國民のみなさまへ－在外同胞の定義を改正するよう請願します」, 2018.11.
한국어 번역은 제6장 참조.

| 칼럼4 |

1 ハワイ報知社, 「アロハ年鑑－ハワイのすべて』 56; Schmitt, Robert C, *Demography Statistics of Hawaii 1778~1965*, Honolulu : University of Hawaii Press, 1968, p.75.

2 하와이 노동국에는 남성 67,171명, 여성 677명, 아동 465명이라는 기록이 남아 있는데
승선명단(http://www.korean-studies.info/pdt/puss2001.pdf.dpsms)에서는 7,291명의
조선인 이름이 확인된다("Report of Commisioner of Labor Statistics in Hawaii", 1915.4).

3 한일합방으로 조선인이 일본제국 신민이 됨에 따라 미일신사협정으로 조선인도 가족
이나 사진신부를 불러들일 수 있게 되었다.

4 Warren Y. Kim(Kim, Won-yong), *Koreans in America*, Po Chin Chai Printing Company,
1971, pp.22~23.

5 在ホノルル帝國総領事館, 『布哇朝鮮人事情』, 外務省外交史料館, 大正14年12月.

6 Eleanor C. Nordyke, *The Peopling of Hawaii*, Honolulu : University of Hawaii Press, 1989,
p.196.

7 李里花, 「ハワイ戒嚴下のコリアン移民のナショナリズム－敵性外國人から友好的外國
人への語りの形成」, 『アメリカ研究』 第42號, 2008.

8 http://file.hawai.gov/dbesdt/censuw/Census_2010/SF1/HSDC2010-7_Korean.pdf

9 Donald Kim, Chair, "The Contennial of Korean Immigration Banquet Program", *Contennial Committee of Korean Immigration to the United States*, Honolulu : Hawaii, 2003.1.13.

10 http://www.mofa.go.kr/www/wpge/m_21509/contents.do

| 제5장 |

1 金石範・金時鐘, 文京洙 編, 『なぜ書きつづけてきたか, なぜ沈黙してきたか－済州島
四・三事件の記憶と文学』, 平凡社, 2001(2015년에 같은 서명의 증보판이 平凡社ライ
ブラリー로서 간행되었다).

2 위의 책, 증보판, 195쪽.

3 濟州道廳, 『済州島勢要覽』, 1937, 68쪽.

4 枡田一二, 『枡田一二地理學論文集』, 弘詢社, 1976, 87쪽.

5 東京市荒川區 編, 『荒川區史』, 東京市荒川區, 1936, 285쪽. 이하 아라카와구 전반에 관

한 서술은 주로 이 『荒川區史』와 『新修荒川區史 上卷』, 1955에 의거할 것이다.

6　이러한 아라카와구에의 산업이전이나 지역형성에 관해서는 浅野順,「在日韓國·朝鮮
　　人社會から見た地域社會形成－荒川區日暮里·三河島地區を事例として」,『お茶の水地
　　理』第38號, 1997 참조.

7　泉靖一,「東京における済州島人」, 泉靖一,『済州島』, 1966.

8　浅野順,「在日韓國·朝鮮人社會から見た地域社會形成－荒川區日暮里·三河島地區を
　　事例として」,『お茶の水地理』第38號, 1997, 65쪽.

9　李光奎,『在日韓國人－生活實態를 중심으로』, 一潮閣, 1983, 88쪽.

10　泉靖一,「東京における済州島人」, 泉靖一,『済州島』, 1966, 240쪽.

11　1949년에 시작된 실업대책사업으로 직업안정소를 통해 알선된 일용직으로 일당 240
　　엔으로 100엔짜리 동전 두 개와 10엔짜리 동전 네 개였던 것으로 '니코연(ニコヨン)'이
　　라고 불렸다.

12　재일조선인의 생활보호 수급율은 1955년에 일본 정부에 의한 조선인 피보호자를 대상
　　으로 단행된 대대적 중단조치로 1956년에는 15.6%까지 하락했다. 자세한 내용은 水
　　野直樹·文京洙,『在日朝鮮人－歷史と現在』, 岩波新書, 2015, 144~146쪽 참조.

13　「在日朝鮮人の社會実態」, 朴慶植 編,『在日朝鮮人関係資料集成 戰後編』수록.

14　姜在彦·金東勲,『在日韓國·朝鮮人－歷史と展望』, 勞働經濟社, 1989, 142쪽.

15　총련 중앙→도도부현 단위 본부→구, 시 단위 지부 등이 있었으며, 분회는 이를테면
　　동네 수준의 총련 말단조직으로 분회장은 대부분 비상근 보직이었다.

16　森田芳夫,「在日朝鮮人處遇の現狀の推移」,『法務研究報告書』第43集 第3號, 法務研修
　　所, 1995; 武野義治,「密入国の概況」,『警察學論集』第7號(5), 立花書房, 1954; 松本邦
　　彦,『GHQ 日本占領史－⑯ 外國人の取扱い』, 日本圖書センター, 1996 등이 있다. 자
　　세한 내용은 졸고,「4·3과 재일 제주인 재론(四·三と在日済州人再論)」,『4·3과 역사
　　(4·3と歷史)』第19號, 제주4.3연구소, 2020 참조.

17　제주4·3무장봉기에 참여한 김시종은 1949년 6월 제주에서 북쪽 30킬로미터 정도 떨
　　어진 무인도(관탈도)에 3일 동안 잠복한 후, 아버지가 마련해 준 밀항선으로 고베 스마
　　(須磨)해변에 도달했다. 밀항 후 오사카에서 민전(民戰 : 재일조선통일민주전선, 총련
　　의전신)의 재일조선문화협회 등에서 문화활동에 종사했다(金時鐘,『朝鮮と日本に生き
　　る－済州島から猪飼野へ』, 岩波新書, 2015).

| 칼럼5 |

1　UNHCR, *What Would Life Be Like If You Had No Nationality?*, 1999, p. 3. https://www.un-
　　hcr.org/protection/statelessness/3b8f92124/life-nationality.html (2019.12.7 검색).

2　#I Belong 캠페인 웹사이트는 UNHCR, IBELONG. https://www.unhcr.org/ibelong/
　　(2019.12.8 검색).

3　UN General Assembly, "Resolution Adopted by the General Assembly"(on the Report of the Third Committee(A/50/632)) 50/152. Office of the United Nations High Commissioner for Refugees. UN Document, A/RE:S/50/152,1996.2.9, para.15, https://undocs.org/en/A/RES/50/152(2019.12.8 검색).

4 '무국적조약'이란 「무국적자의 지위에 관한 조약」(무국적자지위조약) 및 「무국적의 삭감에 과한 조약」(무국적삭감조약) 등 두 가지 조약을 가리킨다.

5 秋山肇, 「UNHCRによる無國籍の予防と削減に向けた取り組み課題」, 『國聯研究』 19 號, 2018, 200쪽 참조.

6 UNHCR, "High-level Segment on Statelessness at the 70th Plenary Session of the Executive Committee, Statement from Members of the Group of Friends of the ＃I Belong Campaign to End Statelessness", 2019.10.7. https://www.unher.org/5d9c44047(2019. 12.8 검색).

7 2020년 8월 시점. 체결국이란 조약에 법적으로 구속될 것을 합의한 국가를 가리킵니다. 조약은 체결국에 대해서만 법적으로 구속력을 갖게 됩니다. #I Belong 캠페인이 시작되기 전인 2013년 말 기준으로 협약 당사국은 55개국에 불과했다. 무국적삭감조약 체결국 수에 대해서는 United Nations Treaty Collection, "Convention on the Reduction of Statelessness". https://treaties.un.org/pages/ViewDetails.aspx=TREATY&mtdsg_no=V-48chapter=5(2020.8.18 검색) 참조.

8 UNHCR, "Overcoming Statelessness in Thailand One Case at a Time", 2016.11.24. https://www.unhcr.org/news/latest/2016/11/5836af624/overcoming-statelessness-thailand-case-time.html(2019.12.8 검색).

9 UNHCR, "Kyrgyzstan Ends Statelessness in Historic First", 2019.7.4. https://www.unhcr.org/news/press/2019/7/531da90d4/kyrgyzstan-ends- statelessness-historic-first.html(2019.12.8 검색).

10 無國籍研究會, 『日本における無國籍者-類型論的調査』, UNHCR駐日事務所, 2017, 104~106쪽.

11 이 책의 제6장; 丁章, 「無國籍者として生きてきて」, 陳天璽 編, 『世界における無國籍者の人權と支援-日本の課題 國際研究集會記錄』(國立民族學博物館調査報告 118), 國立立民族學博物館, 2014, 41~42쪽 참조.

| 제6장 |

1 김석범, 1925년 오사카에서 출생. 소설가. 소설 『화산도(火山島)』로 오사라기 지로(大佛次郎)상, 마이니치예술(每日芸術)상 수상. 현재도 조선적을 유지.

2 김시종, 1929년 부산에서 출생. 시인. 시집 『원야의 시(原野の詩)』로 오구마 히데오(小熊秀雄)상 특별상, 『잃어버린 계절(失くした季節)』로 다카미 준(高見順)상, 산문집 『재일'의 사이에서(「在日」のはざまで)』로 마이니치문화출판(每日文化出版)상, 『조선과 일본에서 살다-제주도에서 아카이노에(朝鮮と日本に生きる-済州島から猪飼野へ)』로

오사라기 지로상 수상. 2003년에 한국적을 취득.

3 이회성, 1935년 가라후토 마오카(真岡) 출생. 소설가. 『다듬이질 하는 여인(砧をうつ
   女)』으로 아쿠타가와(芥川)상, 『백년 동안의 나그네들(百年の旅人たち)』로 노마문예
   (野間文芸)상 수상. 1998년에 조선적에서 한국적을 취득.

4 中村一成, 『ルポ 思想としての朝鮮籍』, 岩波書店, 2017. 고사명(高史明)·박종명(朴鐘
   鳴)·정인(鄭仁)·박정혜(朴正恵)·이실근(李實根)·김석범(金石範)의 인터뷰를 수록.

5 '무국적 사태 종결을 위한 캠페인'. 이 책의 칼럼 5 참조.

6 재입국허가서의 표지 및 인적사항.

7 재입국허가서 첫 페이지에는 다음과 같은 단서가 있다. "이 허가서는 출입국관리 및 난
   민인정법 제26조 제2항에 의거하여 소지인의 재입국허가를 위하여 교부된 것이며, 소
   지인의 국적을 증명하지 않고 또 그 국적에 어떠한 영향도 미치지 않는다."

8 예를 들어 해외에서는 호텔 체크인 시 "여권 이외의 신분증은 인정되지 않으며"라는 말
   을 듣고 숙박거부를 당하는 경우가 있는데, 재입국허가서가 여권에 준하는 증명서라고
   설명하면 대부분 끝에 가서는 인정된다. 그러나 수속에 불필요한 시간이 필요하다. 가
   령 때로는 1시간 이상 걸리는 경우도 있다. 마찬가지로 공항 체크인 시에도 항공사 카
   운터에서 직원이 재입국허가서를 입력하는 방법을 모르고 복잡해질 때가 잦다. 이처럼
   IT 시스템화나 전자칩화로 인해 수속이 원활하지 않은 경우가 최근 늘고 있다. 본문에
   서 후술할 대만의 사례도 그 한 예다. 향후 여권과는 별개로 재입국허가서에도 대응하
   는 IT 시스템 구축을 간절히 바란다.

9 무국적네트워크(Stateless Network)는 무국적자에게 다가가 이들의 고민을 진지하게 경
   청하며 국적 유무로 차별받는 일이 없는 사회를 만들어나가고 싶다는 생각에서 과거에
   무국적자였던 첸티엔시(陳天璽)의 호소로 연구자, 변호사, 의사 등 전문가를 비롯한 많
   은 이들의 동참을 얻어 2009년 1월에 출범했다. 2011년에는 NPO 법인격을 취득하여
   무국적자들을 지원하는 동시에 이 문제를 국내외에 발신하여 무국적이어도 살기 좋은
   사회의 구축을 목표로 활동하고 있다(https://stateless-network.com).

10 「北の詩人は」, 『抗路』 第1號, 2015.9; 「南の領事館へ」, 『抗路』 第2號, 2016.5.

11 김웅기, 「90%를 기민(棄民)을 견지하는 대한민국의 조선적자 끌어안기?-조선적자의
   내역과 그 입국허용문제」(세계한인학술대회 발표자료), 재외동포재단, 2017.6; 김웅
   기, 「조선적자의 다양성과 문재인 정부의 입국허용정책을 둘러싼 쟁점」, 『일본학보』 제
   114집, 2018.2, 193~214쪽.

12 이 책의 편자 후기(이리카) 참조.

| 제7장 |

1 曺慶鎬(2011), 韓榮惠(2011), 金根五(2002), Lim(2010) 등.

2 역사나 문학 분야에서는 젠더연구가 진행되고 있지만, 재일코리안의 젠더관계나 여
   성성/남성성 구축에 관한 조사나 연구는 많지 않아 韓東賢(2015), Kim-Wachut-

ka(2018), 朴和美(2020), 徐阿貴(2012) 등의 연구성과 등을 들 수 있다. 또한, ミリネ編(2016)이나 熱田・河・永山 (2020) 등이 제시한 인터섹슈얼리티의 관점이 갈수록 요구될 것이다.

3   曺慶鎬(2011, 2012)이나 韓東賢(2015), 呉永鎬(2019) 등 조선학교에 초점을 맞춘 연구도 조선적자가 살아가는 세계를 이해하는 데 중요한 선행연구가 된다.

4   정식명칭은 '조선민주주의인민공화국'이다. '북(北)'이라는 말에 국가명에 없었다고 '북조선'이라는 표현을 사용하는 것은 적절치 않지만, 이 장에서는 신문기사나 인터뷰 등에서 '북조선'이라는 말이 자주 등장하기 때문에 여러 표현들을 사용함으로 인한 혼란을 피하기 위해 따옴표(' ')를 사용하여 '북조선'이라고 표기하기로 했다.

5   「姿見せぬ嫌がらせ不満の矛先, 事件急増 (閉塞社会－八)」, 『朝日新聞』石川, 2003.10.24, 2면.

6   山本かほり, 「排外主義の中の朝鮮學校－ヘイトスピーチを生み出すものを考える」, 『移民政策研究』第9號, 2017.8.

7   「『在日』として(上)－求め問う『居場所』(學生と戰爭)」, 『朝日新聞』, 2003.8.29, 1면. 이 기사로 확인되듯 조선학교 학생들에 대한 헤이트와 폭력이 이 무렵부터 급속히 늘어났다. 조선학교에 대한 일본 정부의 대응 또한 2010년 조선고급학교에 대한 무상화 조치 보류, 2013년 동 고급학교 무상화 대상에서 배제 등 '북조선 혐오'의 영향이 계속되고 있다.

8   https://www.daiichi.gr.jp/activity/p-2013/p-1024/

9   韓東賢, 「『朝鮮・韓國籍』分離集計の狙いとは?－三月公表の二〇一五年末在留外國人統計から」, 『Yahoo Japan News』, 2016.3.7. https://news.yahoo.co.jp/byline/hantonghyon/20160307-00055137/(2023.12.17 검색).

10 李洪章, 「朝鮮籍在日朝鮮人の『共和國』をめぐる語り－ナショナル・アイデンティティ論の視角から」, 『三田社會學』第20號, 2015, 24쪽.

11 「歸屬意識 (北朝鮮の素顔 第五部－在日と『祖國』)」, 『朝日新聞』朝刊綜合, 2004.3.5.

12 『神奈川新聞』, 2020.1.6. https://www.kanaloco.jp/article/entry-236214.html.

13 金成, 『K-POP－新感覚のメディア』, 岩波新書, 2018.

14 崔紗華, 「韓流アイドルに夢中になった學生時代－追っかけ先の韓國で朝鮮籍の私はアイデンティティ・クライシスに陥った」, 『HUFFPOST』, 2019.3.4. https://www.huffingtonpost.jp/entry/choi-safa-mannaka_jp_5c763da6e4b062b30eb927d4(2023.12.17 검색).

15 呉永鎬, 『朝鮮學校の教育史－脱植民地化への闘爭と創造』, 明石書店, 2019, 208쪽.

16 반구조화 인터뷰에 의한 질적조사를 실시했다. 사전에 대략적인 질문지를 준비해 두었다가 응답자의 답변에 따라 추가질문을 던지고, 응답자가 자유롭게 이야기하는 방식을 채택했다. 한회 인터뷰 시간은 1시간에서 3시간 정도였다. 실제로 인터뷰한 사람은 이 장에서 다룬 사람들보다 많았지만, 이 장에서는 2000년대 이후 커리어와 생활기반을 구축한 사람과 (가족이 아닌) 자신이 조선적이거나 조선적이었던 사람으로 국한했다.

17명 가운데 여성이 10명, 남성이 7명. 초중 과정을 모두 조선학교에서 배운 사람 4명, 고등학교 과정까지 재학한 사람 9명, 대학 과정까지 재학한 사람은 4명이다. 또한, 인터뷰 추진 시점에서 모두가 3, 40대였으며, 일본 사회에서 일하고 있었다.

17 TT 씨, 2020.3.
18 MM 씨, 2019.9.
19 HH 씨, 2020.1.
20 KK 씨, 2019.9.
21 CH 씨, 2020.3.
22 JJ 씨, 2020.8.
23 SS 씨, 2019.10.
24 MM 씨, 2019.9.
25 II 씨, 2019.11.
26 AA 씨. 2020.1.
27 MM 씨, 2019.9.
28 BB 씨, 2020.1.
29 FF 씨, 2019.9.
30 MM 씨, 2019.9.
31 CH 씨, 2020.8.
32 JJ 씨, 2020.8.
33 FF 씨, 2019.9.
34 CG 씨, 2019.8.
35 MM 씨,2019.9.
36 FF 씨, 2019.9.
37 위의 인터뷰.
38 TT 씨, 2020.3.
39 YY 씨, 2019.8.
40 KK 씨, 2019.9.
41 FF 씨, 2019.9.
42 HH 씨, 2020.1.
43 TY 씨, 2019.9.
44 CH 씨, 2020.8.
45 YY 씨, 2020.8.
46 SS 씨, 2019.10.
47 HH 씨, 2020.1.
48 TT 씨, 2020.3.
49 TY 씨, 2019.9.
50 HH 씨, 2020.1.

51 MM 씨, 2019.9.

52 KK 씨, 2019.9.

53 Bartbeck(2014)은 트랜스내셔널리즘을 "국민국가를 넘어서는 지속적이고 월경적인 관계, 교류 패턴, 제휴 및 사회 형성"이라고 설명한다(2쪽). 이민과 트랜스내셔널을 둘러싼 논의에 대해서는 李里花, 「今なぜ〈トランスナショナル〉なのか－日本における移民研究を考える」, 『移民研究年報』第26號, 2020, 3~8쪽 참조.

54 KK 씨, 2019.11.

55 Aiwa Ong, *Flexible Citizenship : The Cultural Logics of Transnationality*, Duke University Press, 1999, pp.253~261.

편저자

서문, 제7장, 칼럼 4

이리카 이이화, 李里花

일본 주오대학(中央大學) 교수. 사회학 박사. 전공은 역사사회학, 이민연구, 환태평양지역연구. 도쿄도립 국제고등학교, 주오(中央)대학 종합정책학부 졸업 후, 히토쓰바시대학 대학원 사회학연구과 석사과정 및 박사과정 수료. 박사과정 재학 중 하와이대학교 대학원에 유학, 이후 하와이대학교 코리안연구센터 객원연구원, 고려대학교 아시아문제연구소 코리안디아스포라센터 객원연구원 등을 역임했다. 현재 일본이민학회 이사 및 부회장. 주요 연구로『〈國がない〉ディアスポラの歴史−戦前のハワイにおけるコリア系移民のナショナリズムとアイデンティティ1903~1945』(かんよう出版, 2015), 「하와이 한인 이민 여성의 근대화와 문화」(김효남 역, 『한국 근대 여성의 미주지역 이주 및 유학』, 한국학중앙연구원 출판부, 2019), "Stateless Identity of Korean Diaspora : The Second Generations in prewar Hawai'i and postwar Japan"(*Japanese Journal of Policy and Culture* 28, 2020), 「今なぜ〈トランスナショナル〉なのか−日本における移民研究を考える」(『移民研究年報』第26號, 2020) 등이 있다. 자신은 조선적이 아니며 재일코리안 어머니와 코리안 아메리칸 아버지 사이에서 일본과 미국을 오가며 자랐다. 최근에는 '자국민 / 외국인'의 틀을 넘어서는 연구와 활동에 매진하고 있다. 자세한 내용은 https://yab.yomiuri.co.jp/adv/chuo/research/20200123. php. 참조.

집필자

제1장

고희려 高希麗

시텐노지대학(四天王寺大學) 경영학부 경영학과 전임강사. 박사(법학). 오사카후쿠시마조선초급학교를 다닌 후, 간사이대학 제1중학·고등학교, 간사이대학 법학연구과 박사전기과정, 고베대학 대학원 법학연구과 박사후기과정 수료. 고베대학 대학원 법학연구과 조수, 공익재단법인 고토·야스다기념 도쿄도시연구소 연구원을 거쳐 현직. 헌법을 전공하며, 헌법학의 관점에서 국적 개념이나 국민 개념을 연구하고 있다. 주요 연구로「大韓民國における「國籍」概念と「國民」−國籍法および在外同胞法の檢討から」(『六甲台論集法學政治學篇』64卷1號, 2017), 「EU市民權概念をめぐる收斂と搖らぎ」(井上典之・吉井昌彦 編, 『EUの搖らぎ』勁草書房, 2018), 「國籍概念−血統主義と國民の範圍」(『神戸法學雜誌』70卷2號, 2020), 「韓國における社會統合政策の変遷−文化多樣性法の意義の檢討」(『都市問題』113卷 9號, 2022) 등이 있다.

칼럼 1

곽진웅 郭辰雄

1966년 오사카에서 태어난 재일코리안 3세. 고베가쿠인대학 졸업, 특정비영리활동법인 코리아NGO센터 대표이사. 대학 시절에 민족명으로 변경하여, 이후 인권, 차별, 통일 문제 등에 관심을 가져 재일코리안 단체에서 활동하고 있다. 헤이트스피치 등 차별 해소와 인권보장을 위한 정책 제언을 비롯해 다민족／다문화공생을 주제로 한 연수 등에서 강사로도 많은 활동을 해왔으며, 저서로『知っていますか? 在日コリアン―問―答』(共著, 解放出版社, 2014) 등이 있다.

제2장

최사화 崔紗華

도시샤대학(同志社大學) 사회학부 교육문화학과 조교. 정치학박사(와세다대학). 와세다대학 글로벌에듀케이션센터 조수를 거쳐 2020년 4월부터 현직. 전공은 국제관계사, 사람의 이동. 주요 연구로「東京都立朝鮮人學校の廃止と私立各種學校化－居住國と出身社会の狭間で」(『境界研究』8, 2018), "Investment in the Diplomatic Ties : North Korea's Monetary Support for Korean Schools in Japan"(*The International History Review* 45(2), 2022) 등이 있다. 재일조선인의 교육이나 국적을 둘러싼 문제를 국제관계사의 시좌에서 재구성하여 연구해 왔다. 유소년기에 미국 오하이오주에서 유치원과 소학교를 다녔다가 그 후 요코하마에 위치하는 조선학교를 다녔다. 이동의 경험, 민족교육의 경험, 서로 다른 타자와의 만남으로 종종 정체성 문제를 맞닥뜨렸다. 상세한 내용은「韓流アイドルに夢中になった学生時代. 追っかけ先の韓国で, 朝鮮籍の私はアイデンティティクライシスに陥った」(『HUFFPOST』, 2019.2) 참조.

칼럼 2

이진환 李晋煥

니가타현에서 태어나 도쿄에서 자란 재일조선인 3세. 도쿄조선제3초급학교, 동조선중고급학교, 주오(中央)대학 법학부 졸업 후, 히토쓰바시대학 대학원 사회연구과 석사과정 중퇴. 현재 도쿄 소재 출판사에서 근무하고 있다.

제3장

한동현 韓東賢

일본영화대학 부교수, 1968년 도쿄 출생, 전공은 사회학, 전문분야는 내셔널리즘과 에스니시티, 소수자-다수자 관계와 정체성, 차별의 문제 등. 주된 필드는 재일코리안을 중심으로 하는 재일외국인 문제. 저서로『チマ・チョゴリ制服の民族誌(エスノグラフィ)ーその誕生と朝鮮學校の女性たち』(双風舎, 2006. 전자판은 Pitch Communications, 2015), 공저로『平成史』完全版 (河出書房新社, 2019),『ジェンダーとセクシュアリティで見る東アジア』(勁草書房, 2017),『社會の藝術/藝術という社會』(フィルムアート社, 2016) 등이 있다. 때로는 'Yahoo! ニュース個人'을 통해 발신할 때도 있습니다. 최근에는 한국 엔터테인먼트 관련 일을 한다. 제주도, 오사카 이쿠노구(生野區), 도쿄 아다치구(足立區) 등 여러 곳을 이동하며 살아온 부모 밑에서 태어난 재일코리안 2세. 지금도 도쿄에서 '좀비'로 살아가고 있는 '조선'적자. 대학까지 조선학교를 다녔으며, 총련계 언론사 기자 생활을 거쳐 대학원에 진학하여 우여곡절 끝에 지금에 이른다. 현재 연구주제는 '조선적'을 중심으로 한 재일코리안의 '국적'과 (국제) 이동에 관한 것. 아직 구체적 성과가 나오지는 않았지만, 시작하자마자 연락을 받아서 매우 기뻤다. 편저자를 비롯한 후배 재일코리안 여성들로부터 크게 용기를 얻은 작업이 되었다.

칼럼 3

나카무라 일성 中村一成

저널리스트. 1969년 오사카에서 재일 2세 어머니와 일본인 아버지 사이에서 태어나 일용직 노동자를 거쳐 1995년 마이니치신문사(毎日新聞社)에 입사. 다카마쓰(高松), 교토 지국을 거쳐 오사카 사회부, 오사카 학예부 등에서 인권과 평화, 영상미디어 등을 담당하다 2011년 봄에 퇴직하고 이후 프리랜스로 활동해 왔다. 주된 관심사는 재일조선인과 이주민 등 비(非)국민을 둘러싼 인권 문제와 사형제도 등. 2000년대 이후 중동지역에 가서 팔레스타인 난민과의 만남도 비중 있게 다루었다. 영화 평론도 집필한다. 저서로는『声を刻む 在日無年金訴訟めぐる人々』(インパクト出版會, 2005),『ルポ 京都朝鮮學校襲撃事件〈ヘイトクライム〉に抗して』(岩波書店, 2014),『ルポ 思想としての朝鮮籍』(岩波書店, 2017),『映画でみる移民難民/レイシズム』(影書房, 2019),『『共生』を求めて 在日とともに歩んだ半世紀』(編著, 田中宏著, 解放社, 2019), 공저로『ヘイトスピーチの法的研究』(金尚均 編, 法律文化社, 2014) 등이 있다.

제4장

김웅기 金雄基

한림대학교 일본학연구소 HK 교수. 도쿄 출생. 일본에서 민족교육을 받거나 재일코리안 단체에 소속한 경험은 전무하다. 학부 졸업 후, 한국에서 또래 재일코리안을 만난 것이 인생 최대의 문화적 충격이었다. 전공은 동아시아 정치사, 최근 연구주제는 대한민국의 재외동포로서의 재일코리안. 공저로 『재일동포의 민족교육과 생활사』(박문사, 2020), 『문화권력—제국과 포스트 제국의 연속과 비연속』(소화, 2020) 등이 있으며, 학술 논문으로 「Outcomes of ROK's Misperceptions of Chosen-seki Zainichi Koreans : How Its Legal Framework Should Be Amended」(『일본학보』 제122집, 2020), 「재일코리안 민족교육운동에 출현한 '통일' 공간—1980~2000년대 민족협운동을 중심으로」(『일본학』 제50집, 2020) 등이 있다. 홍익대학교 상경학부 글로벌경영전공 조교수, 재외동포정책실무위원회 민간위원, 재외동포재단 자문위원, 오사카 금강학원 이사 / 평의원 등을 지냈다. 동갑내기인 조선적자 정장(丁章) 씨가 보수 / 진보 정권을 막론하고 한국에 입국하지 못하는 현실을 알게 된 것이 조선적자에 관한 연구를 시작하는 계기가 되었다.

제5장

문경수 文京洙

리츠메이칸대학(立命館大學) 명예교수. 재일 2세, 도쿄 미카와시마(三河島, 아라카와구(荒川區))에서 자라 고등학교까지 조선학교에서 공부했다. 현재 제주4·3사건을 생각하는 모임 회원, 재일 종합지 『항로(抗路)』 편집위원, 『제주일보』 논설위원. 주요 저서로 『済州島現代史－公共圏の死滅と再生』(新幹社, 2005), 『在日朝鮮人問題の起源』(クレイン, 2006), 『エティック国際関係學』(東信堂, 2011), 『新·韓國現代史』(岩波新書, 2015), 『済州島四·三事件－島(タムナ)のくにの死と再生の物語』(岩波現代文庫, 2018), 공저로 『現代韓國への視点』(大月書店, 1991), 『危機の時代の市民活動』(東方出版, 2012), 『在日朝鮮人 歴史と現在』(岩波新書, 2015), 『グローバル·サウスはいま 第2卷－新自由主義下のアジア』(共編, ミネルバ書房, 2016), 편저로 『増補 なぜ書きつづけてきたか, なぜ沈黙してきたか－済州島四·三事件の記憶と文學』(金石範·金時鐘, 平凡社, 2015) 등이 있다.

칼럼 5

아키야마 하지메 秋山肇

쓰쿠바대학(筑波大學) 인문사회계 조교. 박사(학술). 전공은 헌법, 국제법, 국제정치학, 국제기구론, 평화연구. 국적-무국적 연구를 통해 국가와 인간의 관계에 대해 분석하고 있다. 국제기독교대학(國際基督教大學, ICU) 교양학부 졸업. ICU 대학원 예술과학연구과 박사 전기과정 및 동 박사 후기과정 수료. 일본학술진흥회 특별연구원, 로잔대학(L'Université de Lausanne) 객원연구원, 리츠메이칸대학 국제관계학부 위촉강사를 거쳐 현직. 다문화사회연구회 이사, NPO법인 무국적네트워크 운영위원, 무국적정보센터 사무국장을 맡고 있다. 주요 저서로「UNHCR による無國籍の予防と削減に向けた取り組み—その効果と課題」(『國連研究』19 号, 2018), "Enforcement of Nationality and Human Insecurity : A Case Study on the Securitised Japanese Nationality of Koreans during the Colonial Era"(*Journal of Human Security Studies* 7(2), 2018), 공저로『インタラクティブゼミナール 新しい多文化社会論共に拓く共創・協働の時代』(東海大學出版部, 2020),『日本における無國 籍者—類型論的調査』(國連難民高等辯務官〈UNHCR〉駐日事務所, 2017) 등이 있다.

제6장

정장 丁章

재일 사람(코리안) 3세. 무국적(조선적). 시인. 1968년 교토시 출생. 히가시오사카시(東大阪市) 거주. 오사카외국어대학II부 중국어 졸업. 1998년 시집『民族と人間とサラム』을 최초로 출판했다. 이후 저작으로 시집『マウムソリー 心の声』,『闊歩する在日』,『詩碑』, 산문집『サラムの在りか』(新幹社), 그 외 공저 다수가 있다. 재일 종합지『항로(抗路)』편집위원(1~6호). 무국적 네트워크 운영위원을 맡고 있다.

칼럼 6

첸티엔시 陳天璽, Chen Tienshi

와세다대학(早稻田大學) 국제학술원 교수, 무국적자 네트워크 대표이사. 요코하마 차이나타운 출생. 국제관계에 휘둘려 태어난 지 얼마 지나지 않아 무국적자가 되다. 이민자, 무국적자에 주목한 연구에 임하고 있다. 쓰쿠바대학 대학원 국제정치경제학 박사. 일본 문부과학성 장학생으로 홍콩 중문대학(中文大學)에 유학. 하버드대학(Harvard University) 페어뱅크센터 연구원, 일본학술진흥회(도쿄대학) 연구원, 국립민족학박물관 부교수를 거쳐 현재에 이른다. 2019년부터 싱가포르국립대학 객원연구원. 저서로『華人ディアスポラ』(明石書店, 2001),『無國籍』(新潮文庫, 2011), 편저로『パスポート學』(北海道大學出版會, 2016),『忘れられた人々—日本の「無國籍」者』(明石書店, 2010) 등이 있다.